数据科学的方法与应用丛书

保险公司风险建模与资金管理

关国卉 著

本成果受到中国人民大学2021年度"中央高校建设世界一流大学（学科）和特色发展引导专项资金"支持

科学出版社

北　京

内 容 简 介

在"偿二代"风险监管体系的背景下,以风险为导向的保险资金监督和管理越来越重要,保险公司进行资金管理时,需要有效的度量并管理潜在的各类风险,以保障自身的偿付能力。本书系统地针对非寿险公司和寿险公司建立精算模型,并引入市场上的各类风险(利率风险、通货膨胀风险、波动率风险等),研究其资产配置方案。采用随机分析、变分法、鞅方法等金融保险中的数学工具,本书得到了相关问题的最优解和保险公司的最优资产配置方案,同时,基于蒙特卡罗数值模拟,针对性地给出了参数环境变化对其最优策略的影响,本书的结果对"偿二代"下以风险为导向的保险资金管理具有重要的借鉴和指导意义。

本书在保险公司的风险管理领域具有实践和理论价值,可供有保险公司风险管理需求的相关人员使用。

图书在版编目(CIP)数据

保险公司风险建模与资金管理 / 关国卉著. —北京:科学出版社,2023.3
(数据科学的方法与应用丛书)
ISBN 978-7-03-070863-2

Ⅰ.①保… Ⅱ.①关… Ⅲ.①保险公司-风险管理-经济模型-研究-中国②保险公司-资金管理-研究-中国 Ⅳ.①F842.3

中国版本图书馆 CIP 数据核字(2021)第 256123 号

责任编辑:马 跃 / 责任校对:姜丽策
责任印制:赵 博 / 封面设计:无极书装

科学出版社 出版
北京东黄城根北街 16 号
邮政编码:100717
http://www.sciencep.com
北京建宏印刷有限公司印刷
科学出版社发行 各地新华书店经销
*
2023 年 3 月第 一 版 开本:720×1000 1/16
2024 年 8 月第三次印刷 印张:11 1/2
字数:230 000
定价:136.00 元
(如有印装质量问题,我社负责调换)

数据科学的方法与应用丛书编委会成员名单

主任委员：（按姓氏笔画排序）

　　　　　王晓军

　　　　　洪永淼

委　　员：（按姓氏笔画排序）

　　　　　汪寿阳

　　　　　张　波

　　　　　金勇进

　　　　　房祥忠

　　　　　孟生旺

"数据科学的方法与应用丛书"序

伴随着大数据时代的发展，数据采集、存储和处理能力获得极大提升，数据驱动型决策成为各领域的制胜法宝，数据科学逐渐成为重要发展方向。数据科学以不同领域知识为基础，结合统计学与信息科学的方法、系统和过程，通过分析结构化或非结构化数据提供客观世界的洞察。另外，作为数据科学发展的基础与原型，统计学为数据科学方法提供了基于随机变量的数据描述、建模思路和理论保障。

数据科学具有广泛的应用领域，从政府治理看，政府部门积累的海量数据资产，有待进一步开发，提高治理效能、打造数字政府是数据科学时代下政府治理创新的新路径；从企业发展看，在数字经济发展的浪潮下，数据已成为重要的基础性战略资源，数据科学方法的运用也已成为企业制胜的关键，以数据科学驱动企业发展，是助力企业在数据科学时代下长期向好发展的有效"利器"；从个人生活看，通过运用数据科学方法分析与个体相关联的数据，可以挖掘个人选择偏好，跟踪个人行为轨迹，为个体提供更加精准的个性化服务，满足个体的多元价值需求。当然，数据科学方法的应用价值远不止于此，医学、金融、生态等多个领域都有数据科学方法的应用痕迹。

一直以来，中国人民大学统计学院坚持"以统计与数据科学为引领，理论方法与应用实践研究并重"的"一体两翼"发展思路，集中优势力量，把握统计与数据科学发展的时代脉搏。本次组织编撰"数据科学的方法与应用丛书"，旨在从不同角度讨论数据科学的理论、原理及方法，促进交流、引发思考，为方法研究者与实践分析者提供参考，实现数据科学方法的有效应用与价值转化。

数据科学的方法与应用包罗万象，本丛书无法面面俱到。希望通过本丛书的尝试与探索，为创新推进"一体两翼"的发展模式提供良好的范式。期待与更多的研究者携手并进，共同为数据科学方法与应用的发展贡献力量。

"数据科学的方法与应用丛书"编委会
2021年10月

前　言

　　随着我国保险业的蓬勃发展，保费收入不断提高，保险资金运用余额也快速增长，资产管理作为保险公司进行保费管理的重要手段，对于提升保险公司的投资业绩和偿付能力具有重要的意义，为了保证公司的竞争能力和偿付能力，构建有效、合理的投资方案以获取收益成为保险公司的重要挑战之一，如何高效地运用资金，让其更好地服务社会民生，提高保险公司收益，成为当下亟待解决的问题。

　　保险资金可投资渠道逐步放宽，配置权益类资产的弹性和灵活性不断增强，在资产配置中，为了追求高收益和利润，保险公司可以将资金投资于权益类产品中，但是投资于高收益产品不能忽视其带来的投资风险，随着经济社会的不断发展，对市场各类风险的认知也逐步加强，市场中资产如现金存款、债券和股票等往往受到各类市场风险的影响，多元化的配置能够显著提升保险资金运用收益率和运用效率，但是保险资金运用是一项复杂的系统工程，不合理的配置方案将给保险公司带来很大的风险，影响公司的偿付能力。为了对保险公司的资产配置进行监管，中国银行保险监督管理委员会规定了不同产品的投资比例限制，保险公司需要在投资政策的要求下，结合对资本市场和各类风险的分析，确定合适的资产配置方案，以满足其投资业绩和风险预算的要求。

　　在此背景下，本书对保险公司的资产配置方案进行深入的探讨，通过理论推导和经济分析相结合，建立在各类风险下保险公司的金融市场模型，通过随机分析、随机动态规划、鞅方法得到保险公司的最优资产配置，对我国保险公司资产配置比例提出理论建议以提高其资金收益率，然后基于蒙特卡罗模拟对最优策略进行经济解释，为保险公司资金管理提供实际参考。

　　根据保险公司的特点，本书分两个部分，分别关注非寿险公司和寿险公司的最优资产管理，非寿险公司通过财险、车险等产品获取保费收入，涉及的大多数为短期的保险，非寿险公司在承保过程中面临的主要是巨灾风险，即短期内出现大量的赔付，通过保费的投资获取收益，其投资收益会受到市场风险的影响，非寿险公司资金管理方面主要包括承保风险和保费投资风险的管理，以平衡其收益和风险。而寿险公司发行的通常为终身寿险、商业年金、医疗保险等，保险周期一般比较长，如果投资收益率低，则会影响寿险产品的稳健性，危及寿险公司的偿付能力，在实际的资金管理中，针对性地优化资产配置方案，实现寿险资金的稳定增长，是寿险公司的主要挑战和目标。

保险公司在资产配置过程中，需要关注分析其运营情况，提出合理的模型刻画资金波动，在新的监管体系下，保险公司的投资需要充分考虑偿付能力充足率的要求，其中寿险公司需要明确未来的负债特征。总之，保险公司需要根据目前的保险监管要求，确定合适的投资品种和比例限制，并根据需要拟定优化目标和风险约束，建立资产配置模型，寻求最优的资产配置方案，进一步通过经济分析形成符合实际的资产配置方案。

目前，已有大量关于保险公司资产管理的报告，但是大部分资产管理策略局限于单期、静态和风险因子识别少的层面，形成的策略导致保险公司对风险和收益的认识及管理不准确，在实际中，保险公司的资金管理应该是随着市场环境变化而动态波动的，单期、静态的策略具有一定的短视性，只能在短期内得到比较好的利润，而当资金管理周期较长时，无法对未来的风险进行合理的对冲和管理，当市场风险或者保险风险剧增时，保险公司的资金将受到比较大的冲击，而影响其偿付能力，保险公司需要对资产和风险的未来长期变动建模，拟定动态的资产配置方案，以满足未来预期的投资目标。另外，保险公司在市场中进行产品投资时，需要建立合适的资产模型，但是过去保险公司的组合管理往往只考虑其中的价格风险，忽视其他潜在的风险，而利率、通货膨胀率、股票波动率的波动都会对市场资产收益率造成比较大的影响，如果在建模中只识别出少量的风险，以此为基础得到的资产配置方案只能对冲少量风险，而当市场中其他风险因子出现较大的波动时，保险公司的资产配置方案无法及时地调整，会面临比较大的潜在损失。因而，在保险公司的资产配置中，需要选择合适的模型全面刻画保险公司的财富过程，建模中尽可能地包含所有潜在的风险，选定合适的工具进行风险对冲，通过理论工具得到动态的资产配置方案，实现保险资金稳健和可持续发展。

本书分别对非寿险公司和寿险公司进行动态建模，建模一方面要合理地刻画保险公司自身的特点，另一方面需要反映实际经济状况。非寿险公司主要关注承保风险的管理和保费的投资，需要寻求最优再保险策略分摊承保风险、最优资产配置方案实现保费盈利，寿险公司部分主要关注养老金计划的投资，养老金管理的主要目标是根据不同的需求和偏好，实现养老基金账户的平稳健康发展。本书考虑现金存款、债券和权益类产品三类资产，并在不同的市场风险环境下对资产进行建模，根据保险公司的实际需求考虑不同的优化目标，如期望效用、风险约束、均值方差、模型风险等，然后基于随机控制论的方法对问题进行求解，得到保险公司的最优配置方案。本书针对保险公司建立全面的资金投资框架，模型更加符合市场经营状况，反映经济动态，提出的框架能够被运用于保险公司实务的其他领域，本书同时具有理论意义和实际价值，模型和数学工具的创新性有助于其他类似问题的求解，得到的结果给保险公司实际的资金管理提供了有效的参考，能够增加保险公司的偿付能力和收益率，提高保险公司在市场中的竞争力和吸引力。

本书两个部分分别为非寿险公司和寿险公司的资金管理问题的研究成果，寿险公司资金管理部分为作者博士阶段的主要工作，分别从不同的市场模型、优化目标两个角度对寿险公司最优资产配置方案进行了探讨，在清华大学梁宗霞教授的指导下，作者从事了资产配置、养老金资金管理相关的研究。作者博士阶段的主要工作为养老金最优资产配置方案的研究，本书的后半部分是在博士论文的基础上，将相关模型和结论进行了梳理与提炼，并进行了一定的扩充，从基础模型到复杂模型进行了总结和求解，形成了寿险公司资金管理部分，相关成果对长周期、多风险下养老金管理具有指导和借鉴意义。作者博士期间从事了部分非寿险公司资金管理问题的研究，前半部分中第 4 章为博士论文非寿险公司管理部分的总结，2018 年以来，作者针对非寿险公司探讨了更加复杂的现实需求和优化目标，首先得到了在风险指标约束下非寿险公司的最优再保险和在现金、债券、股票中的最优资产配置策略，然后又对市场风险模型进一步拓展，得到了在利率风险、通货膨胀风险、波动率风险和模型风险下的保险公司最优再保险和投资策略，相关成果对博士论文部分进行了补充，形成的策略能够更好地反映市场环境和公司需求。

最后，感谢梁宗霞教授对我的指导，将我带入了保险数学和养老金管理的研究领域，并取得了丰富的成果。此外，感谢中国人民大学"双一流"经费的资助，让我有机会开展相关的研究，并整理出版。

目 录

第1章 绪论 1
  1.1 保险资金管理风险 1
  1.2 保险资金管理现状 4
  1.3 保险资金管理意义 6

第2章 基本模型和方法介绍 9
  2.1 保险公司风险模型 9
  2.2 市场风险模型 12
  2.3 风险指标 18
  2.4 金融最优投资问题方法 19

第3章 非寿险公司优化模型 27
  3.1 非寿险公司资金管理背景和意义 27
  3.2 研究现状和文献综述 29
  3.3 模型和方法简介 33

第4章 考虑随机利率和随机通货膨胀的非寿险模型 40
  4.1 模型描述 41
  4.2 优化目标和等价问题 45
  4.3 HJB 方程与最优策略 48
  4.4 数值分析 51
  4.5 小结 56

第5章 考虑风险约束和通货膨胀风险的非寿险模型 58
  5.1 模型描述 59
  5.2 带 VaR 风险约束的优化问题 61
  5.3 ES 风险管理 68
  5.4 数值分析 71
  5.5 小结 76

第 6 章 考虑市场风险和模型风险下的非寿险模型 ········ 77
6.1 风险模型 ········ 78
6.2 鲁棒最优问题 ········ 81
6.3 最优问题的解 ········ 83
6.4 数值分析 ········ 88
6.5 小结 ········ 98

第 7 章 寿险公司优化模型 ········ 100
7.1 寿险公司资金管理背景和意义 ········ 100
7.2 研究状况和文献综述 ········ 102
7.3 模型和方法简介 ········ 106

第 8 章 考虑随机利率和随机波动率的固定缴费型养老金寿险模型 ········ 109
8.1 模型描述 ········ 110
8.2 最优问题与问题转换 ········ 113
8.3 HJB 方程与最优策略 ········ 116
8.4 数值分析 ········ 120
8.5 小结 ········ 122

第 9 章 考虑随机利率和均值回复回报的固定缴费型养老金寿险模型 ········ 124
9.1 模型描述 ········ 125
9.2 最优问题与问题转换 ········ 127
9.3 HJB 方程与最优策略 ········ 131
9.4 数值分析 ········ 136
9.5 小结 ········ 142

第 10 章 考虑随机利率和风险约束的固定缴费型养老金寿险模型 ········ 144
10.1 模型描述 ········ 144
10.2 VaR 约束下风险管理 ········ 147
10.3 数值分析 ········ 154
10.4 小结 ········ 157

第 11 章 总结和展望 ········ 158
11.1 总结 ········ 158
11.2 展望 ········ 163

参考文献 ········ 165

第 1 章 绪 论

保险市场指保险商品交换关系的总和或是保险商品供给与需求关系的总和，保险公司作为保险市场的重要组成成分，通过收取保费，将保费收入投资于债券、股票、贷款等资产，运用这些资产所得收入支付保单所确定的保险赔偿。保险公司通过上述业务，能够在投资中获得高额回报并以较低的保费向客户提供适当的保险服务，从而实现盈利，并给参保客户提供可靠的保险保障，保险业是目前金融体系的重要组成部分，对于社会经济的正常运行具有重要的意义。

按照保险业务品种的划分，保险公司进一步分为非寿险公司和寿险公司，两类公司都面临着各类不同的风险，同时受到政府监管的要求。对于非寿险公司，可能会面临短期较大的承保损失，存在着巨灾风险，而对于寿险公司，保险产品具有长期性，受各类市场风险的影响更大。在非寿险公司和寿险公司进行资金管理中，需要识别其潜在面临的风险，制定合适的资产配置策略和资产分配方案，以实现自身或者参保者财富效用的最大化。

1.1 保险资金管理风险

随着中国银行保险监督管理委员会对保险投资渠道的逐渐放开，我国保险业有了比较快的发展，保险公司保费收入增加，而我国保险公司的资金投资规模也逐渐扩大，投资形式随之增加，相应的风险更加不可避免，而保险公司的投资资金主要来自保险负债，不同于普通的负债，保险负债具有期限长、规模大和收益保证最低等特点，因此在周期长、规模大的资金管理中，保险公司会面临很多不同类型的风险。保险是金融业的重要组成部分，能够为机构或者个人分散风险、提供经济保障，而随着风险的不断积累和扩大，保险公司风险一旦爆发就很难救助，严重危害到我国金融体系的安全，甚至影响整个社会，因此对于保险公司而言，需要有效的识别和分析风险，从而进行合理的风险控制和管理。

下面从保险公司资金管理方面说明保险公司可能面临的几类风险，很多文献对保险公司面临的风险进行了梳理，如展凯（2008）、刘彤（2018）、李佳怡（2013）等，保险公司的主体业务是经营保险产品，因而相应的承保风险是其主要风险，如果保险公司粗放经营，会面临比较大的风险。比如，在产险承保上，只注重保费收入，而忽视承保质量，对标的物缺乏充分的分析、预测、评估、论证，从而导致风险；在寿险营销上，对被保险人缺乏必要的调查、了解，简化必要的手续，致使被保险人状况失真，一旦与保险人签订保险合同，就易形成风险，加强承保管理是防范承保风险的重要手段，对于保险公司而言，必须严格执行关于承保的有关规定，认真履行保险实务手续，杜绝不顾及风险程度，不验标的盲目承保的现象发生，以避免发生偿付危机。

除了承保风险外，保险公司在金融市场中进行资产管理，会面临各类金融市场风险，李浈（2020）针对我国保险业经营与资金运用状况进行了梳理和分析，以2019年底的数据为例，保险资金运用余额达18.53万亿元，主要投资于银行存款、股票和证券投资基金、债券，以及长期股权投资、投资性房地产等，其中，银行存款为2.52万亿元，占13.60%，债券为6.40万亿元，占34.54%，股票和证券投资基金为2.44万亿元，占13.17%，其他投资为7.16万亿元，占比38.64%。因此和金融市场波动有关的风险都会影响保险公司的资产，从而给保险公司带来风险，市场风险是金融体系中最常见的风险之一，也是保险公司面临的重要风险，市场风险指市场波动所带来的风险，根据波动指标的区别，市场风险可以进一步地分为利率风险、汇率风险、价格风险、通货膨胀风险和信用风险等。

对于我国保险业来说，面临的主要风险是价格风险和利率风险，价格风险是指市场价格的不确定性给保险公司的资产所带来的损失，当保险公司市场收入减少，资产价值可能低于负债，导致出现偿付危机。而对于保险公司而言，是指市场利率变动的不确定性给其造成损失的可能性，当保险公司在市场中进行资产管理时，市场资产如股票、债券的收益率都和利率有比较大的关联，因此当利率波动时，相应的资产价格也会波动，从而给保险公司带来风险，同时利率风险是寿险纯费率厘定中比较重要的因素，当寿险预定利率长期高于市场利率时，利差趋于零，甚至为负数，表现为利差损，寿险公司将出现亏损，而当预定利率低于市场利率时，寿险业务吸引力不足，业务量将萎缩。在实际中，我国寿险业发展初期，市场利率水平较高，从而国内各家寿险公司设计的都是高预订利率的寿险商品，而目前来看，当时所确定的预定利率水平已大大超过了目前寿险公司的投资收益率，从而不可避免地给寿险公司带来巨额利差损，贾若凡（2019）从负债端和资产端分析了利率对寿险公司的重要性，总结了低利率环境下日本和美国寿险业的发展情况与经验，并提出了我国市场的基本环境及应对利率下行的对策建议。刘新立（2004）表明保险资金运用渠道的拓宽会引入更多的风险，而在保险资金的运用过程中应如何建立风险管理体系和机制，一直是我国理论界和实务部门研究与关注的热点问题。

除了前面介绍的两类主要市场风险外，外汇的变动对保险公司的外汇资产和负债、外汇业务、偿付能力及投融资过程会产生重大影响，形成潜在的威胁，外汇风险带给保险公司的风险可以概括为交易风险、折算风险和经济风险三种类型，参见江生忠和刘玉焕（2012）。另外，通货膨胀率和股票、基金的收益率之间有一定的相关性，能够影响债券投资、银行存款及股票投资，通货膨胀风险对保险公司的索赔发生率和索赔规模还有很大的影响，对财产保险未决赔款准备金、首先责任准备金、保险需求等都有明显的影响，胡良和陈静（2012）认为通货膨胀对寿险需求、保险公司资产、负债及经营结果、保险公司经营成本均有较大的影响，因此进一步探讨通货膨胀对保险发展的影响，使保险业在通货膨胀条件下实现稳步健康发展，更好地服务社会经济发展，具有重要的现实意义。

对于保险公司而言，除了市场风险外，由于信息不对称的存在，保险公司中的从业人员、被保险人及保险中介人员都可能隐瞒从而骗取保险金，因此可能给保险公司带来比较大的道德风险，而由人为的错误、系统的失灵、操作程序发生错误或控制失效引起的操作风险也是保险公司的重要风险之一，最近几年，国外很多保险公司因为操作风险而蒙受了很大的损失甚至破产倒闭，其他可能潜在的风险如财富风险、电子化风险、法律风险及巨灾风险等都会对保险公司构成比较大的威胁。

当不能对上述风险进行有效管理时，各种风险积累到一定程度，都将成为保险公司稳健经营的障碍，影响我国保险公司的偿付能力，从而影响全行业的稳健发展，何士宏（1999）认为保险公司面临的各种风险是有层次的，它们之间存在着各种相互关系，保险公司要建立起完善的风险防范与化解机制，使保险经营风险管理更加系统、全面，必须确立保险经营风险的层次性，厘清它们之间的相互关系。因此在保险公司的资金管理过程中，应采取切实措施，加强风险管理，防范和化解各类风险。

本书主要关注对非寿险公司和寿险公司资金管理中风险的识别及管理，由于在实际中操作风险、战略风险、法律风险、流动性风险等风险种类难以量化，本书主要针对保险公司面临的承保风险和市场风险进行量化及管理，非寿险公司发行如车险、意外险、责任险等保险产品，其利润和收益主要来自承保及投资，承保规模的扩大主要依赖于其保险产品的创新、保险服务的提高等，而对于保险资金的有效管理是提高其投资收益的有效手段，因而，对于非寿险公司管理层而言，选择合适的投资策略，一方面能够达到监管的要求，另一方面能够实现利润的最大化、给公司带来比较大的收益。非寿险公司由于其保险产品的特殊性，存在着比较大的巨灾风险，在非寿险公司的管理中，对其潜在的巨灾风险即索赔额的刻画及投资资金风险的刻画是至关重要的，过分投资风险资产可能会带来比较大的预期收益，但是当风险资产价格波动比较大时，非寿险公司可能无法对短期大量的索赔提供赔偿，产生偿付危机，因此，在非寿险公司的资金管理中，对其保费的再投资及承保风险的管理是主要工作。

而对于寿险公司，其承保往往具有周期长的特点，其资金会严重受到市场风险的影响，同时在寿险资金的管理中，在寿险产品生效前，参保人往往会持续向寿险资金缴纳保费，因此在寿险资金中积累了大量可用于投资的资金，寿险公司需要对保费进行合理的再投资，从而能够在寿险产品生效后提供高收益、有吸引力的寿险产品，由于资金投资周期长，如果投资收益低，则会影响寿险产品的稳健性，特别是实际投资收益低于预定利率时，会出现利差损的现象。因而，通过有效的资金管理，实现寿险资金的稳定增长，是提高寿险公司产品吸引力、保障后期偿付能力的有效手段。

非寿险公司、寿险公司在资金来源、风险种类上都有其独特性和相似性，本书分别对非寿险公司和寿险公司的财富过程、风险因子进行建模，形成合理的资产配置方案，得到的结果在实践中和理论上都具有比较大的参考与借鉴价值。

1.2 保险资金管理现状

2019年，我国保险业总资产为20.56亿元，同比增长12.18%，全年累计原保费收入4.26万亿元，同比增长12.17%，近些年，我国保险业总资产和保险资金可用余额一直处于直线的、稳健的上涨态势，保险资金管理机构成为重要投资者。随着保险规模的逐渐扩大及保险资金政策的完善与开放，可供投资的保险资金越来越多，同时随着监管政策的逐步开放，可用于投资的金融产品种类也越来越多，在投资额度、比例严格限制和风险管控体系不断完善的前提下，保险资金投资渠道也经历了无序到严控再到有序开放的过程，保险资金投资范围不断拓宽，保险另类投资占比增加，因此，对保险资金的管理和使用越来越受到重视，保险资金的运用对经济社会与金融市场的影响也在不断增强。丁元昊（2010）针对保险资金管理的梳理表明在推进保险业风险管理理论研究前行的同时，也彰显着保险业对风险管理的重视程度越来越深，从侧面也反映着中国保险业面临的风险在不断变化，而人们的认知也在随着风险的改变而发生改变。

保险资金的管理对于保险公司具有重要的影响，但是由于我国保险资产管理行业起步较晚，投资渠道、方式和技术尚不成熟，风险控制能力较弱等原因，我国保险资金运用的收益率呈现不稳定状态，保险公司资产管理的能力尚有不足。李浈（2020）认为我国的保险资金运用收益率长期处于较低水平、保险资金运用结构不合理，投资渠道和比例受限制、保险资金运用专业人才缺乏，投资管理水平受限。伴随着经济社会的发展，我国保险业保费收入、总资产、资金运用总额有了大幅增长，保险投资渠道得以拓宽，但是我国保险资金运用仍然存在运用效率和投资收益不高、资产配置不合理、风险管控能力不强等问题。保险资金的主要目标是保障保险公司资金的投资效率和收益，增加其赔付能力并降低保险成本，但是我国保险投资收益率仍有待加强，保险运用收益存在较大的缺口，给保险公司带来了比较大的偿付压力，另外，由于部分投资产品门槛较高，保险资金投资结构并不是十分合理，其投资结构需要进一步优化和调整，给保险公司发展带来了较大的阻力，此外，随着保险资金规模及投资品种增加，影响资金的风险因子也增加，如各类市场风险、信用风险、流动性风险等，这些风险都影响了保险资金的稳健性。

在非寿险业务中，通常都是短期的保险业务，因此在保险资金使用时对自己流动性的要求比较高，在实际的投资中需要选择相对短期的投资产品以保证其对流动性的要求，并坚持分散投资的原则，选择搭配不同种类的产品进行投资。《中华人民共和国保险法》和中国银行保险监督管理委员会出台的相关规定对非寿险公司各类保险的最低分保比例有详细的规定，再保险一方面能够分摊承保风险，但是另一方面损失了保费收入，因此在分摊承保风险时，存在风险和收益的平衡，保险公司需要根据保险产品的特点和实际需要确定合适的再保险比例，同时在进行再保险决策后，不可避免地对保险公司的可用资金产生影响，从而对保险公司的资产配置也产生了影响，在实际中，保险公司的资产配置品种日益多元化，由于非寿险公司尚未及时完成再保险及投资结构系统优化等，保险资产配置不合理，结构矛盾突出的状况没有根本改变。

而寿险的保险业务期限一般都比较长，对资金流动性的要求较低，寿险公司的资金管理的主要目标是极大化参保人退休时刻的财富，由于投资风险和收益一般呈正相关性，寿险公司在进行资产配置时需要确定合理的资产配置方案，在不同的投资项目中进行合理的选择，另外，寿险公司在运营时会有比较大的负债，如已生效年金产品，寿险公司进行资产管理时，需要同时考虑资产和负债，达到资产和负债相互匹配的要求，而目前来看，由于长期以来可供投资的金融产品种类少、投资期限偏短、资金配置方案不合理，我国寿险公司负债长期性与资产配置短期性的矛盾仍然突出，严重影响保险资金的运用效率及稳定性。

2019年以来，全球经济下行的压力较大，经济环境的不确定性增大，市场收益率和无风险利率有下行的风险，资产的预期回报率下降，股票市场和债券市场的收益率都下降，同时股票价格波动性风险也增加，其他市场风险波动同时增加，这些都影响了保险资金的增值，另外，2019年，我国寿险业仍处于深度调整期，保费下滑，带来偿付不足等风险，而非寿险公司则面临着保费规模扩大而引起的现金流压力，给目前保险市场的资产管理带来了比较大的挑战。保险公司需要优化投资品种，根据险种特点合理安排相应的投资策略和投资组合，并根据市场状况适时调整资本结构。针对非寿险公司和寿险公司，本书考虑不同类型的市场风险如利率风险、通货膨胀风险和波动率风险，建立在风险约束下的投资目标，得到科学合理的投资决策机制。

1.3　保险资金管理意义

随着保险业的发展，保险已成为现代经济社会风险管理的重要手段，成为现代金融体系和社会保障体系的重要组成部分和政府提高管理效能的重要市场化机制。在我国，保险业正处于快速成长期，保险资金总额一致处于上涨趋势。如若不能对保险资金进行有效的监督和管理，将严重影响保险业的偿付能力，严重影响我国社会经济的稳定，根据《中华人民共和国保险法》及相关规定，对保险资金运用方式进行了约束，主要包含银行存款、国债、金融债券、企业债券、证券投资基金以及规定的其他资金运用形式。

为了对保险公司的资金进行监管，2003年中国保险监督管理委员会参考"欧盟偿付能力一代"和"美国偿付能力监管体系"并在此基础上推出了《保险公司偿付能力额度及监管指标管理规定》，提出"保险业第一代偿付能力监管标准"（简称"偿一代"），主要通过定量检测目标来进行风险控制，侧重对保险公司的资产负债、规则中最低资本额度、偿付能力充足率及其他各项监管指标值进行定量评估和波动范围约束。

但是"偿一代"体系中要求保险公司具有与其业务规模相适应的偿付能力，无法充分反应和度量保险公司的实际风险，随之，我国从2012年开始启动了"中国第二代偿付能力监管体系"（简称"偿二代"）的建设工作，2016年开始实施"偿二代"监管体系，"偿二代"以风险为导向，注重国内新兴保险市场的发展，同时接轨国际保险监管规则，"偿二代"是一个三支柱框架有机结合的风险识别和防范体系，分别从定量资本、定性监管和市场约束三个方面对保险公司偿付能力进行监督与风险管理，相比于"偿一代"，"偿二代"对各项投资资产给出了更细化的资本要求，保险公司的投资风险不再是一个可以忽略的模糊概念，而是直接形成了对公司实际资本的运用的约束，能更加全面地反映保险公司实际风险状况，同时也给保险公司风险管理提出了更高标准的要求。

在实际中，对于非寿险公司，由于面临较大的承保风险，可以通过再保险来分摊和规避承保风险，如果不对承保风险进行合理的分摊，可能出现破产，导致偿付危机，另外在非寿险公司资金管理的过程中，需要在一定的监管要求下，对市场风险进行有效的管理，非寿险公司需要选取合适的再保险策略和投资策略，在达到一定监管约束下，实现其财富效用的最大化。

对于寿险公司，前期资金管理周期长，资金管理将会影响资金的保值和增值效果，从而影响参保者退休后的收益，如果在前期不能对寿险资金进行妥善的管理，在参保者退休后，寿险公司将会面临无法偿付的风险，因此，寿险产品管理者需要针对寿险保费进行长期的再投资，选取合适的资金配置方案，以实现寿险资金效用的最大化。

可以看到，对于非寿险公司和寿险公司而言，保费的再投资和管理是理论界与实际中重要的研究问题，由于保险公司会在市场中对不同品种的产品中进行投资，对于市场中投资产品的选取和投资比例的确定会对保险公司的财富带来比较大的影响，由于投资规模及投资种类的扩大，保险公司需要选取合适的投资策略和资产配置方案，孙键（2002）认为保险资金运用的风险管理将十分重要，管理技术分析要求更高，必须进一步健全和完善保险资金运用的风险管理体系与监控机制。

在理论上和实际中已有大量关于保险公司资金管理的报告，而目前对于保险公司资金的管理大多停留在单期、静态及风险因子识别少的层面，但在实际的投资过程中，资金过程的单期和静态建模只能刻画保险市场的短期波动情况，不能够对未来长期的波动情况进行合理的预测，以此为基础得到的资产配置方案只能在短期内得到比较好的利润，当资金管理周期较长时，无法对未来的风险进行合理的对冲和管理，单期、静态的风险管理具有一定的短视性，无法获得全局最优的投资回报，因而不能随时形成稳定有效的投资策略，当未来的风险较大时，保险公司的资金将会遭受比较大的风险冲击。

另外，保险公司在市场对产品如现金、债券和股票等进行风险管理时，需要对这三类资产的风险进行有效的刻画，但是过去保险公司的组合管理中往往只考虑部分风险如价格风险，而忽视其他潜在的风险，对于非寿险公司，短期股票波动率的剧烈波动会对其持有股票价值产生比较大的影响，而对于寿险公司，投资周期长，因此会面临比较大的利率风险。针对保险公司，如果只识别出少量的风险，保险公司的资产配置方案将只能对少量的风险进行合理的对冲，当实际市场中其他风险因子出现比较大的波动时，保险公司的资产配置方案无法迅速地调整，可能带来比较大的损失。因此，在实际的资产配置中，一方面，需要选择合适的模型来对保险公司面临的风险因子进行刻画，在建模中尽可能包含所有在市场中面临的潜在风险，如利率风险、波动率风险、通货膨胀风险等，另一方面，需要选择合适的对冲相关风险的产品，如非寿险公司可以通过再保险来分摊承保风险，寿险公司可以通过卖出不同类型的寿险产品来对冲长寿风险，而两类保险公司均可通过债券对冲利率风险，并依此得到在不同风险产品中的最优配置方案，从而降低相应的金融市场风险。

此外，在保险公司构建资产配置方案的时候，由于政府监管，对其偿付能力有一定的约束和要求，仅仅寻求资金效用的最大化，保险公司的资金在未来可能达不到监管要求。将监管中风险指标的要求纳入保险资金管理中，引入符合实际的风险约束，能够帮助保险公司实现稳健和可持续的发展。因此，动态、多重风险因子和风险约束下保险公司的资金管理问题具有重要的实用价值与理论价值，基于此类复杂情形下得到的保险公司最优资产配置方案能够给保险公司提供更加有效的策略，满足保险公司在投资决策中多方面的需求和约束，对保险公司的资金管理提供理论参考价值。

从保险公司本身财富增长的需求及最新的监管要求两个方面来看，对保险资金的管理、保险风险的识别是十分重要的，加强风险管理与控制是保险公司长久发展的重点，建立健全的风险管理机制，提升保险公司整体对风险的抵御能力，可以让保险公司及时做出应对方法，降低风险问题对保险公司产生的影响。此外，还需要对保险公司目前运营中存在的风险有一个准确的评估，以使得保险公司更好地应对市场、信用等方面风险，进而提高风险控制的服务功能。在实践中，为了避免风险对保险公司产生恶劣的影响，应该及时针对风险评估结果进行分析处理，采取科学合理的措施及时规避风险，形成动态的最优资产配置方案，最大限度地降低风险对保险公司的影响，从而实现保险公司财富增长，以保证保险公司的良性发展。

第 2 章 基本模型和方法介绍

保险公司在经济和社会发展中起着重大作用,能够有力降低社会和个人风险。在现实生活中,个人或机构往往面临着不同的风险,参保人通过向保险公司购买保险产品,可以对未来预期风险进行规避。目前,在我国,人们对保险产品有了越来越多的关注,保险业迅猛发展起来。对于保险公司而言,如何管理保费收入、降低保险产品所带来的风险并在市场中寻找最优的投资策略,是至关重要的。

在保险公司的资产配置中,由于保险公司同时参与保险市场及金融市场,需要同时建立保险市场模型及金融市场模型。在保险公司进行资产配置时,需要合理地刻画其财富过程的波动,特别是在构建动态投资组合时,需要关注保险公司资产随时间变化的特征,基于其特征构造相应的连续时间模型。另外由于在实际中保险公司面临较大的市场风险,非寿险公司和寿险公司都可能面临较大的利率风险、波动率风险和价格风险等,因此在建模中需要对市场风险提出合理的建模方案,在实际的建模中,一方面,为了后续问题的可行性,相关模型要尽量简单,另一方面,模型要能够反映市场的实际波动。本章介绍刻画非寿险公司、寿险公司、利率风险、通货膨胀风险、价格风险和波动率风险的基本连续时间模型,在后续的章节中以此为基础建立包含多重风险因子的动态保险公司模型,引入的模型能够更加全面地刻画保险公司资产过程,从而给后续的研究提供更加坚实的基础。

基于构建的保险金融模型,我们可以建立保险公司资产配置问题的框架,另外,在"偿二代"的监管要求下,对保险公司的偿付能力有一定的约束,而偿付能力要求不可避免地对保险公司的资产配置方案产生影响,我们引入刻画保险公司风险价值的指标,并通过后续一系列数学工具如随机动态规划方法、鞅方法、蒙特卡罗模拟,可以得到保险公司动态最优资产配置方案,从而能够给保险公司资产管理提供保障和参考。

2.1 保险公司风险模型

关于保险公司风险模型的刻画,有很多相关研究,本节主要介绍最基本的非寿险模型和寿险模型,后面章节中更复杂的风险模型是本节中简单基本模型的拓展。

2.1.1 非寿险模型

对于非寿险公司而言，保险公司发售保险产品，同时承担相应的保险风险，对参保人可能产生的相应损失进行赔偿，当短时间出现大量的赔付时，保险公司面临着较大的巨灾风险。对于非寿险类型的保险公司的财富过程 $X(t)$，最经典的保险模型为 Cramer-Lunderberg 模型具体如下：

$$X(t) = X_0 + ct - \sum_{i=1}^{N_t} Y_i \qquad (2-1)$$

其中，$X_0 > 0$ 是保险公司的初始资金；$c > 0$ 是保险公司的保费率，即单位时间收取的保费；$N = \{N_t\}_{t \geq 0}$ 是完备域流概率空间 $(\Omega, \mathcal{F}, \{\mathcal{F}_t\}_{t \geq 0}, P)$ 上强度为 λ 的泊松过程，N_t 是在 $[0, t]$ 时间内发生的需要赔付的事故数量；$Y_i > 0, i = 1, 2, \cdots, +\infty$ 是独立同分布随机变量列，表示第 i 次赔付的大小，其一阶二阶矩分别为 μ_1 和 μ_2。模型中反映：保险公司卖出保险产品会带来持续的保费收入，但是作为补偿，保险公司面临着赔付的风险，赔付额由赔付数量和每笔赔付金额确定，当短期内出现较多的赔付数量或者赔付金额时，保险公司会面临较大的财富损失，甚至可能出现破产。

上面模型描述的是发售保险产品后非寿险公司的资金流过程，不考虑保险公司的其他经济行为，如再保险、投资和分红等。对于保险公司，保费率 c 的选取具有重大意义，保费率需要同时协调保险公司和参保人的利益，如果保费率过低，保险公司破产的可能性会增加，而如果保费率过高，保险产品在市场中的吸引力可能会降低。常见的保费原理有期望值保费原理、方差保费原理、标准差保费原理和指数保费原理等。下面以期望值保费原理为例，即保费率和单位时间内期望的赔付额成正比关系

$$c = \lambda \mu_1 (1 + \eta)$$

其中，η 是保险公司的安全系数；λ 是泊松过程 N_t 的强度；μ_1 是理赔额 Y_i 的一阶矩；为了防止保险公司迅速破产，一般要求 $\eta > 0$。

式（2-1）为经典带跳的非寿险模型，即通过复合泊松过程描述非寿险公司的理赔过程，由于复合泊松过程在实际计算中会有比较大的理论困难，在一般情况下，可以利用扩散过程来逼近该模型，基于 Grandell（1991）的方法，有如下逼近：

$$X(t) = X_0 + (c - \lambda \mu_1) t + \sqrt{\lambda \mu_2} W_0(t) \qquad (2-2)$$

其中，$W_0(t)$ 是完备域流概率空间 $(\Omega, \mathcal{F}, \{\mathcal{F}_t\}_{t \geq 0}, P)$ 上的标准布朗运动；μ_2 是理赔

额 Y_i 的二阶矩。式（2-2）通过布朗运动来刻画保险公司的保险风险。

进一步地，保险公司的资产可能受到保险产品外的风险，Yang 和 Zhang（2005）利用下面带跳的扩散过程刻画保险公司的资产过程，对 Cramer-Lunderberg 模型进行了扩展：

$$X(t) = X_0 + ct - \sum_{i=1}^{N_t} Y_i + \sigma_1 W_1(t) \tag{2-3}$$

其中，$W_1(t)$ 是完备域流概率空间 $(\Omega, \mathcal{F}, \{\mathcal{F}_t\}_{t \geqslant 0}, P)$ 上的标准布朗运动，表示保险公司面临的外生风险；$\sigma_1 \geqslant 0$ 是波动率，刻画外生风险的大小。式（2-3）对保险公司资产过程的刻画更加全面，能够同时体现保险公司的保险风险和外生风险。

2.1.2 寿险模型

我们还关注另一类保险模型——寿险模型。人寿保险主要为了保障参保人在退休之后的生活，其中最主要的是养老金模型。一般而言，养老金模型分为两类：固定缴费型（defined contribution，DC）养老金计划和固定收益型（defined benefit，DB）养老金计划。对于固定缴费型养老金，参保人在退休前的投入养老金的保费是提前确定的，而参保人的收益则和养老金账户在退休时刻的财富有关，参保人在退休之后可以一次性提取养老金账户的财富或者以年金的形式获得收益。对于固定收益型养老金计划，参保人在退休之后的收益是提前确定的，为了维持养老金的平衡，参保人在退休前投入养老金的金额需要随时进行调整。由于在固定收益型养老金中，风险主要由保险公司承担，所以固定缴费型养老金计划更受保险公司的青睐，同时在固定缴费型养老金中，参保人最后领取的退休金是和养老金账户的投资收益完全关联的，由于养老金账户时间周期较长，面临的市场风险和不确定性较大，管理者对于养老金账户的资产配置是十分重要的，影响到其寿险产品的稳定性和吸引力。我们主要关注固定缴费型养老金的财富过程。

对于固定缴费型养老金计划，在退休时刻之前养老金的财富过程服从：

$$dX(t) = r(t)X(t)dt + cdt, \quad t \in [0, T] \tag{2-4}$$

其中，$r(t)$ 是时刻 t 的市场利率水平；T 是退休时刻；$c > 0$ 是参保人单位时间内的养老金保费率。上述养老金模型未考虑保险公司的投资等其他行为，在实际投资管理中，养老金管理者面临着市场上的各种风险，如利率风险、价格风险等，为了对市场风险进行对冲，养老金管理者会在市场中进行投资，投资收益和市场风险密切相关。另外，实际养老金保费率一般是和参保人的收入水平挂钩的，而参保人的收入水平一般不是确定性的，而是随着时间变化的并受到宏观经济形势的影响，往往具有比较复杂的形式。

在参保人退休之后，参保人不再往养老金中注入资金，养老金往往一次性发放或者以年金的形式发放，无论是一次性领取还是以年金形式领取，养老金账户在参保人退休时的财富完全决定参保人后续的收入水平，因而在寿险资金管理中，需要使退休时的财富最大化，从而最大化参保人的利益，同时也增加寿险产品的吸引力。

2.2 市场风险模型

在保险公司发售保险产品并进行保险产品的管理时，面临着两个风险：保险风险和市场风险。保险风险由保险公司的保险产品所影响，而市场风险主要由市场环境所影响，保险公司资金一般会在现金、债券和股票中投资管理，还会有部分投资于其他金融产品中。

在一般保险公司投资优化模型中，通常简单假设保险公司可以在现金和股票中进行投资，其中，t 时刻的现金价格 $S_0(t)$ 和股票价格 $S(t)$ 分别满足如下的微分方程：

$$\begin{cases} \mathrm{d}S_0(t) = S_0(t) r \mathrm{d}t \\ \dfrac{\mathrm{d}S(t)}{S(t)} = r\mathrm{d}t + \sigma\left[\lambda \mathrm{d}t + \mathrm{d}W(t)\right] \end{cases} \tag{2-5}$$

其中，r 是无风险收益率；λ 是股票的夏普比率，即风险溢价；σ 是股票的波动率。在式（2-5）中，假设市场上的利率是确定的常数 r，股票服从几何布朗运动模型，即假设股票收益率服从正态分布。但是在实际金融市场中，一方面由于保险公司的投资周期比较长，这时保险公司面临利率和通货膨胀等风险，另一方面，从实际数据中观测到了波动率微笑、波动率聚集等现象，几何布朗运动模型的假设和金融市场实际状况不完全符合，式（2-5）虽然简单，但是在实际投资中和市场数据拟合度往往比较低，因此需要对式（2-5）进行调整，引入包含市场各类风险的市场模型，对于保险公司，只有综合考虑市场上的各类风险，才能对资产进行有效的管理，本节我们主要介绍市场中的利率、通货膨胀和股票风险模型。

2.2.1 随机利率模型

利率分为短期利率和远期利率，短期利率表示的是在某个时刻的即期利率，而远期利率则表示在未来一段时间的利率，常见的短期利率模型分为单因子模型和多因子模型，我们主要研究和分析单因子模型，即利率模型只受单个风险因子所影响。常见的利率单因子模型有两种：Vasicek 利率模型和 CIR（Cox-Ingersoll-Ross）

利率模型。Vasicek 利率模型如下：

$$dr(t) = a(b-r(t))dt - \sigma_r dW_r(t) \tag{2-6}$$

CIR 利率模型如下：

$$dr(t) = a(b-r(t))dt + \sigma_r \sqrt{r(t)} dW_r(t) \tag{2-7}$$

Vasicek 利率模型中的利率是一个高斯过程，Vasicek 利率模型和 CIR 利率模型中的利率都具有均值回复的特性，回复水平是 b，同时 a 是回复速度，σ_r 刻画利率的波动率大小。$W_r(t)$ 是一个标准布朗运动，表示利率风险。两个模型不同点在于波动项，Vasicek 利率模型的波动率是常数，而 CIR 利率模型的波动率和利率之间呈正相关性。此外，Vasicek 利率模型有一个比较显著的缺陷就是利率有可能出现负的情况，而在 CIR 利率模型中，利率则一直为非负的。

Deelstra 等（2004）考虑了更一般的利率模型，它是 CIR 利率模型和 Vasicek 利率模型的一种推广：

$$dr(t) = (a-br(t))dt - \sqrt{k_1 r(t) + k_2} dW_r(t) \tag{2-8}$$

其中，a、b、k_1、k_2 都是正实数，a、b 刻画利率的均值回复特征，k_1、k_2 刻画利率的波动率特征。当 $k_1 = 0$ 时上述模型为 Vasicek 利率模型，而当 $k_2 = 0$ 时上述模型则为 CIR 利率模型。

由于利率的随机波动性，为了满足对冲利率风险的需求，市场上有各种各样的固定收益证券，其中最基础的固定收益证券是零息债券，零息债券在到期日的面值为 1，而在到期日之前债券没有息票收入。在风险中性定价下，T 时刻到期的零息债券在 t 时刻的价格设为 $B(t, T)$，在后面的篇幅中，我们主要研究 Vasicek 利率模型和 Deelstra 等（2004）短期利率模型下的债券产品。

引理 2.1

（1）在 Vasicek 利率模型下，$B(t, T)$ 的显式表达式为

$$B(t,T) = \exp[r(t)C(t,T) - A(t,T)] \tag{2-9}$$

其中，$C(t, T)$ 和 $A(t, T)$ 为确定性的函数，表达式为 $C(t,T) = \dfrac{e^{-a(T-t)} - 1}{a}$，$A(t,T) = -\int_t^T \left[(ab + \lambda_r \sigma_r)C(s,T) + \dfrac{1}{2}\sigma_{r_n}^2 C(s,T)^2\right] ds$；同时，$B(t, T)$ 满足下面的倒向随机微分方程：

$$\begin{cases} \dfrac{dB(t,T)}{B(t,T)} = r(t)dt + \sigma_B(T-t)[\lambda_r dt + dW_r(t)] \\ B_n(T,T) = 1 \end{cases} \tag{2-10}$$

其中，$\sigma_B(t)$ 为确定的函数，刻画零息债券的波动率，$\sigma_B(t) = \dfrac{1-\mathrm{e}^{-at}}{a}\sigma_r$；$\lambda_r$ 是利率风险的风险市场价格。可以看到，离到期日越远，零息债券的波动率越大。

（2）Deelstra 等（2004）短期利率模型下，零息债券的表达式如下：

$$B(t,s) = \exp\left[-h(s-t)r(t) + h_1(s-t)\right] \quad (2\text{-}11)$$

其中，$h_1(t)$ 和 $h(t)$ 为确定的函数，表达如下：

$$h_1(t) = \dfrac{k_2}{k_1}t - \dfrac{k_2}{k_1}h(t) + \left(a + \dfrac{k_2}{k_1}b\right)\dfrac{2}{k_1}\log\left\{\dfrac{2m\mathrm{e}^{t(m+b-k_1\lambda_r)/2}}{m-(b-k_1\lambda_r)+\mathrm{e}^{mt}(m+b-\lambda_r k_1)}\right\}$$

$$h(t) = \dfrac{2(\mathrm{e}^{mt}-1)}{m-(b-k_1\lambda_r)+\mathrm{e}^{mt}(m+b-k_1\lambda_r)}$$

其中，$m = \sqrt{(b-k_1\lambda_r)^2 + 2k_1}$，基于 Deelstra 等（2004），为了得到零息债券价格的显式表达式，假定利率风险 $W_r(t)$ 的市场价格风险为 $\lambda_r\sqrt{k_1 r(t)+k_2}$，对上面的方程直接求微分，可以得到零息债券满足的倒向微分方程：

$$\begin{cases}\dfrac{\mathrm{d}B(t,s)}{B(t,s)} = r(t)\mathrm{d}t + h(s-t)\sqrt{k_1 r(t)+k_2}\left(\lambda_r\sqrt{k_1 r(t)+k_2}\mathrm{d}t + \mathrm{d}W_r(t)\right) \\ B(s,s) = 1\end{cases} \quad (2\text{-}12)$$

证明 Vasicek 利率模型是 Deelstra 等（2004）研究中利率模型的一个特殊情况，我们只针对 Deelstra 等（2004）短期利率模型推导出对应的零息债券价格，Vasicek 利率模型下零息债券的价格自然能够得到。

由于构造的随机微分方程具有马尔可夫性质，在每个时刻债券的价格只依赖于当前利率的价值，而不依赖于利率之前的轨道，我们假设 $B(t,T) = f(t,r(t))$，下面的方程中，f_t 表示函数 $f(t,r)$ 关于 t 的一阶导数，f_r 和 f_{rr} 分别为 $f(t,r)$ 关于 r 的一阶导数和二阶导数，利用 Itô 公式有

$$\mathrm{d}B(t,T) = f_t\mathrm{d}t + f_r(a - br(t))\mathrm{d}t - f_r\sqrt{k_1 r(t)+k_2}\mathrm{d}W_r(t) + \dfrac{1}{2}f_{rr}(k_1 r(t)+k_2)\mathrm{d}t$$

$$\Rightarrow \mathrm{d}\left[B(t,T)\mathrm{e}^{-\int_0^t r(s)\mathrm{d}s}\right] = \left[-r(t)f + f_t + f_r(a-br(t)) + \dfrac{1}{2}f_{rr}(k_1 r(t)+k_2)\right]\mathrm{e}^{-\int_0^t r(s)\mathrm{d}s}\mathrm{d}t$$

$$-\mathrm{e}^{-\int_0^t r(s)\mathrm{d}s}f_r\sqrt{k_1 r(t)+k_2}\mathrm{d}W_r(t)$$

基于风险中性定价的思想，$B(t,T)\mathrm{e}^{-\int_0^t r(s)\mathrm{d}s}$ 在风险中性测度下是鞅，假设 $W_r(t)$ 的市场风险中性价格为 $\lambda_r\sqrt{k_1 r(t)+k_2}$，则有

$$-r(t)f + f_t + f_r(a - br(t)) + \frac{1}{2}f_{rr}(k_1 r(t) + k_2) = -\lambda_r \sqrt{k_1 r(t) + k_2} f_r$$

上述方程是关于 f 的偏微分方程，假设 $f(t, r(t)) = \exp(-h(t)r(t) + h_1(t))$ 代入并求解，即得引理 2.1。

同时对 $B(t,T)$ 利用 Itô 公式，可以得到其满足的倒向随机微分方程。

证毕。

在利率随机情形下，现金不再是无风险的，为了规避利率带来的风险，保险公司可以在零息债券中进行投资。基于 Deelstra 等（2004）的思想，由于 $B(t,T)$ 的到期时间为固定的时刻 T，因此购买 $B(t,T)$ 时，需要投资于固定到期日的债券，即同一只债券，而由于债券本身的流动性不高，在调整同一只债券的投资份额时，往往会因为市场流动性问题而无法及时调整，因而，在保险公司进行投资组合时，我们一般考虑滚动式债券的投资，即连续投资于剩余期限为 K 的零息债券，记为 $B_K(t) = B(t, t+K)$，$B_K(t)$ 意味着保险公司在每个时刻持有的债券的剩余到期期限都是 K，在 Vasicek 利率模型下，滚动式债券满足的随机微分方程如下：

$$\frac{dB_K(t)}{B_K(t)} = r(t)dt + \sigma_B(K)[\lambda_r dt + dW_r(t)] \quad (2\text{-}13)$$

其中，$\sigma_B(K)$ 为滚动式债券的波动率，由引理 2.1 给出。同样地，在 Deelstra 等（2004）的利率模型中，滚动式债券满足下面的微分方程：

$$\frac{dB_K(t)}{B_K(t)} = r(t)dt + h(K)\sqrt{k_1 r(t) + k_2}\left(\lambda_r \sqrt{k_1 r(t) + k_2}dt + dW_r(t)\right) \quad (2\text{-}14)$$

其中，$h(K)$ 由引理 2.1 给出，刻画滚动式债券的波动率，当剩余到期期限 K 越长时，滚动式债券的波动率越大。$B(t,T)$ 和 $B_K(t)$ 都是和利率风险相关的债券，由市场的完备性可知，我们可以利用现金及滚动式债券来复制零息债券，在实际的投资中，如果需要投资于固定期限的零息债券，可以将滚动式债券和现金按照一定比例进行配比，以 Deelstra 等（2004）的利率模型为例，$B(t,T)$ 和 $B_K(t)$ 之间满足下面的随机微分方程：

$$\frac{dB(t,T)}{B(t,T)} = \left(1 - \frac{h(T-t)}{h(K)}\right)\frac{dS_0(t)}{S_0(t)} + \frac{h(T-t)}{h(K)}\frac{dB_K(t)}{B_K(t)}, \quad t < T$$

其中，$h(T-t)$ 由引理 2.1 给出，刻画债券 $B(t,T)$ 的波动率。

2.2.2 通货膨胀模型

当保险公司投资周期较长时，特别是对于养老金管理者，一般养老金管理的期限为 20~40 年，保险公司会面临较大的物价上涨压力，即通货膨胀压力。通货膨胀主要描述了物价水平的上涨，当投资期较长时，考虑通货膨胀的风险对保险公司是至关重要的。在通货膨胀模型 $I(t)$ 下，我们在计算真实财富时需要在名义财富下去除通货膨胀的影响。同时，我们需要考虑两个市场：名义市场和实际市场，对应的利率分别为名义利率 $r_n(t)$ 和实际利率 $r_r(t)$。

最简单的，在离散情况下，假设名义利率为 r_n，实际利率为 r_r，通货膨胀变化率为 i，那么有如下关系式：

$$1+r_n = (1+r_r)(1+i)$$

由于 r_n、r_r、i 一般比较小，可简化为下面的方程：

$$r_n - r_r = i$$

上述方程即著名的 Fisher（费希尔）方程，描述了在离散情形下实际利率、名义利率及通货膨胀率之间的变化关系。

在一般金融投资模型中，需要考虑连续情况下名义利率、实际利率和通货膨胀率的关系，Pirvu 和 Zhang（2012）、Zhang 等（2007）给出了如下推广的 Fisher 方程：

$$\begin{cases} r_n(t) - r_r(t) = \lim_{\Delta t \to 0} \dfrac{1}{\Delta t} \tilde{E}\left[i(t, t+\Delta t) | \mathcal{F}_t \right] \\ i(t, t+\Delta t) = \dfrac{I(t+\Delta t) - I(t)}{I(t)} \end{cases} \quad (2\text{-}15)$$

其中，$\tilde{E}$ 是在风险中性测度 $\tilde{P}$ 下的期望；$I(t+\Delta t)$ 是时刻 $t+\Delta t$ 的通货膨胀指数；$I(t)$ 是时刻 t 的通货膨胀指数；$\mathcal{F}_t$ 是时刻 t 之前的所有市场信息；市场风险中性测度用 $\tilde{P}$ 表示；在该测度下市场上所有资产的折现过程是鞅；$i(t, t+\Delta t)$ 是在时间区间 $[t, t+\Delta t]$ 内的通货膨胀率。在构造市场上的名义利率-实际利率-通货膨胀模型时，可以在上面方程的基础上进行推广，得到相应模型。

2.2.3 股票模型

在市场上，股票价格一般假设的是经典几何布朗运动模型，即假设股票价格的波动率是确定性的，在此种模型下进行投资组合也有比较好的理论框架，一般可以通过鞅方法和随机动态规划方法进行求解。但是由于存在着波动率微笑等现象，几何布朗运动模型和实际市场有一定的偏差。在学术研究中，通过假设股票价格具有随机波动率特性或者随机增长率特性，可以有效地解释波动率微笑等现象，在一定程度上改善了几何布朗运动模型。下面介绍三种常见的股票过程的推广。

首先介绍 Heston 随机波动率模型，$S(t)$ 为股票价格，$L(t)$ 为股票的波动率：

$$\begin{cases} \dfrac{dS(t)}{S(t)} = r(t)dt + \nu L(t)dt + \sqrt{L(t)}dW_S(t) \\ dL(t) = \alpha(\delta - L(t))dt + \sigma_L \sqrt{L(t)}dW_L(t) \end{cases} \quad (2\text{-}16)$$

其中，$W_S(t)$ 和 $W_L(t)$ 是标准布朗运动，分别代表股票风险和波动率风险，同时 $\text{Cov}(W_S(t), W_L(t)) = \rho_{SL} t$，当相关系数 $\rho_{SL} > 0$ 时，价格回报厚尾右偏，因为波动率随回报的变大而变大，会对价格变动起到放大作用，与之相对，当相关系数 $\rho_{SL} < 0$ 时，价格回报厚尾左偏，因为波动率随回报的变大而变小，会对价格变动起到减小作用；$r(t)$ 是市场利率；ν 刻画股票的收益率；δ 是波动率的回复水平；α 是波动率的回复速度；σ_L 是波动率波动的大小，为了保证 $L(t)>0$，我们要求 $2\alpha\delta > \sigma_L^2$。

另外一类常见的随机波动率模型假设股票波动率的大小和股票的价格有关，即常方差弹性（constant elasticity of variance，CEV）模型：

$$\frac{dS(t)}{S(t)} = \mu dt + \sigma S(t)^{\gamma-1} dW_S(t) \quad (2\text{-}17)$$

其中，μ 是股票的增长率；σ 刻画股票的波动率；γ 刻画股票波动率和股票价格的关联度。$\gamma = 1$ 时是几何布朗运动模型；$\gamma > 1$ 时，随着股价上升，股票波动性增加；$\gamma < 1$ 时，随着股价上升，股票波动性减小。

除了在波动率上对几何布朗运动模型进行拓展，假设股票的收益率是随机的也是有意义的。在熊市股票的收益率比较小，而在牛市股票的收益率比较大。Pirvu 和 Zhang（2012）研究中的第三类模型假设股票的收益率是一个均值回复的过程：

$$\begin{cases} \dfrac{dS(t)}{S(t)} = r(t)dt + \sigma_S \left[L(t)dt + dW_S(t) \right] \\ dL(t) = \alpha(\delta - L(t))dt + \sigma_L dW_L(t) \end{cases} \quad (2\text{-}18)$$

其中，$r(t)$ 是市场利率；$L(t)$ 刻画股票的收益率，$L(t)$ 越大，则股票的收益率越大；$L(t)$ 具有均值回复的特性，回复水平为 δ，回复速度为 α；σ_S 是股票波动率；σ_L 刻画过程 $L(t)$ 的风险；$W_S(t)$ 和 $W_L(t)$ 是标准布朗运动，分别代表股票风险和收益率风险。

上面介绍的三类模型是对几何布朗运动模型的拓展，上述模型能够更好地刻画股票的实际特征，在衍生品定价、风险投资领域有广泛的应用。

2.3 风险指标

随着金融市场的发展,机构或个人在市场中追求投资收益,但是投资收益越大,相应的风险也越大,在风险管理和资产投资中,需要对投资的风险进行合理的度量和识别,为了度量保险公司可能面临的风险,需要将风险定量化,即通过数值来确定潜在风险的大小,风险的测度与测量是风险管理理论的核心。

2.3.1 方差

最初,Markowitz(1952)通过方差来量化投资风险的大小,通过期望来量化收益的大小,并提出了均值–方差投资问题,给出了有效投资策略和有效边界,方差是各个数据与其算术平均数的离差平方和的平均数,测度统计数据的差异程度:

$$\mathrm{Var}(X) = E(X-EX)^2 \qquad (2\text{-}19)$$

其中,X 是随机变量;E 是期望算子;Var 是方差算子。由于方差计算的是离差平方和,并不能区分正的和负的偏差,而资产收益率向下波动才可能给投资者造成损失,向上波动会给投资者带来超额收益,方差没有区分收益率波动方向的差异,无论向上还是向下波动都计算为风险,从而无法度量损失的真实风险,另外,方差需要假设资产收益率服从正态分布,但是收益率的经验特征往往伴有尖峰厚尾的特性,因此方差在风险度量领域应用较少。

2.3.2 在险价值

在险价值(value at risk,VaR)为给定置信水平和给定的持有期下,财富所面临的潜在最大损失,VaR 的定义如下:

$$P(\Delta X > \mathrm{VaR}) = 1-\alpha \qquad (2\text{-}20)$$

其中,持有期从时刻 t 到 $t+1$,ΔX 一般是持有期内的潜在损失;α 是其置信度或者置信水平。可以看到,在计算 VaR 时有三个要素:置信水平、持有期、财富价值变化。

VaR 简单明了地表示了市场风险的大小,同时可以事前计算风险,不仅能计算单个金融工具的风险,还能计算由多个金融工具组成的投资组合风险,因而 VaR 在实际中有广泛的应用,被运用于风险控制、业绩评估、风险性资本计算等多个领域。

2.3.3 条件风险价值

条件风险价值（conditional value at risk，CVaR）是在 VaR 的基础上提出的风险度量方法，由于 VaR 不满足次可加性，即投资组合的风险不一定小于或等于该组合中各种资产分别计量的风险值之和，这与风险分散化的市场现象相违背，同时，在应用 VaR 时一般需要假设收益率服从正态分布，而很多实际研究表明收益率不服从正态分布假设，为了克服 VaR 的缺陷，学术界提出了 CVaR，CVaR 满足次可加性和风险度量一致性的要求，被越来越多的投资者运用。

CVaR 一般也称条件在险价值，CVaR 为在一定的置信水平下，损失超过 VaR 的尾部事件的期望值，反映了损失超过 VaR 阈值时可能遭受的潜在平均损失的大小，可以理解成损失超过 VaR 的条件平均值：

$$\mathrm{CVaR}_\alpha(\Delta X) = E\left[\Delta X \mid \Delta X > \mathrm{VaR}_\alpha(\Delta X)\right] \qquad (2\text{-}21)$$

其中，$\mathrm{VaR}_\alpha(\Delta X)$ 为置信区间 α 下损失 ΔX 的 VaR。由于 CVaR 良好的性质，CVaR 更能体现潜在风险，在计算上比 VaR 的计算更简便，因此被广泛地运用在投资组合优化、风险度量、资产配置等领域。

2.4 金融最优投资问题方法

一般而言，保险公司关注在某个时刻 T 的财富，如对于养老金管理者，往往关注在退休时刻财富的大小。为了规避市场风险，保险公司往往会在金融市场中进行投资管理，投资者的目标是寻找在 T 时刻之前的最优投资策略。假设保险公司在 T 时刻的财富为 $X(T)$，在 t 时刻的策略为 $u(t)$，那么基于期望效用理论（expected utility theory，EUT）的保险公司的目标为

$$\max_{u(\cdot)\in \Pi} E\left\{U\left(X(T)\right)\right\} \qquad (2\text{-}22)$$

其中，策略 $u(\cdot)$ 需要在某一范围内进行选取，假设 $\Pi=\{u(\cdot)\}$ 为可行域，$U(\cdot)$ 是效用函数并满足边际效用递减原则，一般为递增的凹函数。常见的效用函数为常数相对风险规避（coefficient of relative risk aversion，CRRA）效用函数和常数绝对风险厌恶（constant absolute risk aversion，CARA）效用函数。

在本节中，我们主要介绍在金融最优投资中的两类方法：鞅方法和随机动态规划方法。随机动态规划方法在控制中广泛应用，它可以用于各种不同经济模型

中。Merton（1971）最初在投资消费问题中引入随机动态规划方法，Yong 和 Zhou（1999）研究分析了随机动态规划方法和极大值原理在随机最优控制中的应用。而鞅方法则主要运用在金融投资模型中，最早源于 Cox 和 Huang（1989）。鞅方法基于倒向随机微分方程理论，在完备市场中具有很好的应用。在 Karatzas 和 Shreve（1998）一书中，作者将鞅方法和随机动态规划方法运用到投资消费问题中，并针对不完备市场的情形提出了对偶方法进行求解。

我们以一个经典投资优化模型为例，介绍随机动态规划方法和鞅方法在金融投资中的应用。考虑一个简单的市场投资模型，市场中的无风险资产满足如下的模型：

$$\mathrm{d}S_0(t) = S_0(t)r(t)\mathrm{d}t \tag{2-23}$$

其中，$r(t)>0$ 是无风险利率，另外还有 m 只股票，并服从

$$\frac{\mathrm{d}S_i(t)}{S_i(t)} = b_i(t)\mathrm{d}t + \sum_{j=1}^n \sigma_{ij}(t)\mathrm{d}W_j(t), \quad i=1,2,\cdots,m \tag{2-24}$$

其中，$b(t)=\left(b_1(t),b_2(t),\cdots,b_m(t)\right)^{\mathrm{T}}\in\mathbb{R}^m$ 是股票的收益率向量，$\mathbb{R}$ 是实数空间；$\sigma(t)=(\sigma_{ij}(t))_{1\leq i\leq m,1\leq j\leq n}\in\mathbb{R}^{m\times n}$ 是股票的波动率矩阵，i 表示第 i 个风险资产，j 表示第 j 个风险因子，记 $\Sigma(t)=\sigma(t)\sigma(t)^{\mathrm{T}}$，通常要求 $\Sigma(t)$ 正定；$W(t)=(W_1(t),W_2(t),\cdots,W_n(t))^{\mathrm{T}}\in\mathbb{R}^n$ 为完备域流概率空间 $\left(\Omega,\mathcal{F},\{\mathcal{F}\}_{t\geq 0},P\right)$ 上的标准布朗运动，代表市场中的风险。一般要求 $m\leq n$，特别当 $m=n$ 时股票数量和布朗运动数目一致，市场是完备的，在这种情况下市场中的衍生品定价唯一。而在市场不完备即 $m<n$ 的情况下，市场中的衍生品可以有不同的定价。考虑投资过程，假设 $u_0(t),u_1(t),\cdots,u_m(t)$ 分别为投资在上面 $m+1$ 个资产中的比例，那么财富过程如下：

$$\mathrm{d}X(t) = X(t)u_0(t)\frac{\mathrm{d}S_0(t)}{S_0(t)} + \sum_{i=1}^m X(t)u_i(t)\frac{\mathrm{d}S_i(t)}{S_i(t)} \tag{2-25}$$

记 $u(t)=\left(u_1(t),u_2(t),\cdots,u_m(t)\right)^{\mathrm{T}}$ 是投资策略，则有 $u_0(t)=1-\sum_{i=1}^m u_i(t)$，将资产过程代入式（2-25）则有

$$\frac{\mathrm{d}X(t)}{X(t)} = r(t)\mathrm{d}t + u(t)^{\mathrm{T}}\sigma(t)\left[\theta(t)\mathrm{d}t + \mathrm{d}W(t)\right] \tag{2-26}$$

其中，$\theta(t)=\sigma^{-1}(t)\left[b(t)-r(t)1_m\right]$ 是市场风险价格，$1_m=(1,\cdots,1)_{m\times 1}$ 为 m 维列向量。

假设在市场上可以进行卖空，同时不考虑交易费，我们考虑寻求在 $[0,T]$ 之间的最优投资策略，即优化下面的问题：

$$\begin{cases} \max_{u(\cdot)} E\big[U\big(X(T)\big)\big] \\ \text{s.t.} \quad X(t)满足式(2\text{-}26)且 u(\cdot)\in \Pi \end{cases} \quad (2\text{-}27)$$

2.4.1 随机动态规划方法

在本章中，我们运用随机动态规划方法对上面优化问题进行求解，有很多文献介绍了随机动态规划相关的发展。随机动态规划方法基于传统变分法，在非随机情形下利用贝尔曼方程对控制问题进行求解；在随机情况下，一般推导出相应的哈密顿-雅可比-贝尔曼（Hamilton-Jacobi-Bellman，HJB）方程，然后对问题进行求解。此外，与随机动态规划方法并行的还有极大值原理，两种方法都是基于变分法思想对问题进行求解，我们主要运用随机动态规划方法进行求解。

基于已有的理论，令 $V(t,x) = \max E[U(X(T))|X(t)=x]$，表示已知 t 时刻金融市场的状态情况下在 T 时刻的最优效用函数。那么有如下的 HJB 方程：

$$\sup_u \left\{ V_t + V_x x\big[r(t) + u(t)^{\mathrm{T}}\sigma(t)\theta(t)\big] + \frac{1}{2}V_{xx}x^2 u(t)^{\mathrm{T}}\sigma(t)\sigma(t)^{\mathrm{T}}u(t) \right\} = 0 \quad (2\text{-}28)$$

利用一阶条件，最优反馈函数 $u^*(t,x)$ 和最优效用函数 $V(t,x)$ 的关系为

$$u^*(t,x) = -\frac{V_x}{xV_{xx}}\Sigma(t)^{-1}\sigma(t)\theta(t)$$

然后将上面的 $u^*(t,x)$ 代入 HJB 方程中，可以得到 $V(t,x)$ 满足的偏微分方程：

$$V_t + V_x x r(t) - \frac{1}{2}\frac{V_x V_x}{V_{xx}}\theta(t)^{\mathrm{T}}\sigma(t)^{\mathrm{T}}\Sigma(t)^{-1}\sigma(t)\theta(t) = 0$$

同时边界条件为 $V(T,x) = U(x)$。在效用函数为 CRRA 或者 CARA 的情形下，根据边界条件及上面的偏微分方程可以得出 $V(t,x)$ 和 $u^*(t,x)$ 的显式解，从而求得最优决策过程。而对于更一般的效用函数，可能没有显式解，此时需要通过数值方法进行求解，我们给出在 CRRA 效用函数下的解：

$$U(x) = \frac{x^{1-\gamma}}{1-\gamma}, \quad \gamma > 0, \quad \gamma \neq 1$$

其中，γ 是风险厌恶系数。假设 $V(t,x) = \dfrac{x^{1-\gamma}}{1-\gamma}h(t)$，那么有

$$V_t = \frac{x^{1-\gamma}}{1-\gamma}h'(t), \; V_x = x^{-\gamma}h(t), \; V_{xx} = -\gamma x^{-\gamma-1}h(t)$$

可以得到最优决策为

$$u^*(t,x) = \frac{1}{\gamma}\Sigma(t)^{-1}\sigma(t)\theta(t) \quad (2\text{-}29)$$

可以看到，当 γ 增加即风险厌恶系数增大的时候，投资在风险资产中的比例会减小。同时代入 $V(t,x)$ 满足的微分方程，可以得到：

$$\frac{1}{1-\gamma}h'(t) + \left[r(t) + \frac{1}{2\gamma}\theta(t)^{\mathrm{T}}\sigma(t)^{\mathrm{T}}\Sigma(t)^{-1}\sigma(t)\theta(t)\right]h(t) = 0, \quad h(T) = 1$$

从而得到：$h(t) = \exp\left(\int_t^T \left[(1-\gamma)r(s) + \frac{1-\gamma}{2\gamma}\theta(s)^{\mathrm{T}}\sigma(s)^{\mathrm{T}}\Sigma(s)^{-1}\sigma(s)\theta(s)\right]\mathrm{d}s\right)$。

2.4.2 鞅方法

下面我们介绍鞅方法，在市场是完备的即 $m=n$ 的情形下，控制问题可以利用鞅方法求解。鞅方法主要基于倒向随机微分方程的思想，分两步进行，首先将优化问题转化成在 T 时刻求解满足一定条件的最优随机变量，然后利用市场的完备性得到在 $[0,T]$ 之间的最优投资策略。

首先定义随机过程 $H(t)$ 即金融市场中的定价核：

$$\frac{\mathrm{d}H(t)}{H(t)} = -r(t)\mathrm{d}t - \theta(t)^{\mathrm{T}}\mathrm{d}W(t), \quad H(0) = 1$$

很容易验证，过程 $\{X(t)H(t)\}$ 是上鞅，我们利用 $H(t)$ 将式（2-27）转化成如下的优化问题：

$$\begin{cases} \max_{X(T)}\{E[U(X(T))]\} \\ E[X(T)H(T)] \leqslant X(0) \end{cases} \quad (2\text{-}30)$$

上述问题是关于 $X(T)$ 的优化问题，直接利用 Lagrange（拉格朗日）方法可以进行求解并得到 T 时刻最优财富过程为

$$X^{\lambda}(T) = I(\lambda H(T))$$

其中，函数 I 是函数 U' 的逆函数；λ 是约束方程对应的 Lagrange 乘子。λ 满足约束方程：

$$E[X^{\lambda}(T)H(T)] = X(0)$$

定义 $M(t) = E[H(T)X^{\lambda}(T)|\mathcal{F}_t]$，则 $\{M(t)\}_{t\geqslant 0}$ 为鞅。由鞅表示定理，存在循

序可测的随机过程 $\psi(\cdot) \in \mathbb{R}^n$ 满足：

$$M(t) = X(0) + \int_0^t \psi^{\mathrm{T}}(s) \mathrm{d}W(s), 0 \leqslant t \leqslant T$$

定义一个新的过程 $Y(t) = \dfrac{M(t)}{H(t)}$，由 Itô 公式 $Y(t)$ 满足如下的随机微分方程：

$$\frac{\mathrm{d}Y(t)}{Y(t)} = r(t)\mathrm{d}t + \left[\frac{\psi^{\mathrm{T}}(t)}{M(t)} + \theta^{\mathrm{T}}(t)\right][\theta(t)\mathrm{d}t + \mathrm{d}W(t)]$$

可以看到，若令 $u^*(t) = \left(\sigma^{\mathrm{T}}(t)\right)^{-1}\left[\dfrac{\psi(t)}{M(t)} + \theta(t)\right]$，则有 $X^{u^*}(t) = Y(t)$，那么 $X^{u^*}(T) = Y(T) = I(\lambda H(T))$ 为最优解，则 $u^*(t)$ 为对应的最优投资策略过程。

我们仍以 CRRA 效用函数为例求解最优投资策略。在 CRRA 效用函数下：$I(x) = x^{-\frac{1}{\gamma}}$，那么

$$X^\lambda(T) = (\lambda H(T))^{-\frac{1}{\gamma}}$$

代入约束方程，可以求得

$$\lambda = \frac{\left[E\left(H(T)^{1-\frac{1}{\gamma}}\right)\right]^\gamma}{X(0)^\gamma}$$

则

$$M(t) = E[H(T)X^\lambda(T) \mid \mathcal{F}_t]$$
$$= \lambda^{-\frac{1}{\gamma}} E[H(T)^{1-\frac{1}{\gamma}} \mid \mathcal{F}_t]$$

而

$$H(t) = \exp\left\{-\int_0^t r(s)\mathrm{d}s - \int_0^t \|\theta(s)\|^2 \mathrm{d}s - \int_0^t \theta(s)\mathrm{d}W(s)\right\}$$

其中，$\|\theta(s)\|$ 是向量 $\theta(s)$ 的模，则

$$H(T)^{1-\frac{1}{\gamma}} = \exp\left\{-\left(1-\frac{1}{\gamma}\right)\int_0^t r(s)\mathrm{d}s - \left(1-\frac{1}{\gamma}\right)\int_0^t \|\theta(s)\|^2 \mathrm{d}s - \left(1-\frac{1}{\gamma}\right)\int_0^t \theta(s)\mathrm{d}W(s)\right\}$$

记 $Z(t) = \exp\left\{-\left(1-\dfrac{1}{\gamma}\right)^2 \int_0^t \|\theta(s)\|^2 \mathrm{d}s - \left(1-\dfrac{1}{\gamma}\right)\int_0^t \theta(s)\mathrm{d}W(s)\right\}$，则 $Z(t)$ 为指数鞅，同时

$$H(T)^{1-\frac{1}{\gamma}} = \exp\left\{-\left(1-\frac{1}{\gamma}\right)\int_0^t r(s)\,ds - \frac{1}{\gamma}\left(1-\frac{1}{\gamma}\right)\int_0^t \|\theta(s)\|^2\,ds\right\} Z(T)$$

因而

$$M(t) = \lambda^{-\frac{1}{\gamma}} E[H(T)^{1-\frac{1}{\gamma}} | \mathcal{F}_t]$$

$$= \lambda^{-\frac{1}{\gamma}} \exp\left\{-\left(1-\frac{1}{\gamma}\right)\int_0^t r(s)\,ds - \frac{1}{\gamma}\left(1-\frac{1}{\gamma}\right)\int_0^t \|\theta(s)\|^2\,ds\right\} Z(t)$$

利用 Itô 公式有

$$dM(t) = -\left(1-\frac{1}{\gamma}\right)\theta(t) M(t) dW(t)$$

即 $\psi(t) = -\left(1-\frac{1}{\gamma}\right)\theta(t) M(t)$，故最优投资策略为 $u^*(t) = \frac{1}{\gamma}\left[\sigma^T(t)\right]^{-1}\theta(t)$，与随机动态规划方法求得一致结果。

在得到最优问题的解式（2-29）后，可以通过数值分析对最优解进行分析，从式（2-29）可以看到，当风险厌恶系数增加时，投资者对风险的厌恶程度增加，因而会减少在风险资产中的投资，另外，当资产的波动率增加时，资产的风险增加，投资者会减少在风险资产中的投资，而当市场风险价格上升时，资产的预期收益率增加，因而为了提高财富收益，投资者需要扩大在风险资产中的投资。

式（2-29）是一个确定性的函数，即最优投资策略是非随机的，在非随机的情形下很容易通过图像绘制最优投资策略随时间的演变，当模型参数都是常数时，从式（2-29）可以看出，最优的投资比例是确定性的常数，即在整个投资周期中，为了极大化终端财富的效用，保险公司需要随时调整资金配置，使得风险资产中的比例一直保持不变，式（2-29）反映投资只依赖于风险厌恶系数、波动率和风险市场价格，虽然从理论上采用固定投资比例的策略能够达到最大终端财富效用，但是一方面，不同的投资者可能会有不同的风险偏好，即不同投资者的效用函数会有区别，另一方面，在实际中，当投资周期比较长时，金融模型往往会受到多类风险所影响，而前面式（2-29）基于的模型中只考虑股票的价格风险，因而，在实际的实践中，常常需要综合考虑保险公司的不同偏好、市场中的不同风险，从而能够给保险公司提供更加合理的最优资产配置方案。

通过前面的框架可以看到，针对非寿险公司和寿险公司，首先我们可以建立连续时间金融保险模型，基于金融保险模型构造受多类风险影响下非寿险公司和寿险公司的财富方程，对于非寿险公司，在建模中需要考虑其承保风险，非寿险公司可以通过购买比例再保险对其承保风险分摊，而寿险公司需要考虑管理寿险产品发行后的连续现金流，同时两类保险公司都会在市场中进行风险投资，当市场中风险因子较多时，为了对冲不同类型的风险，保险公司需要扩大资金投资范围，如利用债券对冲利率风险、利用股票对冲价格风险、利用衍生品对冲波动率风险等，针对非寿险公司和寿险公司，在构建完风险模型、引入可投资金融产品后，能够得到受资产配置策略影响下的保险公司模型，非寿险公司往往会考虑最小化破产概率或者最大化终端财富两类优化目标，而寿险公司则一般考虑最大化退休时刻财富这一目标，同时在退休时可能会附加一些最低财富保障条款。基于鞅方法或者随机动态规划方法，我们可以得到保险公司最优资产配置方案，然后将其管理周期内的资产配置进行数值模拟和参数敏感性分析，从而为保险公司实现最优目标提供参考，并为市场变动下的资产调整方案提供建议。

在资产配置中，非寿险公司主要关注其再保险策略、资产配置策略的参数敏感性和时间趋势，可以研究承保风险、保险保费、再保险保费、风险偏好对其再保险策略的影响，同时探讨资产波动率、资产收益率、风险偏好、风险因子对其金融市场最优资产配置的影响，通过数值分析，我们可以直观地看到其参数敏感性和时间趋势，某些情况下，非寿险公司关心其效用的大小，还可以探讨前面所述不同的参数对其最优效用的影响，从而在实际的投资决策中，非寿险公司能够有参考性地设定和调整其再保险策略与资产配置策略。另外，受监管影响，为了达到偿付要求，其财富需要满足一定的风险约束，因而，还可以探讨不同的风险约束对非寿险公司最优决策的影响。

寿险公司中，养老金主要承担着参保人退休前长周期的保费管理，为了提高养老金产品的吸引力，养老金管理者需要确定最优资产配置方案，当进行长周期的资产管理时，风险的种类增多，管理者面临的模型更为复杂，在得到理论的最优投资方案后，可以研究参保人的保费支出、不同的风险水平（利率、波动率等）、资产收益率对资产配置方案的影响，不同的管理者可能有不同的风险偏好，如CRRA、CARA、期望方差（mean variance，MV）准则等，在采用不同的效用函数刻画养老金的风险偏好时，其最优资产配置方案也会发生变化，另外，为了保障参保人的生活，养老金计划往往会附带退休时刻的最低生活保障，不同的最低生活保障对资产配置方案也有影响，可以通过数值分析进行探讨。

在考虑复杂的风险和配置环境后，保险公司的优化问题往往变得很复杂，往往需要创新性地结合鞅方法、随机动态规划方法并引入一些新的手段进行求解，一般最优资产配置方案和简易模型下的式（2-29）差异很大，复杂的随机环境下最优资产配置方案一般依赖于风险因子，因而最优资产配置方案不是确定性的，而是随机的，为了进行数值分析，首先，我们参考市场数据和过去文献的结果估计和设定模型参数，如承保风险参数、保险保费参数、再保险保费参数、风险偏好参数、资产收益参数、资产风险参数、风险因子参数等，然后代入得到的最优资产配置方案，结合蒙特卡罗数值模拟生成多条风险因子路径，从而得到最优资产配置方案路径，只模拟单条路径时，风险因子的随机性对策略的影响很大，因此需要对多条路径进行加权平均得到平均的资产配置方案，最后展示平均资产配置方案的时间趋势、参数敏感性。

我们针对非寿险公司和寿险公司建立全面的金融保险模型，并结合随机分析、随机模拟、概率论、数值分析中的各类重要方法对最优资产配置方案进行求解和分析，这些结果能够为保险公司的投资决策提供理论支撑和实际参考。

第 3 章　非寿险公司优化模型

3.1　非寿险公司资金管理背景和意义

随着经济社会的发展，我国非寿险业迅猛发展，而伴随着经济社会的波动加剧，非寿险行业面临的各种风险也在增加，作为管理保险公司风险的有效手段，建立和完善有效的资产配置方案成为非寿险业一个亟待解决的问题。

非寿险公司通过卖出保险产品，承担着承保风险，当短期内出现数量较大或者金额较大的赔付时，将面临严重的巨灾风险，为了防止非寿险业出现大规模的破产，非寿险公司需要对承保风险进行分摊，以避免巨灾风险，而承保风险分摊面临着再保险费用的支出，非寿险公司需设定合理的再保险比例来平衡收益和风险之间的关系，对于非寿险公司，再保险策略的选择是其管理承保风险的重要手段，在实践中，需要合理刻画其保险理赔特征，依据再保险产品特征建立有效的再保险策略。

伴随着经济社会的波动加剧，除了承保风险外，非寿险业受市场风险的影响越来越大，随着市场风险如利率风险、通货膨胀风险、波动率风险、违约风险等的增加，在保险公司的资产管理中，需要对各类风险进行精细的刻画和管理，综合评估各类风险因子之间的关系，如利率风险和通货膨胀风险之间具有某种潜在的关联，同时在市场中选择合适的资产对冲市场风险，并综合评估风险资产和风险因子之间的关系，现金一般只受利率风险的影响，而债券除了受利率风险的影响外，还可能受通货膨胀风险的影响，而和股票市场相关联的风险因子比较多，股票市场往往会受利率风险、通货膨胀风险、波动率风险等影响，构建模型的时候形势会更加复杂。因而，前期需要对非寿险公司资金管理构建更加合适的风险模型，从而能够形成全面和有效的资产配置策略，保障非寿险业的效益，提高非寿险业的市场竞争力。

对于非寿险公司而言，一般关注两类目标，一类是极小化其破产概率，另一类是极大化其资金效用。目前来看，我国非寿险业破产可能性较低，因此极大化非寿险公司资金效用是目前非寿险资金主要关注的目标，通过建立连续时间的金融保险模型，非寿险公司能够制定动态的资产配置策略、再保险策略等，来达到其财富效用的最大化。

在过去的研究中，由于将各类风险因子整合考虑后，保险公司的投资优化问题会变得非线性，问题的求解具有数学上的难度，将各类市场风险和模型风险纳入保险公司的风险管理框架中，是有必要的，同时具有理论和实际的价值。

根据《保险资金运用管理办法》，保险资金运用限于下面五类形式：银行存款；买卖债券、股票、证券投资基金份额等有价证券；投资不动产；投资股权；国务院规定的其他资金运用形式。本书考虑三类相关的资产：现金、债券和股票。当非寿险资金管理的周期较短时，这几类资产的波动性比较小，相关联的风险因子可以认为比较少，而当非寿险资金管理周期较长时，资产将会受到多种风险因子的影响，同时周期较长时，赔付数量会增加，为了盈利，非寿险公司需要将保费进行再投资，再投资所面临的市场风险和承保风险可能存在某种关联性，而过去非寿险业的资金决策往往采用单期、静态的投资建议，一方面忽略了资产和保险赔付的动态波动属性，另一方面忽略了潜在的风险因子，从而无法形成有效的投资行为。

本书针对非寿险公司建立全面的再保险和资金投资框架，以期更加符合市场经营现状，反映经济动态，以财富效用最大化为目标，通过随机动态规划的方法得到非寿险公司的最优再保险和投资方案。本书将首先探讨利率风险和通货膨胀风险影响下非寿险公司资产配置方案，现金、债券和股票三类资产都会受到利率风险的影响，本书合理地探讨利率风险、通货膨胀风险之间的关联，并建立受这两类风险影响下的现金、债券和股票模型，非寿险公司可以将保费在上述三类资产中进行投资，同时购买比例再保险产品分摊承保风险，我们给出最大化财富效用下保险公司的动态再保险和投资策略，并进行经济解释和参数敏感性分析，构建的金融保险模型更加接近实际，得到的结果对非寿险公司资金管理策略具有重要的参考价值。

随着非寿险业的发展，保费收入也快速增加，我国扩大了保险资金运用的范围，为了防范可能增加的投资风险，对保险业的偿付能力提出了更新的要求，即对其财富有一定的风险约束，对非寿险公司财富施加风险约束后，公司不应片面地追求财富效用的最大化，否则可能达不到监管要求，本书探讨在风险约束下保险公司的资金运用方式，通过添加风险约束，能够在满足非寿险公司偿付能力的条件下尽可能达到其财富效用的最大化，风险约束的引入能够给保险公司提供更加符合现实的资产配置策略，而引入风险约束后的优化问题将变得很复杂，一直是控制优化问题中的难点问题。本书针对两类风险指标约束下得到了利率风险影响下保险公司最优再保险和投资策略，模型兼顾保险公司监管需求和财富最大化需求，具有很强的现实意义。

关于非寿险资金管理研究的最后一章，将在以上部分内容的基础上，更加全面地探讨各类风险对非寿险资金运用的影响，事实上，资产的收益率往往具有波动率聚集的现象，在经济快速扩张或者危机期间波动性很大，而在经济平缓期间波动性较小。在对非寿险资金管理时，波动率对股票市场收益率的影响较大，从而对非寿险资金有比较大的影响，保险公司需要合理地对股票市场波动率建模，形成比较可靠的资产配置策略，本书综合考虑利率风险、波动率风险和通货膨胀风险，建立这三类常见风险下的现金、债券和股票模型，得到在采用再保险和投资策略下的保险资金动态过程。另外，一般在进行经济分析时，需要对模型中的参数进行拟合，但是模型一般不会和实际数据完全拟合，而是存在一定的模型误差，即模型中的参数无法精确估计，而是带有不确定性，当模型偏离实际数据较远时，基于拟合的参数得到的投资策略并不稳健，因此在实际的投资中，为了能够避免其中蕴含的风险，需要在最优资产配置问题中引入模型风险，模型风险的引入会增加数学的复杂度，在数学上具有一定的创新性，同时在考虑模型风险后形成的最优资产配置方案更加稳健，当参数不确定性较大时也能得到比较高的财富效用。

通过构造全面的包含各类风险因子下的金融保险模型，相关的最优再保险和资金管理的研究对非寿险公司的经营发展具有重要的意义，首先有助于非寿险公司最优资产配置的制定，能够充分了解最优资产配置和风险因子之间的关系，当金融市场环境出现较大波动时，能够为资产配置提供更好的建议，另外，在考虑更加全面的金融市场环境后，金融市场模型更能反映不同风险因子之间的联系，对风险因子和风险资产的刻画更加全面，有助于在非寿险公司制定最优投资决策时进行全方位的考虑，此外，有效的资金管理能够提高公司的预期财富水平，从而能够在一定程度上提高非寿险公司的偿付能力，并提高非寿险公司在市场中的竞争力和吸引力。

3.2 研究现状和文献综述

非寿险公司的资产配置问题一直是学术界和业界的热点难点问题，一方面，非寿险公司面临承保带来的巨灾风险，需要通过再保险将部分保险风险转移出去，另一方面，非寿险公司为了避免经济环境的不确定性，同时也为了盈利，会在资本市场中进行投资组合，从而，非寿险公司的配置方案包含对再保险的配置、无风险资产和风险资产的配置，非寿险公司面临着同时管理保险风险和市场风险的需求，通过选择合适的资产配置方案，来达到其财富某种意义上的最大化。

3.2.1 传统期望效用和极小化破产概率

国外保险市场发展比较早，对于非寿险公司的资产管理问题也关注较早，对于非寿险公司，公司收取保费，同时需要对保费进行管理，否则可能会出现破产或者偿付能力不足的情形。Browne（1995）最早针对保险公司进行了两类目标的研究：极小化破产概率；极大化某一时刻财富的期望效用。极小化破产概率形式如下：

$$\min P(X(t)<0, 存在某个时刻\ t \geqslant 0)$$

而极大化某一时刻 T 的财富的期望效用如下：

$$\max E\big[U\big(X(T)\big)\big]$$

通过随机动态规划方法，Browne（1995）得到了保险公司投资策略的显式解，在 Browne（1995）的研究中，只考虑了对市场风险的管理，之后的研究一方面关注再保险对保险公司决策的影响，另一方面在市场中考虑更为全面的金融模型，以管理市场中存在的各类风险，如利率风险、通货膨胀风险、波动率风险、信用风险等。再保险和各类风险的引入给保险公司的决策行为提供了更加全面的参考，同时在理论和求解上也具有更大的创新价值。

3.2.2 不同类型的再保险策略

首先，对于再保险策略，市场中存在不同的再保险产品，以满足非寿险公司对冲保险风险的需求，比例再保险产品能够成比例地对冲保险风险，如 He 和 Liang（2009）、刘洁和赵秀兰（2013）的研究中都分析了保险公司的最优比例再保险策略，杨瑞成和刘坤会（2004）针对比例再保险模型加入了交易过程中的交易费用及公司破产时的补偿值，弥补了传统模型的不足。王愫新和荣喜民（2017）同时考虑了保险公司和再保险公司的最优比例再保险–投资策略，保险公司和再保险公司面临的赔付过程是带漂移的布朗运动，作者通过动态规划方法得到了保险公司和再保险公司的最优再保险–投资比例，并分析了同时满足双方利益的再保险策略。另外，超额赔付再保险能够帮助保险公司抵御大的赔付风险，Liang 和 Huang（2011）、Zhao 等（2013）都在保险公司的期望效用问题中加入超额赔付再保险，通过不同的再保险策略，保险公司能够降低保险带来的风险。梁志彬和郭军义（2010）考虑了比例再保险、超额自留再保险及两种再保险组合下保险公司的行为，通过结论发现，在一定的条件下，总存在一种纯粹超额损失再保险策略要优于任何一类组合再保险策略。

3.2.3 市场风险的刻画

市场风险也能够显著地影响非寿险公司的收益水平，如利率风险、波动率风险等，杨鹏（2016a）基于 Ornstein-Uhlenbeck 模型刻画了股票的收益率风险，得到了均值-方差准则下保险公司的有效策略和有效边界。Li 等（2012）、Shen 和 Zeng（2015）、李艳方和林祥（2009）得到了在 Heston 随机波动率模型下保险公司的最优投资策略，同时他们发现，当随机波动率的回复水平较高时，保险公司需要减少投入风险资产的比例，王愫新等（2016）则分析了在 Heston 随机波动率模型下保险公司和再保险公司的博弈均衡问题。Gao（2009）、Gu 等（2012）、Li 等（2014）则考虑了股票波动率模型为 CEV 模型时的最优策略，荣喜民和范立鑫（2012）也考虑了 CEV 模型下保险公司的决策行为，并通过 Legendre 对偶的方法得到了 CEV 模型下的最优再保险和投资策略。除了波动率风险外，对于保险公司而言，当管理资金的周期比较长时，保险公司可能会面临利率风险及通货膨胀风险，Li 等（2015）讨论了通货膨胀风险对保险公司的影响，在他们的模型中，通货膨胀模型由经典的 Fisher 方程推导，同时他们考虑了时间不一致的期望-方差效用问题，基于 Bjork 和 Murgoci（2010）的方法，给保险公司的风险管理提供了新的研究思路，同时杨鹏（2016b）分析了通货膨胀影响下具有再保险和投资的随机微分博弈问题。而梁志彬（2009）则分析了跳过程风险下保险公司的最优再保险和投资策略，付还宁和吴述金（2010）利用随机脉冲模型刻画股票过程，利用随机动态规划方法得到在随机脉冲模型下保险公司的最优行为。

为了控制风险，有些作者在保险公司的最优决策中加入风险约束，对传统的期望效用函数进行了一定的修正。如 Chen 等（2010）考虑在每个时刻保险公司需要财富满足 VaR 约束，通过将财富的 VaR 约束转化成对于再保险-投资策略的约束，作者利用随机动态规划的方法得到了 VaR 约束下保险公司的最优再保险-投资策略。曾燕和李仲飞（2010）认为在我国，保险公司的投资行为会受到《中华人民共和国保险法》及其自身风险管理条例的约束，同时投资行为受到一定的线性约束，作者通过 HJB 方程得到了最优投资的显式解并给出了经济解释和数值算例。曾燕和李仲飞（2011）以经济资本占用（capital at risk，CaR）来度量保险公司的整体风险，研究了在 CaR 约束下最大化终端财富的期望，作者通过分层优化和变分法得到了对应的最优比例再保险-投资策略，同时，赵武等（2011）研究了在 VaR 约束下保险公司的最优混合投资策略。

3.2.4 优化准则的拓展

基于已建立的保险精算模型，保险公司可能会带有不同的偏好：Guan 和 Liang（2014b）的研究中分析了在 CRRA 效用下保险公司的最优再保险和投资决策问题；Zhao 等（2013）则以 CARA 效用来描述保险公司的优化目标；而更多相关的研究是基于 Markowitz（1952）提出的 MV 准则，以期望刻画投资者的收益，以方差来刻画投资者的风险，通过构造有效策略和有效边界来对市场风险进行管理。2008年，Bai 和 Guo（2008）在对再保险策略进行一定的约束下基于 MV 准则理论推导了保险公司的有效再保险和投资行为，Shen 和 Zeng（2015）认为金融市场模型会受到模型的一个滞后项的影响，以带滞后的过程刻画保险公司的投资行为，并在 MV 准则的框架下进行了详细分析，2015 年，Shen 和 Zeng（2015）以均方根因子模型刻画股票风险，并基于随机动态规划方法得到了 MV 准则的有效边界，而杨鹏（2016b）则在 MV 的框架下考虑了 CEV 模型的影响。前面介绍的工作求解的框架首先在 0 时刻约定最终时刻财富的期望，然后以极小化方差为目标进行求解，理论推导可以基于 Lagrange 方法和随机二次动态规划方法，由于求解需要预先设定最终时刻财富期望，因此求解方法是预先承诺情形。由于动态规划理论的局限性，2011 年之前 MV 准则的研究大部分集中于预先承诺情形。自从 Bjork 和 Murgoci（2010）对随机动态规划方法进行了拓展并引入纳什均衡解的概念之后，有大量的工作对保险公司讨论时间一致情形下的最优解，Zeng 等（2013）以时间一致情形的 MV 准则为目标，引入均衡解的概念，基于拓展的 HJB 方程，得到了保险公司的均衡最优策略和均衡值函数。后续有大量的论文进行相关的研究，如 Li 等（2015）、Li 等（2012），时间一致的 MV 准则相比于传统预先承诺的解在理论和实际中具有更大的价值，大大拓展了保险公司的投资方式，给保险公司提供了更加实际的参考价值。

3.2.5 模型风险

前面不同的研究能够帮助保险公司管理保险风险和市场风险，一般当某类风险增加时，保险公司需要降低和该风险有关的资产的投资比例。然而，上述的研究均假设保险公司的模型是确定的，即不存在参数不确定性。但事实上，从统计学的意义而言，模型参数是很难精确估计的，Maenhout（2004）针对模型不确定下的最优投资-消费问题进行了计算，作者通过一族等价鞅测度来描述参数不确定性，同时加入惩罚函数来度量参数不确定性的风险，即引入如下的效用函数：

$$\sup_{\pi} \inf_{Q \in \mathbb{Q}} E^Q \left[U(X(T)) \right] + 惩罚项$$

其中，π 是保险公司的策略；Q 是和原始概率测度 P 等价的概率测度；$\mathbb{Q}$ 是所有可能的等价概率测度的集合，描述模型不确定性。

Maenhout（2004）给出了在参数不确定下求解最差情形最优解的最大-最小控制问题，即首先寻求最差情形的概率测度 Q，然后寻找最优的策略 u，同时作者也通过随机动态规划的方法得到了最优投资-消费策略。之后 Yi 等（2013）针对保险公司考虑了在 Heston 随机波动率模型下参数不确定对保险公司的影响，通过计算，作者发现当忽视模型不确定时，保险公司将会面临一个比较大的效用损失，而这种损失随着市场风险的增加也是增大的。因此，在保险公司的投资行为中加入模型不确定影响是比较重要的，Zeng 等（2016）讨论了模型不确定对保险公司的影响，之后 Li 等（2018）将保险-金融公司模型拓展为带跳的模型，同时保险公司对于跳风险和其他风险的度量也是不确定的，作者同样利用随机动态规划的方法得到了保险公司的最优再保险-投资行为。欧辉等（2016）的研究中，保险公司对于保险风险、通货膨胀风险和权益风险具有模型不确定性，作者基于随机动态规划的方法得到了保险公司的鲁棒是再保险-投资策略。在 Gu 等（2018）的分析中，纳入了模型不确定的影响，但是资产过程的收益率假设服从一个均值回复的随机过程，Wang 和 Li（2018）探讨了随机利率和随机波动率的不确定性对固定缴费型养老金管理者决策的影响，郑箫箫等（2016）则在保险公司的资产配置中加入可违约资产，同时考虑了违约风险和模型不确定风险对保险公司的影响。

3.3 模型和方法简介

Browne（1995）针对非寿险公司的最优决策进行了研究，并对非寿险公司的两类需求进行了探讨：极小化破产概率和极大化终端时刻效用。基于概率论和随机分析的方法构建保险公司的随机波动模型，并通过随机动态规划方法得到最优值函数和最优决策满足的 HJB 方程，通过猜测最优解的形式并进行验证可以得到保险公司的最优资产配置方案，下面以 Browne（1995）研究中的结果对相关模型和方法进行进一步的说明，Browne（1995）研究中的结果是对非寿险公司资产配置最早的相关研究，在文章中假设非寿险公司卖出保险产品，面临着承保风险，同时在市场中可以将资金投资于一个风险资产，Browne（1995）假定保险公司的保险风险是不可分散的，即没有购买再保险产品对承保风险进行分摊，保险公司的风险模型和第 2 章的带漂移项的扩散过程一致[式（2-2）]：

$$\mathrm{d}X(t) = \alpha \mathrm{d}t + \beta \mathrm{d}W_t^2, \quad X(0) = x_0 \tag{3-1}$$

其中，α 和 β 均是常数，分别代表保险市场保费及保险风险大小；W_t^2 是标准的布朗运动，刻画承保风险；x_0 是保险公司的初始财富。

市场中风险资产模型类似式（2-5），Browne（1995）假定保险公司只投资于风险资产，风险资产的过程满足如下模型：

$$\frac{\mathrm{d}S(t)}{S(t)} = \mu \mathrm{d}t + \sigma \mathrm{d}W_t^1 \tag{3-2}$$

其中，μ 和 σ 分别是风险资产的收益率和波动率；W_t^1 是标准的布朗运动，刻画风险

资产的价格风险，假定市场风险和保险风险存在一定相关性，即 $\mathrm{Cov}(W_t^1, W_t^2) = \rho \in (-1, 1)$，当 $|\rho|$ 越大时，表明市场风险和保险风险的相关性越大，当 $|\rho|=1$ 时，表明市场风险和保险风险一致，问题等价于只在风险资产中的最优资产配置，因此这里不做考虑。

假定保险公司不购买再保险产品，但是参与市场投资，在时刻 t 投资于风险资产的金额假定为 $u(t)$，$u(t)$ 是可料的、良定的过程，同时满足可积性条件：对任意 $T<+\infty$，$\int_0^t u(t)^2 \mathrm{d}t < +\infty$ 几乎处处成立，在采用资产配置策略 $u(t)$ 后，保险公司的财富过程变为

$$\mathrm{d}X^u(t) = \alpha \mathrm{d}t + \beta \mathrm{d}W_t^2 + u(t)\left[\mu \mathrm{d}t + \sigma \mathrm{d}W_t^1\right], \quad X(0) = x_0 \tag{3-3}$$

可以看到，在保险公司采取投资策略后，保险公司的财富同时受到保险风险和市场风险的影响，通过风险资产的投资可以对市场风险进行有效的管理，而在式（3-3）中，虽然保险公司没有通过再保险产品对冲保险风险，但是由于保险风险和市场风险的相关性，通过市场投资可以对部分保险风险进行对冲。为了后续相关问题的求解，下面引入随机微分方程式（3-3）对应的无穷小算子：

$$\mathcal{A}^u g(t,x) = g_t + [u\mu + \alpha]g_x + \frac{1}{2}\left[u^2\sigma^2 + \beta^2 + 2\rho\sigma\beta u\right]g_{xx} \tag{3-4}$$

上述算子刻画微分系统短期变化的大小，其中，g_t 是函数 $g(t,x)$ 关于 t 的一阶导数；g_x 和 g_{xx} 分别是 $g(t,x)$ 关于 x 的一阶导数和二阶导数；注意到 $|\rho| \neq 1$，上述金融保险模型不是完备的，由于保险公司没有购买相关产品对保险风险进行对冲，因此风险资产投资只能部分减少而不能完全消除保险风险，一般情形下对于投资策略 $u(t)$，最优投资策略在 $u(t)$ 的可行域中寻找，有一些相关文献也根据市场实际探讨了不允许卖空、不允许借贷投资等约束，下面根据保险公司的两类优化目标进行最优资产配置方案的介绍。

3.3.1 最大化财富效用

部分保险公司的目标是极大化其终端时刻 T 的财富效用的期望，一般效用函数 $U(x)$ 需要满足递增性和边际效用递减性，即其一阶导数 $U' > 0$，二阶导数 $U'' < 0$，为了后续引入随机动态规划方法，定义保险公司的最优值函数如下：

$$V(t,x) = \sup_u E\left[U\left(X^u(T)\right) | X^u(t) = x\right] \tag{3-5}$$

即已知 t 时刻的所有信息下的最优期望效用，记 $u^*(t)$ 为保险公司在 t 时刻的最优

策略，即有

$$V(t,x) = E\left[U\left(X^{u^*}(T)\right) \mid X^{u^*}(t) = x\right]$$

假定保险公司的偏好由下面的指数效用函数刻画，即

$$U(x) = \lambda - \frac{\gamma}{\theta}e^{-\theta x} \tag{3-6}$$

其中，$\gamma > 0$，$\theta > 0$，上述效用一般也称作 CARA 效用，满足 $-U''(x)/U'(x) = \theta$，θ 刻画保险公司的风险厌恶程度，θ 越大表明保险公司越厌恶风险，下面定理给出了在最大化财富效用这一目标下保险公司最优资产配置方案及最优效用值函数。

定理 3.1 保险公司的最优资产配置方案是一个常数，即购买风险资产的金额是恒定值。

$$u^*(t) = \frac{\mu}{\sigma^2\theta} - \frac{\rho\beta}{\sigma} \tag{3-7}$$

同时，其最优值函数为

$$V(t,x) = \lambda - \frac{\gamma}{\theta}\exp\{-\theta x + (T-t)Q(\theta)\} \tag{3-8}$$

其中，$Q(\theta)$ 是一个二次函数，满足

$$Q(\theta) = \theta^2 \frac{1}{2}\beta^2(1-\rho^2) - \theta\left(\alpha - \frac{\rho\beta\mu}{\sigma}\right) - \frac{1}{2}\left(\frac{\mu}{\sigma}\right)^2$$

证明 根据随机动态规划的方法，最优值函数 V 和最优策略 u 需要满足如下的 HJB 方程：

$$\sup_u\left\{\mathcal{A}^u V(t,x)\right\} = 0, \quad V(T,x) = U(x) \tag{3-9}$$

其中，HJB 方程第一部分刻画了最优值函数需要满足的条件，当第一部分方程取等号时对应的策略即需要寻找的最优策略，第二部分刻画了最优值函数的边界条件。结合式（3-4）、式（3-9），可以看到，最优策略为下面函数的最大值点：

$$V_t + [u\mu + \alpha]V_x + \frac{1}{2}[u^2\sigma^2 + \beta^2 + 2\rho\sigma\beta u]V_{xx}$$

其中，V_t 是函数 $V(t,x)$ 关于 t 的一阶导；V_x 和 V_{xx} 分别是 $V(t,x)$ 关于 x 的一阶导和二阶导。由于一般值函数满足 $V_x > 0$；$V_{xx} < 0$，因而上面函数是 u 的向下开口的抛物线，即存在极大值点，通过一阶条件我们可以得到最优策略如下：

$$u^*(t) = -\frac{\mu}{\sigma^2}\left(\frac{V_x}{V_{xx}}\right) - \frac{\rho\beta}{\sigma}$$

将 $u^*(t)$ 代入式（3-9）中，可以得到关于最优值函数 $V(t,x)$ 满足的方程：

$$V_t + \left[\alpha - \frac{\rho\beta\mu}{\sigma}\right]V_x - \frac{1}{2}\left(\frac{\mu}{\sigma}\right)^2 \frac{V_x^2}{V_{xx}} + \frac{1}{2}\beta^2(1-\rho^2)V_{xx} = 0, \ t < T$$

$$V(T,x) = U(x)$$

根据 $V(t,x)$ 满足的边界条件，我们假设 $V(t,x)$ 为如下的形式：

$$V(t,x) = \lambda - \frac{\gamma}{\theta}\exp\{-\theta x + g(T-t)\} \quad (3\text{-}10)$$

其中，$g(t)$ 是待定的函数，可以得到 $V(t,x)$ 的微分形式如下：

$$V_t(t,x) = [V(t,x) - \lambda][-g'(T-t)]$$
$$V_x(t,x) = [V(t,x) - \lambda][-\theta]$$
$$V_{xx}(t,x) = [V(t,x) - \lambda][-\theta^2]$$

其中，g' 是函数 g 的一阶导数，将上述微分形式代入 $V(t,x)$ 满足的偏微分方程中，$g(T-t)$ 满足：

$$0 = -g'(T-t) + \frac{1}{2}\beta^2(1-\rho^2)\theta^2 - \left(\alpha - \frac{\rho\beta\mu}{\sigma}\right)\theta - \frac{1}{2}\left(\frac{\mu}{\sigma}\right)^2$$
$$\equiv -g'(T-t) + Q(\theta)$$

从而容易验证式（3-8）成立，根据最优策略形式 $u^*(t) = -\frac{\mu}{\sigma^2}\left(\frac{V_x}{V_{xx}}\right) - \frac{\rho\beta}{\sigma}$ 容易得到式（3-8），即保险公司在风险资产中的最优配置为常数。从而我们得到了保险公司最优值函数和最优资产配置的必要条件，关于最优资产配置的充分性，由于 $V(t,x)$ 的二次连续可微性，很容易根据 Fleming 和 Soner（2006）进行验证。

证毕。

从最优策略的式（3-7），可以看到，当风险资产的收益率 μ 越高时，在风险资产中投资的收益越大，因而保险公司在风险资产中投资比例会越大，同时当风险资产的波动性 σ 增加时，投资于风险资产中的比例会降低，而 θ 越大表明保险公司对风险的厌恶程度越大，因而会降低在风险资产中的配置金额，当 β 或者 ρ 增加时，表明保险风险和市场风险的关联性增大，为了降低资产面临的风险，保险公司需要降低其在风险资产中的比例，同时式（3-7）反映保险公司的最优资产配置方案和保费收入水平 α 并无关系。

在非寿险公司的投资决策问题中，一般首先建立非寿险公司的金融保险模型框架，然后针对性地给出非寿险公司的最优化目标，根据优化目标及随机动态规划方法可以得到其最优策略和最优值函数满足的 HJB 方程，通过求解 HJB 方程可以得到保险公司的最优资产配置方案，基于资产配置方案的表达式能够给保险公司的最优决策行为提供理论的参考和实际的建议。

3.3.2 最小化生存概率

对于部分非寿险公司而言,面临着较大的巨灾风险,因此其目标是需要尽可能降低破产概率,引入如下首次达到时刻,即在策略 u 下保险公司的财富首次到达水平线 z 的时间为

$$\tau_z^u = \inf\left\{t > 0 : X^u(t) = z\right\}$$

下面我们考虑两个不同水平 $a < b$ 下的首达时间 τ_a^u、τ_b^u,同时定义 $\tau^u = \min\{\tau_a^u, \tau_b^u\}$,对于非寿险公司,其优化问题是

$$\max_{\tau^u} P\left(X^u_{\tau^u}(t) \geq b \mid X(0) = x\right) = P\left(\tau^u = \tau_b^u \mid X(0) = x\right) \quad (3\text{-}11)$$

其中,$a < x < b$,上述问题关注的是在达到某个破产水平 a 之前达到水平 b 的概率,下面引入如下三个常数:

$$\eta^+ \equiv \frac{(\alpha - \rho\beta\mu/\sigma) + \sqrt{D}}{\beta^2(1-\rho^2)}$$

$$D \equiv \left(\alpha - \frac{\rho\beta\mu}{\sigma}\right)^2 + \beta^2(1-\rho^2)\left(\frac{\mu}{\sigma}\right)^2$$

$$C \equiv \frac{\mu}{\sigma^2 \eta^+} - \frac{\rho\beta}{\sigma}$$

关于式(3-11),有如下定理:

定理 3.2 式(3-11)最优策略为常数,和财富水平、a、b 均无关。

$$u^*(t) = C \quad (3\text{-}12)$$

证明 定义最优值函数为

$$V(x) = \sup_u P\left(X^u_{\tau^u}(t) \geq b \mid X(0) = x\right)$$

根据随机动态规划方法,最优值函数满足如下 HJB 方程:

$$\sup_u \left\{\mathcal{A}^u V(x)\right\} = 0, \ V(a) = 0, \ V(b) = 1 \quad (3\text{-}13)$$

结合式(3-4)可知,最优资产配置策略为如下函数的极大值点:

$$[u\mu + \alpha]V_x + \frac{1}{2}[u^2\sigma^2 + \beta^2 + 2\rho\sigma\beta u]V_{xx}$$

通过上述方程的一阶条件可以得到最优资产配置和最优值函数之间满足如下方程:

$$u^*(x) = -\frac{\mu}{\sigma^2}\left(\frac{V_x}{V_{xx}}\right) - \frac{\rho\beta}{\sigma}$$

将上述形式代入式（3-13）中可得最优值函数$V(x)$满足的方程如下：

$$\frac{1}{2}\beta^2(1-\rho^2)V_{xx} - \frac{1}{2}\left(\frac{\mu}{\sigma}\right)^2\frac{V_x^2}{V_{xx}} + \left(\alpha - \frac{\rho\beta\mu}{\sigma}\right)V_x = 0, \ a < x < b \quad (3\text{-}14)$$

其中，$V(x)$满足边值条件$V(a)=0$，$V(b)=1$，假设最优值函数$V(x)$为如下形式：

$$V(x) = \kappa - \frac{\delta}{\eta}\mathrm{e}^{-\eta x} \quad (3\text{-}15)$$

其中，κ是待定的常数；易得其微分为$V_x = \delta\mathrm{e}^{-\eta x}$，$V_{xx} = -\eta\delta\mathrm{e}^{-\eta x}$。

将式（3-15）代入式（3-14）得η为如下二次方程的解：

$$\eta^2 \frac{1}{2}\beta^2(1-\rho^2) - \eta\left(\alpha - \frac{\rho\beta\mu}{\sigma}\right) - \frac{1}{2}\left(\frac{\mu}{\sigma}\right)^2 = 0$$

上述方程有两个解：

$$\eta^{+,-} = \frac{(\alpha - \rho\beta\mu/\sigma) \pm \sqrt{D}}{\beta^2(1-\rho^2)}$$

其中，$\eta^+ > 0, \eta^- < 0$。

根据边界条件$V(a)=0$易得常数$\kappa = \frac{\delta}{\eta}\mathrm{e}^{-\eta a}$，同时根据边界条件$V(b)=1$可以得到

$$\delta = \frac{\eta}{\mathrm{e}^{-\eta a} - \mathrm{e}^{-\eta b}}$$

由于要求最优值函数满足边际效用递减原则，容易验证η^+符合条件，而η^-不符合条件，因而：

$$V(x) = \kappa - \frac{\delta}{\eta}\mathrm{e}^{-\eta^+ x}$$

联立式（3-12）及最优值函数和最优策略的关系，容易得到定理中式（3-12），即保险公司的最优资产配置方案是常数，基于$V(x)$的二次连续可微性，也容易验证HJB方程得到的解即为最优解。

证毕。

上面对非寿险公司关注的两类问题进行了简单介绍，在前面的模型假设中，保险公司只能投资于风险产品来对冲市场风险，而不能购买再保险产品对承保风险进行分摊，因此Browne（1995）的结果在某种程度上过于简单，但是通过Browne（1995）的研究的计算和求解，可以看到在动态优化问题中，一般可以通过随机动态规划的方法得到相应的HJB方程，即最优策略和最优值函数满足的必要条件，

根据 HJB 方程与问题的形式可以对最优策略和最优值函数进行求解,并对解的充分性进行验证,最后依据最优资产配置和最优值函数的形式,对保险公司的实际资产配置行为提供参考。

Browne(1995)的研究中,一方面并未考虑保险公司的再保险行为,另一方面对于市场中风险资产的刻画过于简单,在实际中风险资产可能会受到利率风险、通货膨胀风险等影响,因此,在实践中,如果需要给保险公司提供更加全面的资产配置方案,那么需要对风险资产进行合理的建模,当考虑众多风险因素后,保险公司的财富过程将变得十分复杂,在数学上会带来一定的难度,后续的章节将关注在复杂随机风险环境下保险公司的建模和最优资产配置方案的求解,一方面是对过去文献的补充,从数学和精算两个方面都具有创新性,另一方面,针对金融保险市场进行了更加全面的刻画和建模,得到的资产管理方案能够给保险公司提供更加可靠的投资建议。

第4章　考虑随机利率和随机通货膨胀的非寿险模型

随着保险公司投资范围的放宽，保险公司在风险资产中的投资占比越来越大，但是银行存款（现金）和债券仍占保险公司资产配置的主要部分，因此利率风险是影响保险公司资金稳定性的主要风险，当利率出现较大的波动时，保险公司如不能及时调整其资产配置方案，将会面临较大的风险，因此，在保险公司的资产配置中，考虑利率风险是必要的，对于保障保险公司资金的稳定性和偿付能力都具有较大的意义。此外，当非寿险公司的管理周期较长时，不可避免地面临着市场通货膨胀的压力，当通货膨胀率升高时，市场中固定收益证券产品的实际收益率会下降，而通货膨胀率对股票市场的影响相对较小，当通货膨胀较大时，由于公司产品价格的上升，股份公司的名义收益也会增加，当公司产品上升超过生产成本的涨幅时，盈利会增加，股票价格上升，可以通过购买股票减轻通货膨胀带来的影响。而总体上，由于通货膨胀风险，保险公司资产的实际收益会下降，将会影响到公司的正常运营，因此，在非寿险公司的资产管理中，如不能合理地对利率、通货膨胀率进行建模，在市场中的资产配置将无法及时根据市场行情进行更新，其财富会出现较大的风险，另外，由于利率、通货膨胀率、市场资产之间的相互影响，在实际的资产配置中，需要考虑风险因子之间、市场资产之间及风险因子和市场资产之间的关联性，建立动态的优化模型，从而对非寿险公司的最优资产配置提供合理的理论参考和实际建议。

保险公司除了在市场中进行资产配置管理市场风险外，还面临着承保风险，在市场中有不少再保险产品可以用来对冲承保风险，通过签订分保合同，可将其所承保的部分风险和责任向其他保险人进行保险，比例再保险是原保险人与再保险人之间订立再保险合同，按照保险金额，约定比例，分担责任，再保险合同是一个协约，对于约定比例内的保险业务，原保险人有义务及时分出，再保险人有义务接受，双方都无选择权，如何确定最优的再保险比例对保险公司承保风险的分摊是十分重要的，本章将研究一般非寿险保险公司的最优策略问题，保险公司卖出保险产品，同时获得保费收入，保险公司的财富过程由一个带漂移项的布朗运动逼近，保险公司发售保险产品面临的保险风险可以通过购买比例再保险产品进行对冲。此外，本章参考 Guan 和 Liang（2014b）的研究，首先建立一个具有随机利率和随机通货膨胀率的金融市场。保险公司可以在其中进行投资以对冲市场风险，可供投资的资产有现金、债券、通货膨胀保值债券（treasury inflation protected securities，TIPS）及股票，保险公司的优化目标是最大化最终时刻的真实财富的效用函数的期望。通过随机动态规划方法，我们可以得到最优的再保险与投资策略过程，并对解进行详细的数值分析，为非寿险公司的最优再保险投资决策提供理论参考。

4.1 模型描述

我们假设市场上存在利率风险及通货膨胀风险，假设现实市场为名义市场，而除去通货膨胀影响下的市场为实际市场，由于通货膨胀减少财富的购买力，所以在进行决策时一般需要考虑通货膨胀，关注真实财富。为了简化模型，假设实际市场的利率 $r_r(t)$ 是非随机的，通货膨胀系数 $I(t)$ 和名义利率 $r_n(t)$ 是随机的。名义利率模型采用 Vasicek 利率模型：

$$dr_n(t) = a(b - r_n(t))dt - \sigma_{r_n}dW_{r_n}(t) \tag{4-1}$$

其中，$\{W_{r_n}(t)\}_{t\geq 0}$ 是标准的布朗运动；a，b，σ_{r_n} 是正数，b 是 $r_n(t)$ 的风险回复水平，a 是回复速度，σ_{r_n} 刻画利率的波动性大小。

当保险公司投资周期较长时，存在通货膨胀风险，通货膨胀系数描述的是名义财富的真实价值，Fisher 方程描述的是离散情况下的名义利率、实际利率和通货膨胀率的关系。本节在广义 Fisher 方程基础上建立连续时间的通货膨胀模型，即

$$\begin{cases} r_n(t) - r_r(t) = \lim_{\Delta t \to 0} \dfrac{1}{\Delta t} \tilde{E}\left[i(t, t+\Delta t) \mid \mathcal{F}_t\right] \\ i(t, t+\Delta t) = \dfrac{I(t+\Delta t) - I(t)}{I(t)} \end{cases}$$

其中，$\mathcal{F}_t$ 是 t 时刻之前的市场信息；$\tilde{E}$ 是在风险中性测度 $\tilde{P}$ 下的期望；$i(t, t+\Delta t)$ 是在 $[t, t+\Delta t]$ 内通货膨胀系数的变化率；$I(t+\Delta t)$、$I(t)$ 分别是时刻 $t+\Delta t$ 和 t 的通货膨胀指数。

基于上面方程，我们假设通货膨胀率满足如下随机微分方程：

$$\dfrac{dI(t)}{I(t)} = (r_n(t) - r_r(t))dt + \sigma_{I_1}d\tilde{W}_{r_n}(t) + \sigma_{I_2}d\tilde{W}_I(t)$$

其中，$\tilde{W}_{r_n}(t)$ 和 $\tilde{W}_I(t)$ 是在测度 $\tilde{P}$ 下的标准布朗运动，$\tilde{W}_{r_n}(t)$ 和 $\tilde{W}_I(t)$ 分别是名义

利率风险和通货膨胀风险；σ_{I_1} 和 σ_{I_2} 刻画通货膨胀的波动率。由于假设实际利率是非随机的，不存在实际利率的风险，所以在上面的通货膨胀模型中，只有两个布朗运动 $\tilde{W}_{r_n}(t)$ 和 $\tilde{W}_I(t)$。

我们假设 $W_{r_n}(t)$ 和 $W_I(t)$ 的市场风险价格分别为 λ_{r_n}、λ_I，那么利用 Girsanov 变换，在原测度 P 下，随机通货膨胀满足下面的随机方程：

$$\frac{\mathrm{d}I(t)}{I(t)} = (r_n(t) - r_r(t))\mathrm{d}t + \sigma_{I_1}\left[\lambda_{r_n}\mathrm{d}t + \mathrm{d}W_{r_n}(t)\right] + \sigma_{I_2}\left[\lambda_I \mathrm{d}t + \mathrm{d}W_I(t)\right] \quad (4\text{-}2)$$

下面我们介绍市场中的四种资产：现金、零息债券、TIPS 及股票。

现金 $S_0(t)$ 服从方程：

$$\mathrm{d}S_0(t) = S_0(t)r_n(t)\mathrm{d}t, \quad S_0(0) = 1 \quad (4\text{-}3)$$

在利率风险下，我们引入零息债券对利率风险进行对冲。在 Vasicek 利率模型下，零息债券 $B_n(t,T)$ 满足如下的随机微分方程：

$$\begin{cases} \dfrac{\mathrm{d}B_n(t,T)}{B_n(t,T)} = r_n(t)\mathrm{d}t + \sigma_{B_1}(T-t)\left[\lambda_{r_n}\mathrm{d}t + \mathrm{d}W_{r_n}(t)\right] \\ B_n(T,T) = 1 \end{cases} \quad (4\text{-}4)$$

其中，$\sigma_{B_1}(t)$ 是确定的函数，刻画零息债券的波动率，$\sigma_{B_1}(t) = \dfrac{1-\mathrm{e}^{-at}}{a}\sigma_{r_n}$。

实际可投资的债券为具有恒定剩余到期期限 K_1 的滚动式债券 $B_{K_1}(t)$，它满足如下随机微分方程：

$$\frac{\mathrm{d}B_{K_1}(t)}{B_{K_1}(t)} = r_n(t)\mathrm{d}t + \sigma_{B_1}(K_1)\left[\lambda_{r_n}\mathrm{d}t + \mathrm{d}W_{r_n}(t)\right] \quad (4\text{-}5)$$

其中，$\sigma_{B_1}(K_1) = \dfrac{1-\mathrm{e}^{-ak_1}}{a}\sigma_{r_n}$ 刻画滚动式债券的波动率。

我们可以看到，上述推导出来的通货膨胀模型是 Jarrow 和 Yildirim（2003）提出的模型的一种特殊情况。在金融市场上，为了对冲通货膨胀风险，在市场中存在很多 TIPS。在此，我们假设市场上存在 TIPS 为 $P(t,T)$，持有 $P(t,T)$ 在到期日 T 时刻的收益为 $I(T)$，即在到期日的真实收益为 1。基于马尔可夫性质，$P(t,T)$ 可以写成 $P(t,T) = P(t, r_n, I)$，即通货膨胀零息债券价格依赖于时刻 t、名义利率和通货膨胀指数，基于衍生品定价原理，利用 Feynman-Kac 公式，$P(t,T)$ 满足如下偏微分方程：

$$\begin{cases} P_t + P_{r_n}\left[a(b-r_n) + \lambda_{r_n}\sigma_{r_n}\right] + P_I I(r_n - r_r) + \frac{1}{2}P_{r_n r_n}\sigma_{r_n}^2 \\ + \frac{1}{2}P_{II}I^2\left(\sigma_{I_1}^2 + \sigma_{I_2}^2\right) - P_{Ir_n}I\sigma_{r_n}\sigma_{I_1} = r_n P \\ P(T,T) = I(T) \end{cases}$$

其中，P_t 是函数 $P(t,r_n,I)$ 关于 t 的一阶导；P_{r_n} 和 $P_{r_n r_n}$ 分别是 $P(t,r_n,I)$ 关于 r_n 的一阶导和二阶导；P_I 和 P_{II} 分别是 $P(t,r_n,I)$ 关于 I 的一阶导和二阶导。

利用上面方程可以得到 $P(t,T)$ 的显式表达式为

$$P(t,T) = I(t)\exp\left[-\int_0^t r_r(s)\mathrm{d}s\right]$$

直接对 $P(t,T)$ 求微分，可以得到，$P(t,T)$ 满足如下的倒向随机微分方程：

$$\begin{cases} \dfrac{\mathrm{d}P(t,T)}{P(t,T)} = r_n(t)\mathrm{d}t + \sigma_{I_1}\left[\lambda_{r_n}\mathrm{d}t + \mathrm{d}W_{r_n}(t)\right] + \sigma_{I_2}\left[\lambda_I \mathrm{d}t + \mathrm{d}W_I(t)\right] \\ P(T,T) = 1 \end{cases} \quad (4\text{-}6)$$

我们同样考虑具有恒定剩余到期期限 K_2 的通货膨胀滚动式零息债券 $P_{K_2}(t) = P(t, t+K_2)$：

$$\dfrac{\mathrm{d}P_{K_2}(t)}{P_{K_2}(t)} = r_n(t)\mathrm{d}t + \sigma_{I_1}\left[\lambda_{r_n}\mathrm{d}t + \mathrm{d}W_{r_n}(t)\right] + \sigma_{I_2}\left[\lambda_I \mathrm{d}t + \mathrm{d}W_I(t)\right] \quad (4\text{-}7)$$

此外，在金融市场中，保险公司还可以购买股票，股票满足如下随机微分方程：

$$\begin{aligned}\dfrac{\mathrm{d}S_1(t)}{S_1(t)} &= r_n(t)\mathrm{d}t + \sigma_{S_1}\left(\lambda_{r_n}\mathrm{d}t + \mathrm{d}W_{r_n}(t)\right) + \sigma_{S_2}\left(\lambda_I \mathrm{d}t + \mathrm{d}W_I(t)\right) \\ &\quad + \sigma_{S_3}\left(\lambda_S \mathrm{d}t + \mathrm{d}W_S(t)\right)\end{aligned} \quad (4\text{-}8)$$

其中，λ_S 是布朗运动 $W_S(t)$ 的市场风险价格；σ_{S_1}、σ_{S_2}、σ_{S_3} 是股票的波动率。在建立股票价格过程时我们假设股票的收益率和名义利率挂钩，而股票的波动率是常数，但是实际中存在的波动率聚集、波动率微笑等现象表明采用常数波动率模型式（4-8）无法准确地刻画股票收益率的变化，在第 6 章我们将对式（4-8）进行进一步的修正，考虑随机波动率模型，并以此为基础建立保险公司精算模型及资产配置框架。

下面的非寿险模型在第 2 章中已有介绍，即经典的 Cramer-Lunderberg 模型 $\mathrm{d}X(t) = c\mathrm{d}t - \mathrm{d}\left\{\sum_{i=1}^{N_t} Y_i\right\}$，其中 c 表示保险公司的保费率，Y_i 代表第 i 个赔付的大小，在时刻 t 之前赔付的数量由齐次的泊松过程 $\{N_t\}_{t\geq 0}$ 表示，$\{N(t)\}_{t\geq 0}$ 的强度为 $\lambda > 0$，$\{Y_i\}_{i=1,2,\cdots}$ 是独立同分布的随机变量序列，Y_i 的一阶、二阶矩分别为 μ_1 和 μ_2，

保费率 $c = \lambda\mu_1(1+\eta)$，其中 $\eta > 0$ 表示保险公司的安全系数。

Browne（1995）假定保险公司没有购买再保险产品，然而保险公司面临着承保风险及市场的风险，针对保险风险，保险公司可以通过购买比例再保险产品对风险进行对冲。记再保险比例为 $a(t) \geq 0$，当保险公司采取再保险比例 $a(t)$ 时，对于第 i 个赔付 Y_i，保险公司只需赔付 $a(t)Y_i$ 而再保险公司赔付剩余的 $(1-a(t))Y_i$。保险公司通过再保险策略能够转移部分保险风险给再保险公司，作为补偿，在期望再保险准则下，保险公司需要付给再保险公司的保费为 $(1+\theta)\lambda\mu_1(1-a(t))$（$\theta > 0$）。通常，我们要求 $\theta > \eta$，否则将会存在套利。如果 $a(t)$ 比较小，那么保险公司自己承担较少的保险风险而将大部分风险转移给再保险公司。在转移保险风险的同时需要付出再保险保费，所以保险公司需要确定合理的再保险比例。$a(t) \leq 1$ 表示保险公司将部分保险风险转移给再保险公司，而 $a(t) > 1$ 时，意味着保险公司开展再保险服务，卖出再保险产品。在这种情况下，保险公司的财富过程 $X(t)$ 满足下面的随机方程：

$$dX(t) = \lambda\mu_1\left[a(t)(1+\theta)-(\theta-\eta)\right]dt - a(t)d\left\{\sum_{i=1}^{N_t}Y_i\right\}$$

利用 Grandell（1991）、Liang 和 Sun（2011）中的方法，上面的方程可以由下面随机微分方程逼近：

$$dX(t) = \lambda\mu_1(\eta-\theta)dt + \lambda\mu_1\theta a(t)dt + \sqrt{\lambda\mu_2}a(t)dW_0(t) \quad (4-9)$$

其中，$W_0(t)$ 是完备域流概率空间 $(\Omega, \mathcal{F}, \{\mathcal{F}_t\}_{t\in[0,T]}, P)$ 上的标准布朗运动，可以看到通过再保险的分摊，$a(t)$ 同时影响式（4-9）中的扩散项和漂移项，即自留保险份额越多，面临的承保风险越大，而作为补偿，保费收入也越大。

下面考虑保险公司在金融市场中的投资行为。假设保险公司在现金、零息债券、TIPS 及股票中的投资金额分别为 $\theta_0(t)$、$\theta_B(t)$、$\theta_P(t)$、$\theta_S(t)$，那么在采取再保险和投资策略之后保险公司的财富过程 $X(t)$ 如下：

$$dX(t) = \lambda\mu_1(\eta-\theta)dt + \lambda\mu_1\theta a(t)dt + \sqrt{\lambda\mu_2}a(t)dW_0(t)$$
$$+\theta_0(t)\frac{dS_0(t)}{S_0(t)} + \theta_B(t)\frac{dB_{K_1}(t)}{B_{K_1}(t)} + \theta_P(t)\frac{dP_{K_2}(t)}{P_{K_2}(t)} + \theta_S(t)\frac{dS_1(t)}{S_1(t)}$$

上面的方程中第一行刻画保险公司资产受保险风险影响的波动，第二行刻画保险公司资产受市场风险影响的波动，我们假设保险公司将所有资金投入市场中，则有：$X(t) = \theta_0(t) + \theta_B(t) + \theta_P(t) + \theta_S(t)$。记再保险与投资策略 $\bar{u}(t) \triangleq (a(t), \theta_B(t), \theta_P(t), \theta_S(t))^T$，若 $\bar{u}(t)$ 关于域流 $\mathcal{F} = \{\mathcal{F}_t\}_{t\in[0,T]}$ 适应，同时 $a(t) \geq 0$，我们称

$\bar{u}(t)$ 为可行的。利用四种资产的随机微分形式,将式(4-3)、式(4-5)、式(4-7)和式(4-8)代入上述方程中,保险公司的财富过程如下微分形式:

$$dX(t) = \lambda\mu_1(\eta-\theta)dt + \bar{u}(t)^T\sigma[\Lambda dt + dW(t)] \tag{4-10}$$

$$\Lambda \triangleq \begin{pmatrix} \dfrac{\lambda\mu_1\theta}{\sqrt{\lambda\mu_2}} \\ \lambda_{r_n} \\ \lambda_I \\ \lambda_S \end{pmatrix}, \quad \sigma \triangleq \begin{pmatrix} \sqrt{\lambda\mu_2} & 0 & 0 & 0 \\ 0 & \sigma_{B_1}(K_1) & 0 & 0 \\ 0 & \sigma_{I_1} & \sigma_{I_2} & 0 \\ 0 & \sigma_{S_1} & \sigma_{S_2} & \sigma_{S_3} \end{pmatrix}, \quad dW(t) \triangleq \begin{pmatrix} dW_0(t) \\ dW_{r_n}(t) \\ dW_I(t) \\ dW_S(t) \end{pmatrix}$$

其中,Λ 是一维列向量,代表四个风险的市场风险价格。

4.2 优化目标和等价问题

4.2.1 考虑真实财富的 CRRA 控制与最优问题

对于保险公司而言,我们考虑在 T 时刻的财富效用,保险公司需要在 $[0,T]$ 之内选取最优的再保险与投资策略。由于存在通货膨胀影响,我们需要关注保险公司的真实财富的效用,即控制问题:

$$\begin{cases} \max\left\{E\left[U\left(\dfrac{X(T)}{I(T)}\right)\right]\right\} \\ \text{s.t.} \quad X(0)=x \text{ 且 } \bar{u}(\cdot) \text{ 是可行策略} \end{cases} \tag{4-11}$$

其中效用函数为

$$U(x) = \frac{x^{1-\gamma}}{1-\gamma}, \quad \gamma > 0, \quad \gamma \neq 1$$

其中,γ 是风险厌恶系数,γ 越大表示保险公司承受风险的能力越差。

4.2.2 等价问题

保险公司有一个连续的保费收入,所以式(4-11)不是一个传统的自融资问题,在求解原始问题上会遇到一些困难。同时,原始问题包含了求解再保险与投资策略,再保险策略的存在对原始问题也会有一定的影响。在求解问题的过程中,我们首先对原始问题进行一定的转化,变成一个传统的自融资问题,以有利于我们的求解。类似 Karatzas 和 Shreve（1998）中求解最优消费和投资问题的方法，我们有如下引理。

引理 4.1 令 $H(t) = \exp\left\{\int_0^t (r_n(s) + \frac{1}{2}\|\Lambda\|^2)\mathrm{d}s + \int_0^t \Lambda^\mathrm{T} \mathrm{d}W(s)\right\}$，那么 $H(t)$ 满足如下随机微分方程：

$$\frac{\mathrm{d}H(t)}{H(t)} = \left[r_n(t) + \Lambda^\mathrm{T}\Lambda\right]\mathrm{d}t + \Lambda^\mathrm{T}\mathrm{d}W(t), \quad H(0) = 1 \tag{4-12}$$

此外，$X(t)$ 可由下面式子求解：

$$X(t) = E\left[-\int_0^t \frac{\lambda\mu_1(\eta-\theta)H(t)}{H(s)}\mathrm{d}s + \frac{X(T)H(t)}{H(T)} \Big| \mathcal{F}_t\right], \quad t \in [0, T]$$

证明 对过程 $\dfrac{X(t)}{H(t)}$ 利用 Itô 公式，我们有

$$\mathrm{d}\left(\frac{X(t)}{H(t)}\right) = \lambda\mu_1(\eta-\theta)H^{-1}(t)\mathrm{d}t + \left[H^{-1}(t)\bar{u}^\mathrm{T}(t) - X(t)H^{-1}\Lambda^\mathrm{T}\right]\mathrm{d}W(t)$$

同时

$$\mathrm{d}\left[\frac{X(t)}{H(t)} - \int_0^t \frac{\lambda\mu_1(\eta-\theta)}{H(s)}\mathrm{d}s\right] = \left[H^{-1}(t)\bar{u}^\mathrm{T}(t) - X(t)H^{-1}\Lambda^\mathrm{T}\right]\mathrm{d}W(t)$$

而 $\left\{\dfrac{X(t)}{H(t)} - \dfrac{\lambda\mu_1(\eta-\theta)}{H(s)}\mathrm{d}s, 0 \leqslant t \leqslant T\right\}$ 是鞅。

证毕。

类似于一般的投资问题，$H(t)$ 可被称为金融市场的定价核。由于保险风险的存在，$H(t)$ 是承保风险与市场风险的结合。此外，在一般自融资情形下，我们仅仅有 $X(t) = E\left[\dfrac{X(T)H(t)}{H(T)} \Big| \mathcal{F}_t\right]$，意味着 $X(t)$ 在风险中性测度下是鞅。式（4-10）中的 $\lambda\mu_1(\eta-\theta)\mathrm{d}t$ 表示了财富的流出，当保险公司寻找最优再保险与投资策略时，这部分财富的流出具有比较大的影响。令 $F(t) = E\left[\int_0^t \dfrac{\lambda\mu_1(\eta-\theta)H(t)}{H(s)}\mathrm{d}s \Big| \mathcal{F}_t\right]$，$F(t)$ 意味着在 $[t, T]$ 之内财富流出在 t 时刻的价值，为了计算 $F(t)$，我们有如下引理。

引理 4.2 折现价值 $F(t) = \lambda\mu_1(\eta-\theta)\int_0^t B_n(t,s)\mathrm{d}s$，同时满足如下随机微分方程：

$$\begin{cases} \mathrm{d}F(t) = -\lambda\mu_1(\eta-\theta)\mathrm{d}t + F(t)\left[r_n(t) + \lambda_{r_n}\sigma_F(t,T)\right]\mathrm{d}t + F(t)\sigma_F(t,T)\mathrm{d}W_{r_n}(t) \\ F(T) = 0 \end{cases} \tag{4-13}$$

其中，$\sigma_F(t,T)$ 是 $F(t)$ 的波动率，具体表达式为

$$\sigma_F(t,T) = \int_0^t \frac{\lambda\mu_1(\eta-\theta)\sigma_{B_1}(s-t)B_n(t,s)}{F(t)}\mathrm{d}s$$

证明 首先把 $F(t)$ 写出如下的形式：

$$F(t) = \lambda\mu_1(\eta-\theta)\int_0^t E\left[\frac{H(t)}{H(s)}\mid\mathcal{F}_t\right]\mathrm{d}s$$

我们只需要计算 $E\left[\frac{H(t)}{H(s)}\mid\mathcal{F}_t\right]$，$s\geqslant t$ 即可，基于四个布朗运动 $W_0(t)$、$W_{r_n}(t)$、$W_I(t)$ 和 $W_S(t)$ 之间的独立性，很容易验证：

$$\begin{aligned}E\left[\frac{H(t)}{H(s)}\mid\mathcal{F}_t\right] &= E\left[-\int_t^s(r_n(u)+\frac{1}{2}\|\Lambda\|^2)\mathrm{d}u-\Lambda^\mathrm{T}\mathrm{d}W(u)\mid\mathcal{F}_t\right]\\ &= E\left[-\int_t^s\left(r_n(u)+\frac{1}{2}\lambda_{r_n}^2\right)\mathrm{d}u-\int_t^s\lambda_{r_n}\mathrm{d}W_{r_n}(u)\mid\mathcal{F}_t\right]\\ &= E\left[-\int_t^s(r_n(u))\mathrm{d}u\mid\mathcal{F}_t\right]\\ &= B_n(t,s)\end{aligned}$$

所以 $F(t) = \lambda\mu_1(\eta-\theta)\int_t^T B_n(t,s)\mathrm{d}s$。直接对其求微分，我们可以得到引理中的第二个式子。

证毕。

下面我们对原始问题式(4-11)转换，我们定义一个新的辅助过程 $Y(t) = X(t)+F(t)$。综合式（4-10）和式（4-13），$Y(t)$ 满足下面微分方程：

$$\begin{aligned}\mathrm{d}Y(t) &= \mathrm{d}X(t)+\mathrm{d}F(t)\\ &= r_n(t)Y(t)\mathrm{d}t + \begin{pmatrix}a(t)\\ \theta_B(t)+\dfrac{F(t)\sigma_F(t,T)}{\sigma_{B_1}(K_1)}\\ \theta_P(t)\\ \theta_S(t)\end{pmatrix}^\mathrm{T}\sigma\left[\Lambda\mathrm{d}t+\mathrm{d}W(t)\right] \quad (4\text{-}14)\\ &= r_n(t)Y(t)\mathrm{d}t + u(t)^\mathrm{T}\sigma\left[\Lambda\mathrm{d}t+\mathrm{d}W(t)\right]\end{aligned}$$

$$u(t) = \overline{u}(t)+\left(0,\frac{F(t)\sigma_F(t,T)}{\sigma_{B_1}(K_1)},0,0\right)^\mathrm{T}$$

由于 $F(T)=0$,那么 $Y(T)=X(T)$。而我们只关注在 T 时刻的财富,所以我们可以把式(4-11)转化为如下辅助的自融资问题:

$$\begin{cases} \max E\left[U\left(\dfrac{Y(T)}{I(T)}\right)\right] \\ \text{s.t.} \quad Y(0)=x+f \text{ 且 } u(\cdot) \text{ 是可行策略} \end{cases} \quad (4\text{-}15)$$

容易看到,为了得到自融资问题,保险公司需要购买更多的零息债券来对冲现金流出带来的风险。此外,我们要求 $Y(0) \geqslant 0$,否则保险公司很有可能在 $[0,T]$ 之间破产。

4.3 HJB 方程与最优策略

4.3.1 HJB 方程

上面介绍的辅助问题是自融资的,在一般的随机动态规划的框架下比较容易求解,我们定义:

$$V(t,r_n,I,y) \triangleq \max_{u(t)} \left\{ E\left[U\left(\dfrac{Y(T)}{I(T)}\right)\middle| r_n(t)=r_n \text{ 同时 } I(t)=I, Y(t)=y\right]\right\}$$

其中,$V(t,r_n,I,y)$ 是已知 t 时刻金融市场的状态 (r_n,I,y) 时保险公司效用的最大值。利用传统随机动态规划方法,我们很容易导出如下结论:

式(4-15)的 HJB 方程如下:

$$\begin{aligned} \sup_{u} \{ & V_t + V_y[r_n y + u(t)^T \sigma \Lambda] + V_{r_n} a(b-r_n) + V_I I(r_n - r_r + \sigma_{I_1}\lambda_{r_n} + \sigma_{I_2}\lambda_I) \\ & + \frac{1}{2} V_{yy} u(t)^T \sigma \sigma^T u(t) + \frac{1}{2} V_{r_n r_n} \sigma_r^T \sigma_r + \frac{1}{2} V_{II} I^2 \sigma_I^T \sigma_I + V_{yr_n} u(t)^T \sigma \sigma_r \quad (4\text{-}16) \\ & + V_{yI} I \sigma \sigma_I + V_{I r_n} I \sigma_r^T \sigma_I \} = 0 \end{aligned}$$

其中,$\sigma_r = (0, -\sigma_{r_n}, 0, 0)^T$,$\sigma_I = \left(0, \sigma_{I_1}, \sigma_{I_2}, 0\right)^T$,HJB 方程的推导和证明参考 Fleming 和 Soner(2006)的研究。

4.3.2 辅助问题的解

通过上面 HJB 方程式(4-16),我们可以得到最优反馈函数 $u^*(t,y)$ 如下:

$$u^*(t,y) = -\dfrac{V_y \Sigma^{-1} \sigma \Lambda}{V_{yy}} - \dfrac{V_{yI} I \Sigma^{-1} \sigma \sigma_I}{V_{yy}} - \dfrac{V_{yr_n} \Sigma^{-1} \sigma \sigma_r}{V_{yy}} \quad (4\text{-}17)$$

其中，$\Sigma \triangleq \sigma\sigma^T$。将 $u^*(t,y)$ 代入 HJB 方程中，我们可以得到 $V(t,r_n,I,y)$ 的显式表达式，从而得到最优策略 $u^*(t) = u^*(t,Y^*(t))$。其中将 $u^*(t,Y^*(t))$ 代入式（4-14）中，可以得到 $\{Y^*(t)\}$，进而我们有如下定理。

定理 4.3 最优再保险与投资策略 $u^*(t)$ 为

$$u^*(t) = \frac{Y^*(t)}{\gamma}\Sigma^{-1}\sigma\Lambda + \left(1-\frac{1}{\gamma}\right)Y^*(t)\Sigma^{-1}\sigma\sigma_I$$

$$= \frac{X^*(t)+F(t)}{\gamma}\begin{pmatrix} \dfrac{\mu_1\theta}{\mu_2} \\ \dfrac{\lambda_{r_n}}{\sigma_{B_1}(K_1)} - \dfrac{\lambda_I\sigma_{P_1}}{\sigma_{B_1(K_1)}\sigma_{P_2}} + \dfrac{\lambda_S(\sigma_{P_1}\sigma_{S_2}-\sigma_{S_1}\sigma_{P_2})}{\sigma_{B_1}(K_1)\sigma_{P_2}\sigma_{S_3}} \\ \dfrac{\lambda_I}{\sigma_{P_2}} - \dfrac{\lambda_S\sigma_{S_2}}{\sigma_{P_2}\sigma_{S_3}} \\ \dfrac{\lambda_S}{\sigma_{S_3}} \end{pmatrix}$$

$$+ \left(1-\frac{1}{\gamma}\right)(X^*(t)+F(t))\begin{pmatrix} 0 \\ 0 \\ 1 \\ 0 \end{pmatrix} \tag{4-18}$$

最优效用函数 $V(t,r_n,I,y)$ 的显式表达式如下：

$$V(t,r_n,I,y) = \frac{1}{1-\gamma}\left(\frac{y}{I}\right)^{1-\gamma} h(t) \tag{4-19}$$

其中，$h(t) = \exp\left\{\int_t^T (\gamma-1)\left[-r_r(s) + \sigma_{I_1}\lambda_r + \sigma_{I_2}\lambda_I - \frac{1}{2\gamma}\Lambda^T\Lambda - \left(1-\frac{1}{\gamma}\right)\Lambda^T\sigma_I - \frac{1}{2\gamma}\sigma_I^T\sigma_I\right]ds\right\}$。

证明 $V(t,r_n,I,y)$ 的边界条件为 $V(T,r_n,y,I) = \dfrac{1}{1-\gamma}\left(\dfrac{y}{I}\right)^{1-\gamma}$，我们猜测 $V(t,r_n,y,I)$ 满足如下形式：

$$V(t,r_n,y,I) = \frac{1}{1-\gamma}\left(\frac{y}{I}\right)^{1-\gamma} h(t,r_n) \tag{4-20}$$

其中，$h(t,r_n)$ 满足边界条件 $h(T,r_n)=1$，将式（4-20）代入式（4-17），可以看到 $u^*(t)$ 满足如下的形式：

$$u^*(t) = \frac{y}{\gamma}\Sigma^{-1}\sigma\Lambda + \left(1-\frac{1}{\gamma}\right)y\Sigma^{-1}\sigma\sigma_I + \frac{1}{\gamma}\frac{h_{r_n}}{h}y\Sigma^{-1}\sigma\sigma_r$$

下面我们将上面的式子代入 HJB 方程式（4-16）中，那么 $h(t,r_n)$ 满足如下方程：

$$\frac{h_t}{h} + \frac{h_{r_n}}{h}\left[ab - ar_n + (\gamma-1)\sigma_r^{\mathrm{T}}\sigma_I\right] \frac{(\gamma-1)h_{r_n}^2}{2\gamma h^2}\sigma_r^{\mathrm{T}}\sigma_r - \frac{h_{r_n}}{h}\left[\frac{\gamma-1}{\gamma}\Lambda^{\mathrm{T}}\sigma_r + \frac{(1-\gamma)^2}{\gamma}\sigma_I^{\mathrm{T}}\sigma_r\right]$$

$$+\frac{1}{2}\frac{h_{r_nr_n}h}{h}\sigma_r^{\mathrm{T}}\sigma_r + (\gamma-1)\left(-r_n + \sigma_{I_1}\lambda_r + \sigma_{I_2}\lambda_I\right) + \frac{1}{2}(\gamma-1)(\gamma-2)\sigma_I^{\mathrm{T}}\sigma_I$$

$$-(\gamma-1)\left[\frac{1}{2\gamma}\Lambda^{\mathrm{T}}\Lambda + \frac{(1-\gamma)^2}{2\gamma}\sigma_I^{\mathrm{T}}\sigma_I + \left(1-\frac{1}{\gamma}\right)\Lambda^{\mathrm{T}}\sigma_I\right] = 0$$

其中，h_t 是函数 $h(t,r_n)$ 关于 t 的一阶导；h_{r_n} 和 $h_{r_nr_n}$ 分别是 $h(t,r_n)$ 关于 r_n 的一阶导和二阶导。假设 $h(t,r_n)$ 为如下形式：

$$h(t,r_n) = \exp\left[q_1(t)r_n + q_2(t)\right]$$

其中，$q_1(t)$ 和 $q_2(t)$ 满足下面边界条件 $q_1(T) = q_2(T) = 0$，所以我们可以推出 $q_1(t)$ 和 $q_2(t)$ 的如下表达式：

$$q_1(t) = 0$$

$$q_2(t) = \int_t^T (\gamma-1)\left[-r_r(s) + \sigma_{I_1}\lambda_r + \sigma_{I_2}\lambda_I - \frac{1}{2\gamma}\Lambda^{\mathrm{T}}\Lambda - \left(1-\frac{1}{\gamma}\right)\Lambda^{\mathrm{T}}\sigma_I - \frac{1}{2\gamma}\sigma_I^{\mathrm{T}}\sigma_I\right]\mathrm{d}s$$

我们已经得到了 $h(t,r_n)$ 的显式表达式，自然地，$u^*(t)$ 和 $V(t,y,r_n,I)$ 的表达式也很容易得到，所以命题得证。

证毕。

我们可以看到 $u^*(t)$ 的第一项是一般自融资框架下最优解的形式，第二项则用来对冲通货膨胀风险，所以在 TIPS 中进行投资。

4.3.3 最优再保险与投资策略

一旦我们得到了辅助问题的解，我们可以轻松地得到原问题式（4-11）的最优解，原始模型下的最优投资再保险策略为

$$\bar{u}^*(t) = u^*(t) - \left(0, \frac{F(t)\sigma_F(t,T)}{\sigma_{B_1}(K_1)}, 0, 0\right)^{\mathrm{T}}$$

可以看到，由于在保险公司的模型中存在着连续的资金流出，为了得到最优的效用，我们需要额外借 $\dfrac{F(t)\sigma_F(t,T)}{\sigma_{B_1}(K_1)}$ 的零息债券。

4.4 数值分析

本节中,我们分析不同参数对保险公司最优投资策略及最优效用的影响,采用的参数见表 4-1。

表 4-1 模型中的参数

符号描述	符号	数值
风险厌恶系数	γ	2
保险强度	λ	3
赔付的一阶矩	μ_1	0.08
赔付的二阶矩	μ_2	0.05
保险公司的安全系数	η	0.05
再保险公司的安全系数	θ	0.1
初始值	r_0	0.05
回复速度	a	0.1
回复水平	b	0.03
实际利率的波动率	σ_{r_n}	0.01
实际利率	r_r	0.045
通货膨胀系数的波动率	$(\sigma_{I_1}, \sigma_{I_2})$	(0.08, 0.05)
剩余到期期限	K_1	10
股票的波动率	$(\sigma_{S_1}, \sigma_{S_2}, \sigma_{S_3})$	(0.1, 0.08, 0.1)
时间长度	T	20
初始资金	x_0	1
初始通货膨胀系数	$I(0)$	1

4.4.1 最优投资策略的数值结果

首先,我们研究不同参数对最优投资与再保险策略的影响。图 4-1 中显示,我们在零息债券中投入很大的金额,从 0 时刻的 0.55 增加到 20 时刻的 0.95,投资在 TIPS 中的金额则变化得比较平缓。不同于图 4-1,图 4-2 显示投资在零息债券中的最优比例是下降的,而投资在股票中的最优比例则是缓慢上升的。从图 4-1 中还可以看到,保险公司只需要投资少量的金额在 TIPS 中,此外,投资在现金、股票、TIPS 和零息债券中的最优比例是缓慢变化的。

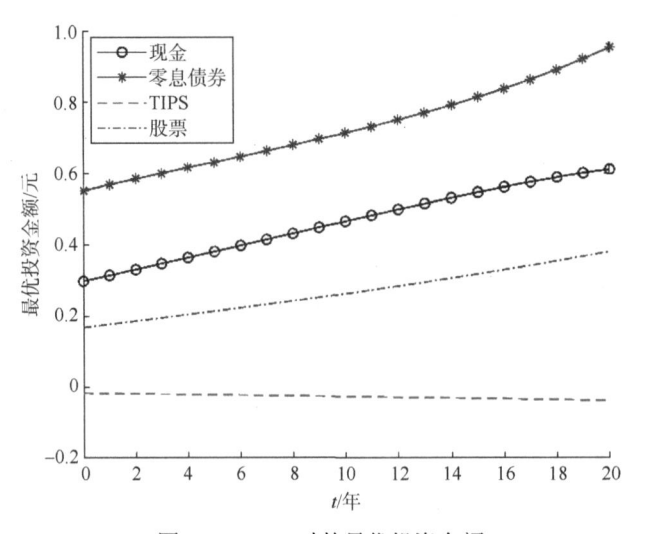

图 4-1　$\gamma=2$ 时的最优投资金额

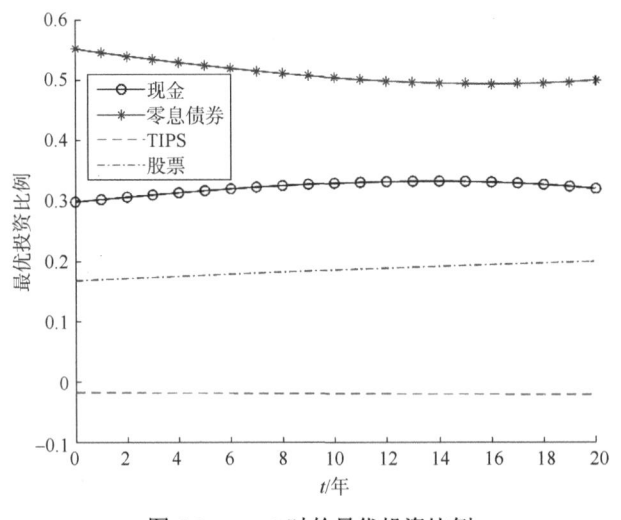

图 4-2　$\gamma=2$ 时的最优投资比例

图 4-3（图 4-4）描述的是在 $\gamma=4$ 时的最优投资金额（比例）。在这种情况下，投资在 TIPS 中的金额最大，从 0.41 迅速增加到 0.89。此外，投资在 TIPS 中的最优比例也是快速增加的。相比于 $\gamma=2$ 的情形，$\gamma=4$ 时，即图 4-3 中投资在现金开始缓慢增加，然后几乎保持不变。在 $\gamma=4$ 的情形下，我们只需要在现金和股票中投资少量的金额。由于风险厌恶系数 $\gamma=4$ 比 $\gamma=2$ 更大，保险公司对风险更加敏感，所以保险公司将会购买更多的 TIPS 以对冲通货膨胀风险，同时将会分散更多的保险风险给再保险公司。由于 TIPS 在某种程度上可以对冲利率风险，当 γ 从 2 增加到 4 时，投资在零息债券中的比例是下降的。

图 4-3　$\gamma=4$ 时的最优投资金额

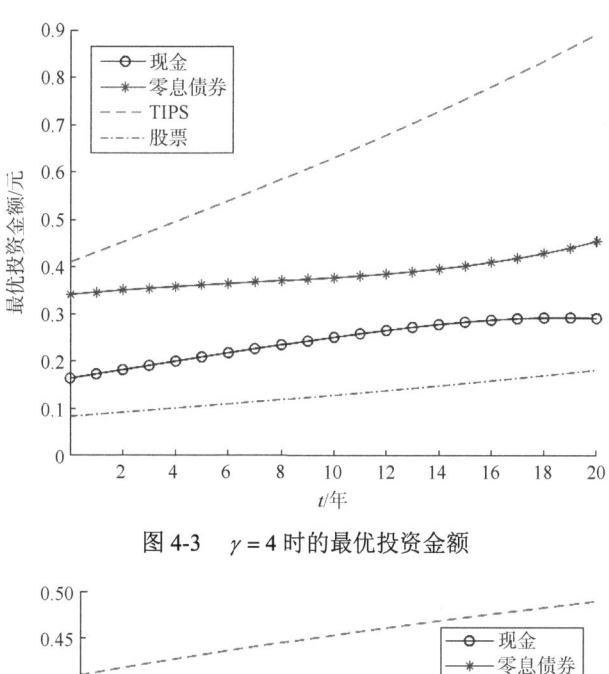

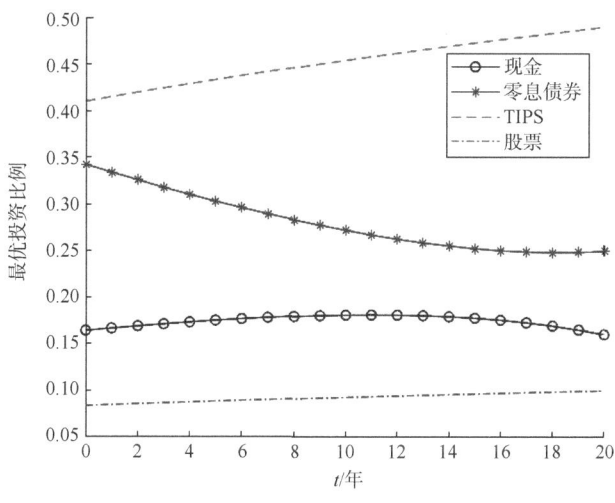

图 4-4　$\gamma=4$ 时的最优投资比例

4.4.2　最优再保险策略的数值结果

在我们的模型中，再保险策略是比较重要的，下面我们分析参数对再保险策略的影响。图 4-5 揭示了赔付的一阶矩 μ_1 对再保险策略的影响。当 μ_1 增加时，再保险策略增加，从而保险公司会承担更多的保险风险。事实上，从财富过程可以看到，当 μ_1 增加时，相对于承担的风险，保险产品能够给我们带来更多的收益，所以保险公司将会承担更大的保险风险。同时，二阶矩 μ_2 也会对保险公司的最优再保险策略产生影响，μ_2 可以看成是保险风险，如图 4-6 所示，保险公司的最优

再保险策略和 μ_2 之间呈负相关性,即当保险风险增加时,为了得到最优的财富,保险公司需要将更多的保险风险分散出去。此外,参数 θ 也对保险公司的再保险策略有显著的影响,参数 θ 描述的是对冲保险风险付出的代价,当 θ 增加时,保险公司需要花更多的成本来对冲保险风险,那么保险公司将会自己承担更大的保险风险。所以从图 4-7 中可以看到再保险策略是和再保险公司的安全系数 θ 正相关的。同时,从图 4-5~图 4-7 中可以看到,保险公司的再保险策略是随着时间增加而增加的。

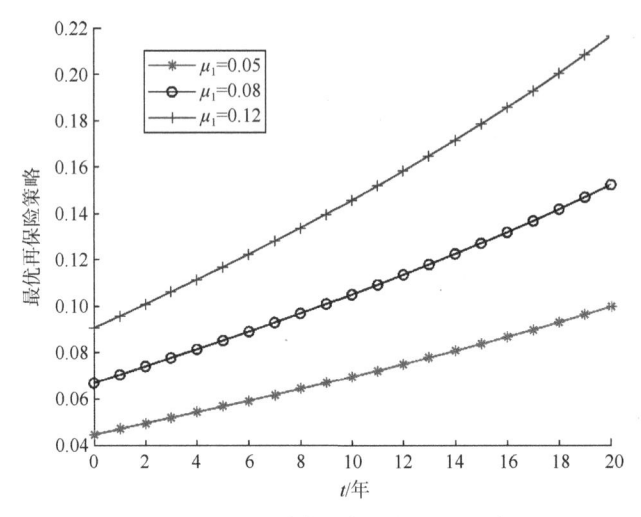

图 4-5 μ_1 对最优再保险策略的影响

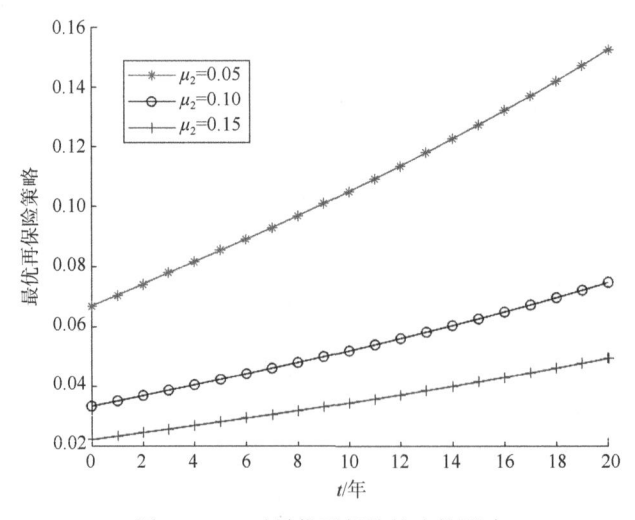

图 4-6 μ_2 对最优再保险策略的影响

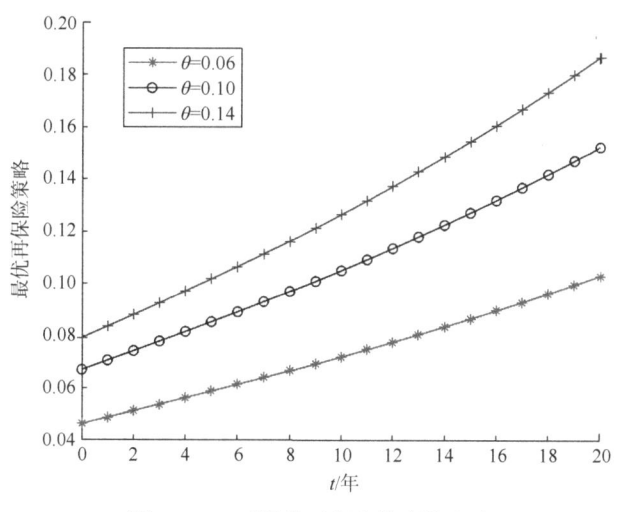

图 4-7　θ 对最优再保险策略的影响

4.4.3　最优效用的数值结果

本节展示参数对最优效用的影响。从最优再保险与投资策略的表达式中可以看到，实际利率 r_r 对策略没有影响。但是 r_r 会影响保险公司的最优效用，从图 4-8 中可以看到，当 r_r 增加时，我们拥有的真实财富也更多，那么保险公司的最优效用也增加。另外，当 r_0 增加时，投资会带来更多的收益，所以保险公司可以取得更多的效用，见图 4-9。图 4-10 中，参数 λ 刻画了发生保险赔付的数量，所以当 λ 增加时，保险公司将会面临更多的风险，从而效用将会减小。

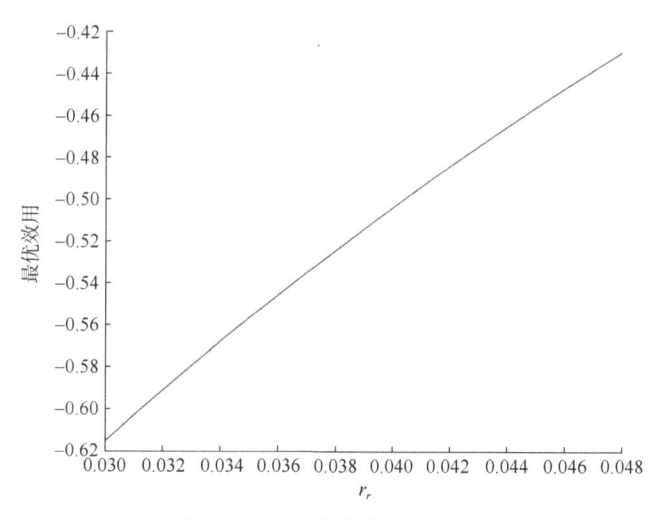

图 4-8　r_r 对最优效用的影响

图 4-9　r_0 对最优效用的影响

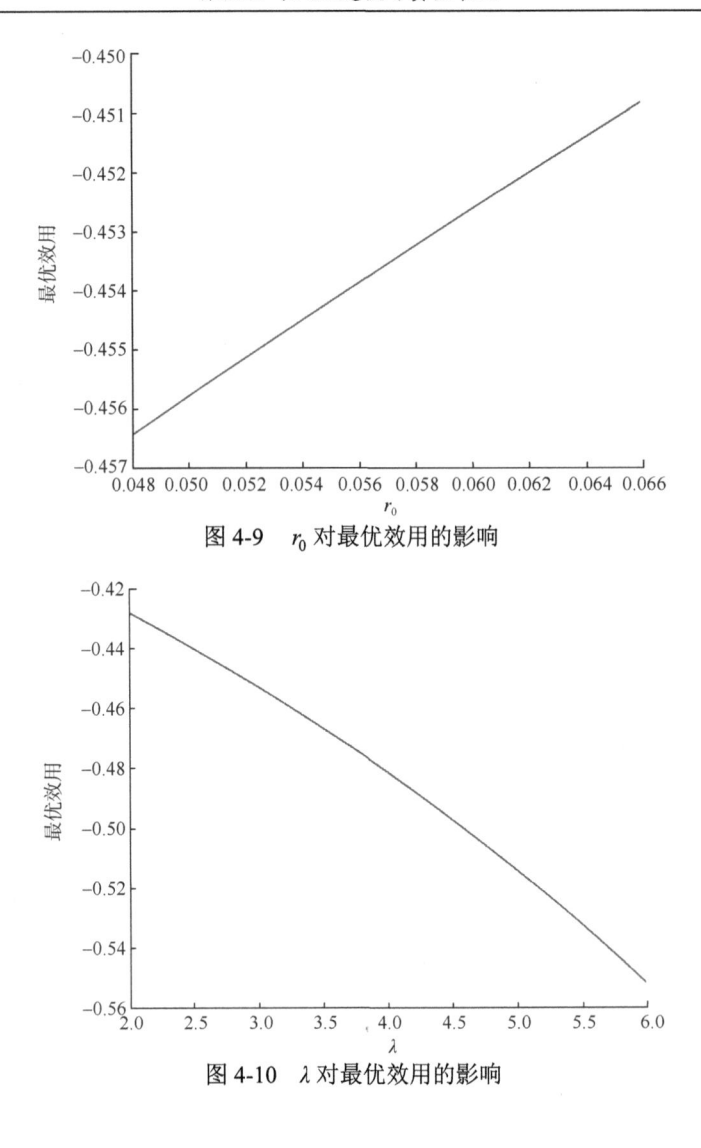

图 4-10　λ 对最优效用的影响

4.5　小　　结

本章中，我们研究在随机名义利率及随机通货膨胀两种随机环境下保险公司的最优再保险与投资策略。我们假设名义利率服从 Ornstein-Uhlenbeck 过程，同时通货膨胀系数由 Fisher 方程推导出来，保险公司的财富过程则由传统的 Lundberg 模型描述，并最终利用布朗运动来进行逼近。我们可以在现金、零息债券、TIPS 及股票中进行投资，保险公司的目标是最大化 T 时刻的真实财富的 CRRA 效用。由于原问题不是自融资的，我们引入一个辅助的自融资问题并利用随机动态规划方法进行求解，通过随机动态规划方法，我们求出最优的再保险与投资策略。从解的形式可以看到，实际利率对最优再保险与投资策略没有影响，只对保险公司的最优效用有影响。

从结果看，在本章构建的动态随机控制问题中，最后得到的最优策略是随时间变化的，如果采用静态、单期的建模方式，得到的则是不随时间变化的策略，我们的结果表明在实际的风险管理中采用静态、单期的建模是不合理的，通过最后的数值结果，可以明显看到各个参数对保险公司最优策略及最优效用的影响。

第5章　考虑风险约束和通货膨胀风险的非寿险模型

第4章探讨了市场风险下非寿险公司的最优资产配置方案，讨论了通货膨胀风险、利率风险和承保风险对保险公司决策行为的影响，通过再保险和市场投资，保险公司可以有效地对冲承保风险和市场风险，并寻求真实财富效用的最大化，从经济分析可以看到，不同的利率水平、通货膨胀水平都会影响保险公司的最优再保险和投资策略。而在实际中，保险公司的资产配置往往受到监管要求的各类约束，如要求公司财富具有一定的偿付能力或者风险投资占比不能超过一定比例，因而保险公司在实际投资中需要考虑监管的约束，本章探讨在风险约束下保险公司的最优资产配置。

保险公司一方面需要达到监管要求，即达到一定的风险价值约束，另一方面需要寻求财富效用的最大化，两个目标相互叠加使得保险公司在资产配置时不能片面地追求财富的最大化，否则可能会出现偿付危机，在保险公司的资产配置中添加风险约束，保险公司的资产配置方案将更加合理，能够更加符合实际需求。但是当引入风险价值约束时，相应的投资问题变得比较复杂，需要采用更加复杂的数学方法进行求解。

在实际中，有很多不同的指标来刻画投资的风险水平，特别是在保险公司"偿二代"的框架下一般运用VaR来刻画保险公司的风险值，本章我们研究VaR和期望损失（expected shortfall，ES）两种风险价值约束下，保险公司终端财富的CRRA期望效用最大化问题。假设保险公司可以采用比例再保险对冲保险风险，同时通过风险投资对冲金融市场风险，可投资的资产包括现金存款、债券和股票，保险公司的目标是在达到终端财富风险约束的条件下极大化财富期望效用。由于优化目标带有约束，随机动态规划方法不再适用，本章采用鞅方法对问题进行求解，首先得到满足风险约束下效用最大对应的最优终端财富，其次基于市场的完备性得到财富随时间的波动过程，通过财富过程可以得到最优再保险和投资策略，最终的财富过程和资产配置都依赖于当前市场状态，资产配置需要根据市场状态随时调整，最后通过经济分析探讨了VaR风险约束对保险公司最优资产配置的影响。

5.1 模型描述

在这一部分，我们考虑一个保险公司，它可以在市场上购买比例再保险，另外，假设 $(\Omega, \mathcal{F}, \{\mathcal{F}_t\}_{t \in [0,T]}, P)$ 是满足一般性条件的完备域流概率空间，$\mathcal{F}_t$ 表示所有的市场信息。$[0,T]$ 为一个固定投资区间，保险公司可以在 $[0,T]$ 内不断调整再保险和投资策略，假设下面的所有过程关于域流 $\{\mathcal{F}_t\}_{t \in [0,T]}$ 是适定的。

本节中财富过程模型的推导与第 4 章类似，再保险比例记为 $a(t) \geqslant 0$，财富过程 $X(t)$ 满足以下方程：

$$dX(t) = \lambda \mu_1 [a(t)(1+\theta) - (\theta - \eta)]dt - a(t)d\left\{\sum_{i=1}^{N_t} Y_i\right\}$$

其中，$a(t)$ 是比例再保险策略，其余所有参数均与 4.1 节一样，按照与 Grandell (1991) 相同的步骤，可以通过以下扩散过程来近似上述过程：

$$dX(t) = \lambda \mu_1 (\eta - \theta)dt + \lambda \mu_1 \theta a(t)dt + \sqrt{\lambda \mu_2} a(t)dW_0(t) \quad (5\text{-}1)$$

其中，$W_0(t)$ 是完备域流概率空间 $(\Omega, \mathcal{F}, \{\mathcal{F}_t\}_{t \in [0,T]}, P)$ 上的标准布朗运动，上述模型和第 4 章中的式（4-9）一样，参数符号和式（4-9）中介绍一样。

为了对冲市场风险，保险公司还会在金融市场中进行投资，由于投资时间周期可能很长，因此存在着比较大的通货膨胀风险。在本节中，我们介绍具有通货膨胀风险和三种不同资产的金融市场。为了简化金融模型，我们假设名义利率和实际利率是确定的，而我们主要关注通货膨胀风险对保险公司行为的影响，假设金融市场中的资产包括现金、零息债券和股票。

第一种资产为无风险资产（即现金），其价格 $S_0(t)$ 具有以下形式：

$$\frac{dS_0(t)}{S_0(t)} = r_n(t)dt, \ S_0(0) = S_0 \quad (5\text{-}2)$$

其中，S_0 是常数，是现金的初始价值；$r_n(t)$ 是市场中的名义利率。

通货膨胀模型和第 4 章中模型一致，通过 Fisher 方程，可以得到刻画通货膨胀率的模型如下：

$$\frac{dI(t)}{I(t)} = (r_n(t) - r_r(t))dt + \sigma_{I_1}[\lambda_{r_n}dt + dW_{r_n}(t)] + \sigma_{I_2}[\lambda_I dt + dW_I(t)] \quad (5\text{-}3)$$

其中，$r_r(t)$ 是市场中的实际利率；σ_I 刻画通货膨胀的波动率；$W_I(t)$ 是完备域流

概率空间 $(\Omega,\mathcal{F},\{\mathcal{F}\}_{t\in[0,T]},P)$ 上的标准布朗运动,代表通货膨胀风险;λ_I 是通货膨胀风险的市场风险价格。

为了对冲通货膨胀风险,如第 4 章,引入第二种资产:通货膨胀指数零息债券 $P(t,T)$。与传统的零息债券不同,$P(t,T)$ 在到期日的价值为 $I(T)$,经过计算可以表明 $P(t,T)$ 的显式形式为

$$P(t,T) = I(t)\exp\left[-\int_t^T r_r(s)\mathrm{d}s\right]$$

可以看到,$P(t,T)$ 实际上是真实市场中 1 元贴现价值的名义财富,因此,$P(t,T)$ 还满足以下倒向随机微分方程:

$$\begin{cases} \dfrac{\mathrm{d}P(t,T)}{P(t,T)} = r_n(t)\mathrm{d}t + \sigma_I\left[\lambda_I\mathrm{d}t + \mathrm{d}W_I(t)\right] \\ P(T,T) = I(T) \end{cases} \tag{5-4}$$

第三种资产是市场上的股票,股票价格模型 $S_1(t)$ 如下:

$$\begin{cases} \dfrac{\mathrm{d}S_1(t)}{S_1(t)} = r_n(t)\mathrm{d}t + \sigma_{S_1}\left(\lambda_I\mathrm{d}t + \mathrm{d}W_I(t)\right) + \sigma_{S_2}\left(\lambda_S\mathrm{d}t + \mathrm{d}W_S(t)\right) \\ S_1(t) = S_1 \end{cases} \tag{5-5}$$

其中,σ_{S_1} 和 σ_{S_2} 是正实数,代表股票的波动率;S_1 是股票的初始价格;$W_S(t)$ 是完备域流概率空间 $(\Omega,\mathcal{F},\{\mathcal{F}_t\}_{t\in[0,T]},P)$ 上的标准布朗运动,并且独立于 $W_0(t)$ 和 $W_I(t)$;λ_S 是 $W_S(t)$ 的市场风险价格。

保险公司同时面临保险风险和通货膨胀风险,为了规避这两个风险,保险公司购买了再保险业务,并在时间范围 $[0,T]$ 内持续投资于市场。假设市场上没有交易成本或税收,并且也允许做空买入,分别用 $u_0(t)$、$u_P(t)$ 和 $u_S(t)$ 表示投资现金、通货膨胀指数零息债券和股票的资金,那么,带投资行为的保险公司的财富过程如下:

$$\begin{cases} \mathrm{d}X(t) = \lambda\mu_1(\eta-\theta)\mathrm{d}t + \lambda\mu_1\theta a(t)\mathrm{d}t + \sqrt{\lambda\mu_2}\,a(t)\mathrm{d}W_0(t) \\ \qquad\quad + u_0(t)\dfrac{\mathrm{d}S_0(t)}{S_0(t)} + u_P(t)\dfrac{\mathrm{d}P(t,T)}{P(t,T)} + u_S(t)\dfrac{\mathrm{d}S_1(t)}{S_1(t)} \\ X(0) = X_0 \end{cases} \tag{5-6}$$

其中,X_0 是保险公司的初始财富,式(5-6)中的第一行代表保险公司在保险业务中的行为,而第二行则代表金融市场中的行为,将式(5-2)、式(5-4)和式(5-5)代入式(5-6),我们可以获得财富过程如下:

$$\begin{cases} \mathrm{d}X(t) = \lambda\mu_1(\eta-\theta)\mathrm{d}t + \lambda\mu_1\theta a(t)\mathrm{d}t + \sqrt{\lambda\mu_2}\,a(t)\mathrm{d}W_0(t) \\ \qquad\quad + r_n(t)X(t)\mathrm{d}t + u_P(t)\sigma_I[\lambda_I\mathrm{d}t + \mathrm{d}W_I(t)] \\ \qquad\quad + u_S(t)\sigma_{S_1}[\lambda_I\mathrm{d}t + \mathrm{d}W_I(t)] + u_S(t)\sigma_{S_2}[\lambda_S\mathrm{d}t + \mathrm{d}W_S(t)] \\ X(0) = X_0 \end{cases} \quad (5\text{-}7)$$

这里我们利用了条件 $X(t) = u_0(t) + u_P(t) + u_S(t)$，记 $u(t) = (a(t), u_P(t), u_S(t))$ 代表再保险和投资策略，如果满足以下条件，我们将 $u(t)$ 称为可行的策略。

（1）$a(t), u_P(t), u_S(t)$ 关于完备域流概率空间 $(\Omega, \mathcal{F}, \{\mathcal{F}_t\}_{t\in[0,T]}, P)$ 循序可测，同时有 $a(t) \geqslant 0$。

（2）$E\left\{\int_0^T \left[\lambda\mu_2 a(t)^2 + u_P(t)^2\sigma_I^2 + u_S(t)^2\sigma_{S_1}^2 + u_S(t)^2\sigma_{S_2}^2\right]\mathrm{d}t\right\} < +\infty$。

（3）在任意初始条件 $(t_0, I(0), X(0)) \in [0, T] \times (0, +\infty)^2$ 下，式（5-7）存在唯一的强解。

用 Π 表示 $u(t)$ 的所有可允许的再保险和投资策略集合，在后面的问题中，我们探讨可行的策略。

5.2 带 VaR 风险约束的优化问题

在本节中，我们介绍了保险公司的优化问题，多数工作都涉及在没有风险约束的情况下最大化终端财富的效用期望，如 Guan 和 Liang（2014b），但是，许多公司可能会担心其在市场上潜在的风险，因此，对于保险公司来说，具有风险约束的优化问题更加有意义，保险公司可以更好地平衡风险和利润。在本节中，保险公司可以在 [0, T] 内连续调整其再保险和投资策略，我们分别探讨保险公司在两种不同的风险约束下的经济行为：VaR 和 ES。

此外，在本节中，我们会发现与 Guan 和 Liang（2014b）的研究不同，此处无法应用随机动态规划方法。由于我们需要终端时刻财富的风险约束，而随机动态规划方法无法解决带固定时间的财富约束问题，因此，将在此处使用鞅方法来解决我们的优化问题。

5.2.1 VaR 风险管理

在本节中，我们针对保险公司给出 VaR 风险管理框架，我们假设保险公司打算在时间 T 对以 VaR 测量的风险进行约束，VaR 的概念由来已久，并已运用在许多领域，实际终端财富 $\dfrac{X(T)}{I(T)}$ 的 VaR 值定义如下。

对于 $\alpha \in [0,1]$，在概率测度 P 下，实际最终财富 $\dfrac{X(T)}{I(T)}$ 的 VaR 为

$$\mathrm{VaR}^{\alpha}\left(\frac{X(T)}{I(T)}\right) = -\inf\left\{x \in \mathbb{R} \,\middle|\, P\left(\frac{X(T)}{I(T)} \leqslant x\right) > \alpha\right\}$$

保险公司需要控制其在终端时刻的风险，因此，对于 $M \in \mathbb{R}$，我们要求：

$$\mathrm{VaR}^{\alpha}\left(\frac{X(T)}{I(T)}\right) \leqslant -M$$

一个简单的计算可以表明，上面的 VaR 约束等价于以下约束：

$$P\left(\frac{X(T)}{I(T)} \geqslant M\right) \geqslant 1-\alpha, \quad \alpha \in [0,1]$$

VaR 约束要求终端财富高于 M 的概率大于等于 $1-\alpha$，特别地，当 $\alpha=1$ 时，约束不具有约束力，在 VaR 约束要求中当 $\alpha=0$ 时，终端财富应始终高于水平 M，这在许多文献中已有研究。

保险公司的目标是在 VaR 约束下最大化终端真实财富效用的期望，保险公司需要得出最优的再保险和投资策略，因此，在 VaR 约束下，保险公司的优化问题如下：

$$\max E\left[U\left(\frac{X(T)}{I(T)}\right)\right]$$

$$\text{s.t.} \begin{cases} (X(T), u(T)) \quad \text{满足式（5-7）} \\ u(t) \in \Pi \\ P\left[\dfrac{X(T)}{I(T)} \geqslant M\right] \geqslant 1-\alpha \\ X(T) \geqslant 0 \end{cases} \quad (5\text{-}8)$$

其中，$U(x)$ 是效用函数，它是严格的凹函数，在实际应用中，通常有两种不同形式的效用函数：CRRA 效用和 CARA 效用。在本节中，我们考虑 CRRA 效用函数。

$$U(x) = \frac{x^{1-\gamma}}{1-\gamma}, \quad \gamma > 0 \text{ 同时 } \gamma \neq 1$$

其中，γ 是 CRRA 效用函数的相对风险厌恶水平，当 γ 增加时，保险公司对风险的厌恶程度就会增加。

5.2.2　VaR 约束下的最优解

在本节中，我们通过以下步骤求解式（5-8）。首先，保险公司的财富过程中有资金流出，因此财富过程不是自融资过程，使得原始优化问题在求解上具有一定的困难，我们引入辅助过程将原始问题进行转换，得到关于一个自融资过程的优

化问题。另外，优化式（5-8）关注的是实际终端财富$\frac{X(T)}{I(T)}$。其次，我们需要得到关于实际终端财富过程的微分方程。

首先，我们可以观察到式（5-7），单位时间资金流出率为$\lambda\mu_1(\eta-\theta)<0$，为了在不改变式（5-8）结构的情况下使财富过程成为自融资过程，我们引入了一个辅助过程$F(t)$，其定义为

$$F(t)=\int_t^T \lambda\mu_1(\eta-\theta)\exp\left(-\int_t^s r_n(u)\mathrm{d}u\right)\mathrm{d}s \tag{5-9}$$

其中，$F(t)$是从时间t到T的流出财富的折现值。我们可以很容易地获得$F(t)$的微分形式：

$$\mathrm{d}F(t)=-\lambda\mu_1(\eta-\theta)\mathrm{d}t+r_n(t)F(t)\mathrm{d}t,\quad F(T)=0 \tag{5-10}$$

接下来，令$Y(t)=X(t)+F(t)$，它是保险公司的财富和t之后的资金流出贴现值之和。将式（5-10）与式（5-7）结合起来，我们可以得出$Y(t)$的微分形式，如下所示：

$$\begin{cases}\mathrm{d}Y(t)=\lambda\mu_1\theta a(t)\mathrm{d}t+\sqrt{\lambda\mu_2}a(t)\mathrm{d}W_0(t)\\ \qquad+r_n(t)Y(t)\mathrm{d}t+u_P(t)\sigma_I[\lambda_I\mathrm{d}t+\mathrm{d}W_I(t)]\\ \qquad+u_S(t)\sigma_{S_1}[\lambda_I\mathrm{d}t+\mathrm{d}W_I(t)]+u_S(t)\sigma_{S_2}[\lambda_S\mathrm{d}t+\mathrm{d}W_S(t)]\\ Y(0)=X_0+\int_0^T\lambda\mu_1(\eta-\theta)\exp\left(-\int_0^t r_n(s)\mathrm{d}s\right)\mathrm{d}t\end{cases} \tag{5-11}$$

由于在终端时间$Y(T)=X(T)$并且式（5-8）仅与终端财富的实际价值有关，因而，我们可以将式（5-8）转化成等价问题，用$X(T)$替换$Y(T)$，由于通货膨胀风险的影响，我们关注财富的真实价值。因此，我们在这里定义一个新过程$Z(t)=\frac{Y(t)}{I(t)}$，它满足以下随机微分方程：

$$\begin{cases}\mathrm{d}Z(t)=r_r(t)Z(t)\mathrm{d}t+\frac{1}{I(t)}\left[\lambda\mu_1\theta a(t)\mathrm{d}t+\sqrt{\lambda\mu_2}a(t)\mathrm{d}W_0(t)\right]\\ \qquad+\frac{1}{I(t)}[u_P(t)-Y(t)]\sigma_I\left[(\lambda_I-\sigma_I)\mathrm{d}t+\mathrm{d}W_I(t)\right]\\ \qquad+\frac{1}{I(t)}u_S(t)\sigma_{S_1}\left[(\lambda_I-\sigma_I)\mathrm{d}t+\mathrm{d}W_I(t)\right]\\ \qquad+\frac{1}{I(t)}u_S(t)\sigma_{S_2}[\lambda_S\mathrm{d}t+\mathrm{d}W_S(t)]\\ Z(0)=\frac{1}{I(0)}\left[X_0+\int_0^T\lambda\mu_1(\eta-\theta)\exp\left(-\int_0^t r_n(s)\mathrm{d}s\right)\mathrm{d}t\right]\end{cases} \tag{5-12}$$

为了使 $Z(t)$ 的微分形式更紧凑，我们使用了关于再保险和投资策略的新形式：

$$\begin{cases} a^Z(t) = \dfrac{a(t)}{Y(t)} \\ u_P^Z(t) = \dfrac{u_P(t) - Y(t)}{Y(t)} \\ u_S^Z(t) = \dfrac{u_S(t)}{Y(t)} \end{cases} \quad (5\text{-}13)$$

定义新的策略 $u^Z(t) = \left(a^Z(t), u_P^Z(t), u_S^Z(t)\right)$，如果按照上面方程和策略 $u^Z(t)$ 对应的原始策略 $u(t)$ 仍然在 Π 中，我们称 $u^Z(t)$ 为可行的策略，为了形式简便，我们仍旧记 $u^Z(t)$ 的可行集合为 Π，因此，我们可以将式（5-12）转换成如下形式：

$$\frac{\mathrm{d}Z(t)}{Z(t)} = r_r(t)\mathrm{d}t + u^Z(t)^{\mathrm{T}} \sigma[\Lambda \mathrm{d}t + \mathrm{d}W(t)] \quad (5\text{-}14)$$

其中

$$\Lambda \triangleq \begin{pmatrix} \dfrac{\lambda \mu_1 \theta}{\sqrt{\lambda \mu_2}} \\ \lambda_I - \sigma_I \\ \lambda_S \end{pmatrix}, \quad \sigma \triangleq \begin{pmatrix} \sqrt{\lambda \mu_2} & 0 & 0 \\ 0 & \sigma_I & 0 \\ 0 & \sigma_{S_1} & \sigma_{S_2} \end{pmatrix}, \quad \mathrm{d}W(t) \triangleq \begin{pmatrix} \mathrm{d}W_0(t) \\ \mathrm{d}W_I(t) \\ \mathrm{d}W_S(t) \end{pmatrix}$$

接下来，我们可以将原始优化问题式（5-8）转换为等价问题。实际上，由于

$$Z(T) = \frac{Y(T)}{I(T)} = \frac{X(T)}{I(T)}$$

式（5-8）等价于如下最优问题：

$$\begin{aligned} \max \ & E\left[U(Z(T))\right] \\ \text{s.t.} \ & \begin{cases} (Z(t), u^Z(t)) \quad \text{满足式 (5-14)} \\ u^Z(t) \in \Pi \\ P[Z(T) \geqslant M] \geqslant 1 - \alpha \\ Z(T) \geqslant 0 \end{cases} \end{aligned} \quad (5\text{-}15)$$

在得到式（5-15）中 $u^Z(t)$ 的最优策略后，我们可以使用式（5-13）中的关系来得出原始问题 $u(t)$ 的最优策略。

由于式（5-15）是在终端时间带约束的优化问题，所以此处不能应用随机动态规划方法。为了解决这个问题，我们引入鞅方法，鞅方法可以将优化问题变为仅与终端财富有关的优化问题，由于 $Z(t)$ 的财富过程实际上是实际市场中 $Y^Z(t)$ 的真实财富，因此此处的鞅方法与现有文献中所使用的方法有些不同。但是，由于名义市

场是完备市场，因此实际市场也是完备的，此外，再保险项不会影响市场的完备性，因此，在真实市场中只有一个定价核，我们可以将鞅方法应用于真实市场中。

定价核 $H(t)$ 在鞅方法中起着重要作用，给定的随机变量的价格可以通过乘以定价核来求得，真实市场中的定价核 $H(t)$ 满足：

$$\frac{dH(t)}{H(t)} = -r_r(t)dt - \Lambda^T dW(t), \quad H(0) = 1$$

我们可以很容易证明 $H(t)\frac{S_0(t)}{I(t)}$，$H(t)\frac{P(t,T)}{I(t)}$，$H(t)\frac{S_1(t)}{I(t)}$ 都是原始概率测度 P 下的鞅过程，并观察到 $H(t)$ 中的利率即实际利率 $r_r(t)$。

类似于名义市场中的鞅方法，我们可以基于 $H(t)$ 得到式（5-15）的等价问题，式（5-15）等价于如下问题：

$$\max E[U(Z(T))]$$
$$\text{s.t.} \begin{cases} E[Z(T)H(T)] \leq Z(0) \\ P[Z(T) \geq M] \geq 1 - \alpha \\ Z(T) \geq 0 \end{cases} \quad （5\text{-}16）$$

基于鞅方法，式（5-15）中 $(Z(t), u^Z(t))$ 的过程约束变为了式（5-16）中 $Z(T)$ 的预算约束，式（5-16）中的预算约束意味着 $Z(t)$ 的初始价值不能大于 $Z(0)$，因为 $Z(t)$ 是自融资过程，这是一个自然的要求，如果我们得到式（5-16）的最优终端财富 $Z(T)$，那么我们就可以通过市场的完备性来推导式（5-15）的最优策略。

式（5-16）可以用 Lagrange 对偶理论解决，关于最优终端财富，我们得到以下结果。

命题 5.1 在 VaR 约束下，式（5-16）的最优终端财富为

$$Z^{\text{VaR},y}(T) = \begin{cases} I(yH(T)), & H(T) \leq \underline{H} \\ M, & \underline{H} < H(T) \leq \bar{H} \\ I(yH(T)), & H(T) > \bar{H} \end{cases} \quad （5\text{-}17）$$

其中，$\underline{H} = U'(M)/y$，$I(x)$ 是 $U'(x)$ 的严格递减的逆函数。$\bar{H}$ 通过方程 $P(H(T) > \bar{H}) = \alpha$ 得到，$y > 0$ 满足预算约束 $E[H(T)Z^{\text{VaR},y}(T)] = Z(0)$。在 $\underline{H} \geq \bar{H}$ 的情况下，VaR 约束不具有约束力。

式（5-17）刻画了最优终端财富 $Z^{\text{VaR},y}(T)$，我们可以看到，最优终端财富 $Z^{\text{VaR},y}(T)$ 是 $H(T)$ 的分段函数，当 $H(T)$ 相对较高或较低时，最优财富遵循无约束优化问题的经典解，在具有 VaR 约束的情况下，如果经典解满足 VaR 约束，这意味着 $\underline{H} \geq \bar{H}$，则表明 VaR 约束没有约束力，但是，如果经典解不满足 VaR 约束，

则必须对经典解进行一定的修正。从式（5-17）中看到，为了满足 VaR 约束，在某些状态下，对于经典解，$I(yH(T)) < M$，则最优财富被修正为等于 M。在 $\alpha = 1$ 时，VaR 约束是有约束力的，$\bar{H} = 0$，因而，最优财富与经典解相吻合。当 $\alpha = 0$ 时，终端财富被限制为高于 M，在这种情况下，我们可以计算出 $\bar{H} = +\infty$，因此，最优财富仅分为两个部分：经典解形式和 M。

由于 $U(x) = \dfrac{x^{1-\gamma}}{1-\gamma}$，因此 $U'(x)$ 的逆函数由 $I(x) = x^{-\frac{1}{\gamma}}$ 给出，为了导出式（5-15）中的最优投资策略，我们需要得到 $Z^{\text{VaR}}(T)$ 在 t 时间的价值，实际上，可以按照如下步骤计算。

命题 5.2 $Z^{\text{VaR},y}(T)$ 在 t 时间的价值如下：

$$\begin{aligned}
Z^{\text{VaR},y}(t) &= \frac{1}{H(t)} E\left[H(T) Z^{\text{VaR},y}(T) \big| \mathcal{F}_t\right] \\
&= M \exp\left[\frac{1}{2}\text{Var}\{N_t\} + E\{N_t\}\right]\left[\Phi(d_1(\bar{H})) - \Phi(d_1(\underline{H}))\right] \\
&\quad + \left(\frac{1}{yH(t)}\right)^{\frac{1}{\gamma}} \exp\left(\frac{(1-\gamma)^2}{2\gamma^2}\text{Var}\{N_t\} + \frac{\gamma-1}{\gamma}E\{N_t\}\right) \\
&\quad \times \left[1 + \Phi(d_2(\underline{H})) - \Phi(d_2(\bar{H}))\right]
\end{aligned} \quad (5\text{-}18)$$

其中，$\Phi(\cdot)$ 是标准正态分布的累积分布函数，式（5-18）中的其他函数如下所述：

$$d_1(x) = \frac{\ln\left(\dfrac{x}{H(t)}\right) - E\{N_t\} - \text{Var}\{N_t\}}{\sqrt{\text{Var}\{N_t\}}}$$

$$d_2(x) = \frac{\ln\left(\dfrac{x}{H(t)}\right) - E\{N_t\} - \dfrac{\gamma-1}{\gamma}\text{Var}\{N_t\}}{\sqrt{\text{Var}\{N_t\}}}$$

$$E\{N_t\} = -\int_t^T r_r(s)\mathrm{d}s - \frac{1}{2}\frac{\lambda\mu_1^2\theta^2}{\mu_2}(T-t) - \frac{1}{2}(\sigma_I - \lambda_I)^2(T-t) - \frac{1}{2}\lambda_S^2(T-t)$$

$$\text{Var}\{N_t\} = \frac{\lambda\mu_1^2\theta^2}{\mu_2}(T-t) + (\sigma_I - \lambda_I)^2(T-t) + \lambda_S^2(T-t)$$

从命题 5.1 可以看出，时间 t 的最优财富是定价核 $H(t)$ 和时间 t 的连续函数，为了导出式（5-15）中的最优策略，我们推导 $Z(t)$ 的微分形式，如下所示：

$$\mathrm{d}Z^{\text{VaR},y}(t) = 漂移项 - \frac{\partial Z^{\text{VaR},y}(t)}{\partial H(t)} H(t) \Lambda^{\mathrm{T}} \mathrm{d}W(t) \quad (5\text{-}19)$$

由于我们只关注扩散部分，因此式（5-19）的漂移项未明确计算，得到式（5-19）后，我们可以将其与 $Z^{\mathrm{VaR},y}(t)$ 的原始微分形式式（5-14）进行比较，从而，可以推导与 $Z^{\mathrm{VaR},y}(t)$ 相关的最优策略，以下命题描述了式（5-15）的最优策略。

命题 5.3 式（5-15）中的最优投资策略是

$$\begin{cases} a^{Z,\mathrm{VaR}}(t) = -\dfrac{\mu_1\theta}{\mu_2}\dfrac{\partial Z^{\mathrm{VaR},y}(t)}{\partial H(t)}H(t) \\ u_P^{Z,\mathrm{VaR}}(t) = -\dfrac{\lambda_I-\sigma_I}{\sigma_I}\dfrac{\partial Z^{\mathrm{VaR},y}(t)}{\partial H(t)}H(t) + \dfrac{\lambda_S\sigma_{S_1}}{\sigma_I\sigma_{S_2}}\dfrac{\partial Z^{\mathrm{VaR},y}(t)}{\partial H(t)}H(t) \\ u_S^{Z,\mathrm{VaR}}(t) = -\dfrac{\lambda_S}{\sigma_{S_2}}\dfrac{\partial Z^{\mathrm{VaR},y}(t)}{\partial H(t)}H(t) \end{cases} \quad (5\text{-}20)$$

其中

$$\begin{aligned}\dfrac{\partial Z^{\mathrm{VaR},y}(t)}{\partial H(t)} &= -\dfrac{1}{\gamma H(t)}\left(\dfrac{1}{yH(t)}\right)^{\frac{1}{\gamma}}\exp\left(\dfrac{(1-\gamma)^2}{2\gamma^2}\mathrm{Var}\{N_t\}+\dfrac{\gamma-1}{\gamma}E\{N_t\}\right) \\ &\quad\times\left[1+\Phi(d_2(\underline{H}))-\Phi(d_2(\overline{H}))\right] \\ &\quad -\dfrac{\left[M-(y\overline{H})^{-\frac{1}{\gamma}}\right]}{H(t)\sqrt{\mathrm{Var}\{N_t\}}}\exp\left[\dfrac{1}{2}\mathrm{Var}\{N_t\}+E\{N_t\}\right]\varphi(d_1(\overline{H}))\end{aligned}$$

其中，$\varphi(\cdot)$ 是标准正态分布的密度函数。

证明 通过比较式（5-14）和式（5-19）的扩散项系数，很容易得到问题的最优策略。

式（5-15）的最优策略由式（5-20）给出，然后，我们基于式（5-13）得到问题（5-8）的最优策略，在 VaR 约束下，式（5-8）的最优再保险和投资策略为

$$\begin{cases} u_0^{\mathrm{VaR}}(t) = X^{\mathrm{VaR}}(t)-u_P^{\mathrm{VaR}}(t)-u_Z^{\mathrm{VaR}}(t) \\ a^{\mathrm{VaR}}(t) = a^{Z,\mathrm{VaR}}(t)Y^{\mathrm{VaR}}(t) \\ u_P^{\mathrm{VaR}}(t) = u_P^{Z,\mathrm{VaR}}(t)Y^{\mathrm{VaR}}(t)+Y^{\mathrm{VaR}}(t) \\ u_{\mathrm{VaR}}^{Z}(t) = u_S^{Z,\mathrm{VaR}}(t)Y^{\mathrm{VaR}}(t) \end{cases} \quad (5\text{-}21)$$

其中

$$Y^{\mathrm{VaR}}(t) = I(t)Z^{\mathrm{VaR},y}(t)$$

$$X^{\mathrm{VaR}}(t) = Y^{\mathrm{VaR}}(t) - \int_t^T \lambda\mu_1(\eta-\theta)\exp\left(-\int_t^s r_n(u)\mathrm{d}u\right)\mathrm{d}s$$

然而，我们尚未证明最优再保险策略 $a^{\mathrm{VaR}}(t)\geqslant 0$。首先，式（5-19）和式（5-3）

表明过程 $Z^{\text{VaR},y}(t)$ 和 $I(t)$ 是几何布朗运动，因此，基于 $Y^{\text{VaR}}(t) = \dfrac{Z^{\text{VaR},y}(t)}{I(t)}$，我们得到 $Y^{\text{VaR}}(t) \geq 0$，此外，在有 VaR 约束的情况下，即 $\bar{H} > \underline{H}$，$M = I(y\underline{H}) > I(y\bar{H}) = (y\bar{H})^{-\frac{1}{\gamma}}$，因此，$\dfrac{\partial Z^{\text{VaR},y}(t)}{\partial H(t)} < 0$，从而给出 $a^{\text{VaR}}(t) > 0$，而在不具有 VaR 约束的情况下，最优解与经典最优解一致，即 $Z^{\text{VaR},y}(T) = I(yH(t))$，结果也满足 $\dfrac{\partial Z^{\text{VaR},y}(t)}{\partial H(t)} < 0$，并且 $a^{\text{VaR}}(t) > 0$。

5.3 ES 风险管理

5.2 节介绍了 VaR 约束下的优化问题，显式解是通过鞅方法得出的，与经典的最优解不同，终端时间的最优解是定价核的分段函数，但是现实中还有许多其他不同的风险度量，在这里我们将在本节中研究 ES 风险度量。

5.3.1 ES 风险度量

VaR 风险度量表示了财富少于参考点的概率，VaR 仅与概率有关，而没有考虑财富的权重，而 ES 风险测度衡量的是低于某一水平的财富期望，在某些情况下运用更加广泛，随机变量的水平 q 的 ES 定义如下：随机变量 X 的水平 q 的 ES 为

$$\text{ES}_q(X) \triangleq E[(X-q)^-]$$

在本节中，我们要求实际终端财富的 ES 值满足如下约束：

$$\text{ES}_q\left(\dfrac{X(T)}{I(T)}\right) = E\left[\left(\dfrac{X(T)}{I(T)} - q\right)^-\right] \leq \epsilon$$

其中，ϵ 是给定的风险值上界，下面给出在 ES 约束下的优化问题：

$$\max E\left[U\left(\dfrac{X(T)}{I(T)}\right)\right]$$

$$\text{s.t.} \begin{cases} (X(t), u(t)) \text{ 满足式（5-7）} \\ u(t) \in \Pi \\ \text{ES}_q\left(\dfrac{X(T)}{I(T)}\right) = E\left[\left(\dfrac{X(T)}{I(T)} - q\right)^-\right] \leq \epsilon \\ X(T) \geq 0 \end{cases} \quad (5\text{-}22)$$

式（5-22）中的效用函数与 VaR 约束下优化问题中的效用函数相同：

$$U(x) = \frac{x^{1-\gamma}}{1-\gamma}, \quad \gamma > 0 同时 \gamma \neq 1$$

5.3.2 ES 约束下的最优解

式（5-22）的求解方法与优化问题式（5-8）的求解方法相似，首先，我们将式（5-22）转换为等价的自融资问题，我们给出下面类似问题式（5-15）的自融资优化问题：

$$\max E\left[U(Z(T))\right]$$
$$\text{s.t.} \begin{cases} (Z(t, u^Z(t)) \ 满足式（5-14） \\ u^Z(t) \in \Pi \\ E\left[(Z(T)-q)^-\right] \leq \epsilon \\ Z(T) \geq 0 \end{cases} \quad (5\text{-}23)$$

同样地，有式（5-23）的等价鞅问题：

$$\max E\left[U(Z(T))\right]$$
$$\text{s.t.} \begin{cases} E[Z(T)H(T)] \leq Z(0) \\ u^Z(t) \in \Pi \\ E\left[(Z(T)-q)^-\right] \leq \epsilon \\ Z(T) \geq 0 \end{cases} \quad (5\text{-}24)$$

与式（5-16）类似，可以通过 Lagrange 对偶理论消除优化问题的约束。

命题 5.4 式（5-24）的最优终端财富为

$$Z^{ES,y_1,y_2}(T) = \begin{cases} I(y_1 H(T)), & H(T) \leq \underline{H} \\ q, & \underline{H} < H(T) \leq \overline{H} \\ I(y_1 H(T) - y_2), & H(T) > \overline{H} \end{cases} \quad (5\text{-}25)$$

其中，$\underline{H} = \dfrac{U'(q)}{y_1}$；$\overline{H} = \dfrac{U'(q) + y_2}{y_1}$；常数 $y_1 \geq 0$，$y_2 \geq 0$ 满足方程：

$$E\left[Z^{ES,y_1,y_2}(T)H(T)\right] = Z(0), \quad E\left[(Z^{ES,y_1,y_2}(T)-q)^-\right] = \epsilon$$

特别地，在 $\underline{H} > \overline{H}$ 的情况下，经典解满足 ES 约束，从而 ES 约束没有约束力。

为了获得式（5-23）中的最优策略，我们还需要推导时刻 t 的最优财富，$Z^{ES,y_1,y_2}(T)$ 在时刻 t 的价值如下：

$$Z^{ES,y_1,y_2}(t) = \frac{1}{H(t)} E\left[H(T) Z^{ES,y_1,y_2}(T) \mid \mathcal{F}_t\right]$$

$$= q \exp\left[\frac{1}{2}\text{Var}\{N_t\} + E\{N_t\}\right]\left[\Phi(d_1(\bar{H})) - \Phi(d_1(\underline{H}))\right]$$

$$+ \left(\frac{1}{y_1 H(t)}\right)^{\frac{1}{\gamma}} \exp\left(\frac{(1-\gamma)^2}{2\gamma^2}\text{Var}\{N_t\} + \frac{\gamma-1}{\gamma}E\{N_t\}\right)\Phi(d_2(\underline{H}))$$

$$+ \frac{1}{\sqrt{2\pi}} \exp\left[\frac{1}{2}\text{Var}\{N_t\} + E\{N_t\}\right]$$

$$\times \int_{d_1(\bar{H})}^{+\infty} \frac{y_1 \exp\left(u\sqrt{\text{Var}\{N_t\}} + E\{N_t\} + \text{Var}\{N_t\} - \frac{1}{2}u^2\right)}{\left[y_1 H(t) \exp\left(u\sqrt{\text{Var}\{N_t\}} + E\{N_t\} + \text{Var}\{N_t\}\right) - y_2\right]^{\frac{1}{\gamma}}} du$$

计算过程与命题 5.2 相似，在此我们省略。

在得到时刻 t 的财富 $Z^{ES,y_1,y_2}(t)$ 之后，我们可以将式（5-12）的系数与其微分形式进行比较，得到式（5-23）的最优策略。

命题 5.5 式（5-23）中的最优策略为

$$\begin{cases} a^{Z,ES}(t) = -\frac{\mu_1 \theta}{\mu_2} \frac{\partial Z^{ES,y_1,y_2}(t)}{\partial H(t)} H(t) \\ u_P^{Z,ES}(t) = -\frac{\lambda_I - \sigma_I}{\sigma_I} \frac{\partial Z^{ES,y_1,y_2}(t)}{\partial H(t)} H(t) + \frac{\lambda_S \sigma_{S_1}}{\sigma_I \sigma_{S_2}} \frac{\partial Z^{ES,y_1,y_2}(t)}{\partial H(t)} H(t) \\ u_S^{Z,ES}(t) = -\frac{\lambda_S}{\sigma_{S_2}} \frac{\partial Z^{ES,y_1,y_2}(t)}{\partial H(t)} H(t) \end{cases} \quad (5\text{-}26)$$

其中

$$\frac{\partial Z^{ES,y_1,y_2}(t)}{\partial H(t)} = \frac{1}{\gamma H(t)}\left(\frac{1}{y_1 H(t)}\right)^{\frac{1}{\gamma}} \exp\left[\frac{(1-\gamma)^2}{2\gamma^2}\text{Var}\{N_t\} + \frac{\gamma-1}{\gamma}E\{N_t\}\right]\Phi(d_2(\underline{H}))$$

$$+ \frac{\gamma-1}{\gamma} E\{N_t\} \Phi(d_2(\underline{H}))$$

$$\times \int_{d_1(\bar{H})}^{+\infty} \frac{y_1 \exp\left(u\sqrt{\text{Var}\{N_t\}} + E\{N_t\} + \text{Var}\{N_t\} - \frac{1}{2}u^2\right)}{\left[y_1 H(t) \exp\left(u\sqrt{\text{Var}\{N_t\}} + E\{N_t\} + \text{Var}\{N_t\}\right) - y_2\right]^{\frac{1}{\gamma}+1}} du$$

下面我们使用式（5-13）得到式（5-23）的最优策略，预期短缺约束下原始式（5-23）的最优再保险和投资策略为

$$\begin{cases} u_0^{\mathrm{ES}}(t) = X^{\mathrm{ES}}(t) - u_P^{\mathrm{ES}}(t) - u_Z^{\mathrm{EE}}(t) \\ a^{\mathrm{ES}}(t) = a^{Z,\mathrm{ES}}(t) Y^{\mathrm{ES}}(t) \\ u_P^{\mathrm{ES}}(t) = u_P^{Z,\mathrm{ES}}(t) Y^{\mathrm{ES}}(t) + Y^{\mathrm{ES}}(t) \\ u_S^{\mathrm{ES}}(t) = u_S^{Z,\mathrm{ES}}(t) Y^{\mathrm{ES}}(t) \end{cases} \quad (5\text{-}27)$$

其中，$Y^{\mathrm{ES}}(t) = I(t) Z^{\mathrm{ES},y_1,y_2}(t)$，$X^{\mathrm{ES}}(t) = Y^{\mathrm{ES}}(t) - \int_t^T \lambda \mu_1 (\eta - \theta) \times \exp(-\int_t^s r_n(u) \, du) ds$。

我们还需要证明 $a^{\mathrm{ES}}(t)$ 的非负性，由于 $Y^{\mathrm{ES}}(t) = \dfrac{Z^{\mathrm{ES},y_1,y_2}(t)}{I(t)} \geqslant 0$，我们只需要 $\dfrac{\partial Z^{\mathrm{ES},y_1,y_2}(t)}{\partial H(t)} \leqslant 0$，通过观察式（5-27），自然满足条件 $\dfrac{\partial Z^{\mathrm{ES},y_1,y_2}(t)}{\partial H(t)} \leqslant 0$，因此，我们有 $a^{\mathrm{ES}}(t) \geqslant 0$。

5.4 数值分析

在本节中，我们将使用蒙特卡罗方法对风险约束下的最优再保险和投资策略进行敏感性分析，除非另外说明，我们采用的默认参数如下：$r_r = 0.03$，$r_n = 0.05$，$\lambda = 4$，$\mu_1 = 0.08$，$\theta = 0.1$，$\eta = 0.05$，$\mu_2 = 0.05$，$\gamma = 2$，$I_0 = 1$，$X_0 = 1$，$T = 20$，$\sigma_I = 0.1$，$\lambda_I = 0.08$，$\lambda_S = 0.04$，$\sigma_{S_1} = 0.2$，$\sigma_{S_2} = 0.1$。由于 VaR 约束和 ES 约束下最优策略的变化趋势类似，我们仅分析在 VaR 约束下最优策略的经济行为。

5.4.1 VaR 约束下的最优投资策略

我们主要关注 VaR 约束和通货膨胀风险对最优投资策略的影响，VaR 约束要求保险公司的最终财富以一定的概率大于某一水平，图 5-1 显示了 VaR 约束 $P\left(\dfrac{X(T)}{I(T)} \geqslant M\right) \geqslant 0.5$ 时的最优投资策略，我们从图中观察到，保险公司在时间范围 $[0, T]$ 内在 TIPS 中持有空头部位，从 –1 减少到大约 –3，此外，随着时间的流逝，投资于现金和股票的金钱比例缓慢增加，终端时间投资在股票上的资金从约 0.8 增加到 1.6，但是，现金中投资的比例最大，从 1.2 开始，到终端时刻约为 2.4，图 5-1 还显示资产中投资比例的演变是单调的，曲线也非常平滑。

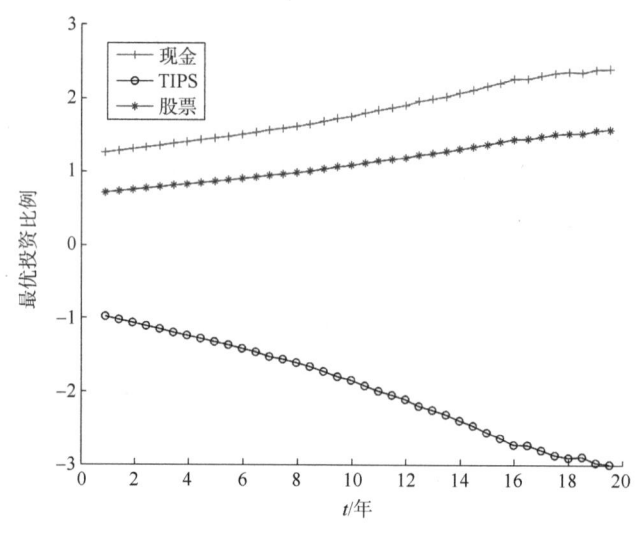

图 5-1　$M = 4$，$\gamma = 2$，$\alpha = 0.5$ 时的最优投资比例

图 5-2 中显示了 $M=2$，$\alpha=0.5$ 的情况，在这种情况下，要求终端财富大于 2 的概率不低于 0.5，与图 5-1 相比，VaR 约束更容易满足，因此，在这种情况下，保险公司的投资行为与没有风险约束的投资者非常相似，实际上，VaR 约束要求更大的终端财富，这将使保险公司的投资更具风险性，因此，在这种情况下，与图 5-1 相比，保险公司更愿意规避风险，并将在 TIPS 上进行更多投资，如图 5-2 所示，现金和股票中的比例也增加了，而 TIPS 中的比例则减少了，但是，保险公司在 TIPS 中持有一个正头寸，该头寸最初高于股票，但在 7 年之后下降到低于股票，保险公司仍然在现金投资配置最多的比例，从初始时刻的 0.48 增至 0.60 最终时刻的。

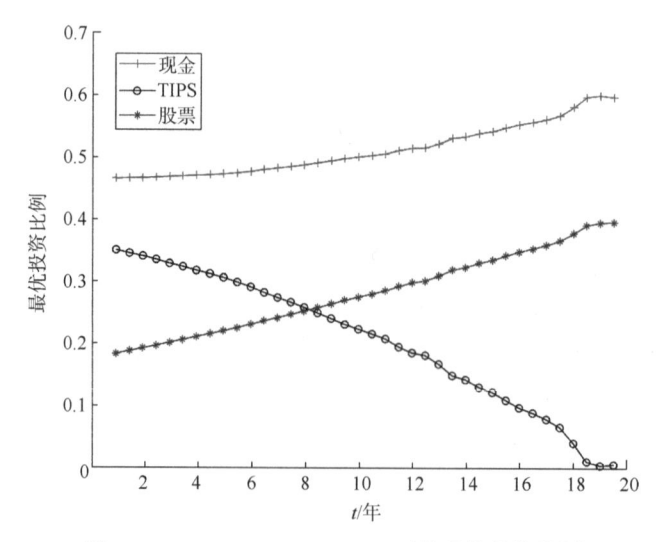

图 5-2　$M = 2$，$\gamma = 2$，$\alpha = 0.5$ 时的最优投资比例

第 5 章 考虑风险约束和通货膨胀风险的非寿险模型

我们还可以通过概率 α 比较 VaR 约束,通过比较图 5-1 与图 5-3,我们讨论了 α 的影响,图 5-3 给出了 $M = 4$,$\alpha = 0.8$ 的最优策略,在这种情况下,VaR 约束要求 $P\left(\dfrac{X(T)}{I(T)} \geqslant M\right) \geqslant 0.2$,图 5-3 与图 5-1 相似,现金投资最多,并且与时间呈正相关,TIPS 和股票中的投资趋势也类似于图 5-1,但是,相比于图 5-1,要求终端财富高于 2 的概率只有 0.2,很容易满足 VaR 约束,因此,保险公司采取了较为保守的策略,并且在 $P\left(\dfrac{X(T)}{I(T)} \geqslant M\right) \geqslant 0.2$ 时的风险投资减少了,在图 5-1 中,仔细观察可以发现,现金和股票中的投资比例几乎是图 5-1 中的现金和股票比例的一半,保险公司在通货膨胀指数零息票 TIPS 中做空的金额也比较少。

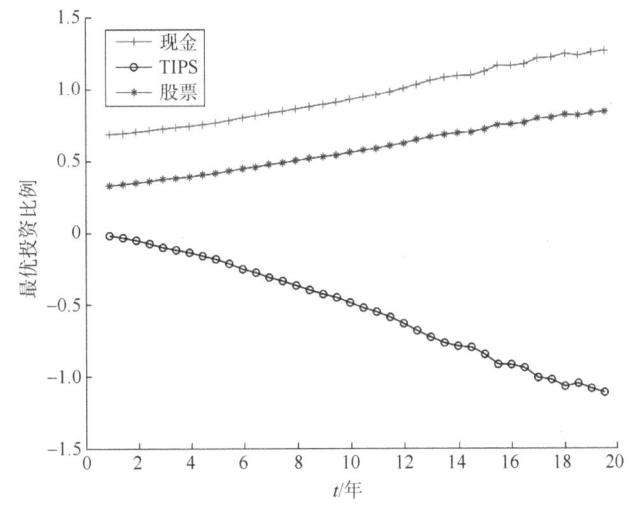

图 5-3 $M = 4$,$\gamma = 2$,$\alpha = 0.8$ 时的最优投资比例

除了 VaR 约束外,我们还关注通货膨胀风险对最优策略的影响。图 5-4 显示了通货膨胀风险较高的最优策略,在 $\sigma_I = 0.3$ 这种情况下,VaR 约束与图 5-1 相同,由于通货膨胀率的增加,通货膨胀率波动更大,给保险公司带来了更多的通货膨胀风险,因此,为了最大限度地提高终端实际财富的期望,保险公司将在无风险资产进行更多的投资,TIPS 中的最优投资比例在开始时为 0.4,而在终端时减少为 −0.4,此外,图 5-4 还显示,在这种情况下,相比于图 5-1,保险公司对现金和股票的投资减少了,从图 5-4 中显示,在末期投资于股票的资金比例仅从 0.18 增加到 0.58,同时在现金中的配置比例不到图 5-1 中现金比例的 50%。

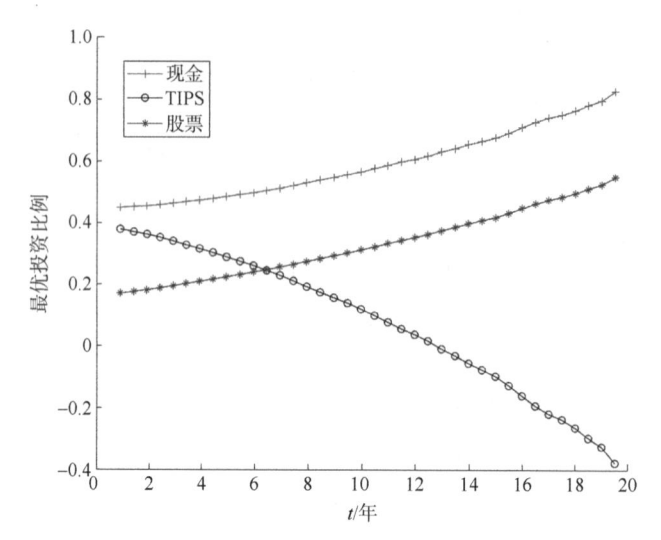

图 5-4　$M=4$，$\gamma=2$，$\alpha=0.5$，$\sigma_I=0.3$ 时的最优投资比例

5.4.2　VaR 约束下的最优再保险策略

除投资策略外，再保险策略对于保险公司对冲保险风险也非常重要，因此，我们也关注参数对再保险策略的影响，为了更好地分析带有某些参数的再保险策略的变化，我们在这里简要回顾比例再保险的概念，当保险公司采用比例再保险策略 $a(t)$ 时，保险公司自己承担保险风险的 $100a(t)\%$，其他 $100(1-a(t))\%$ 的风险分配给了再保险公司，换句话说，如果 $a(t)$ 小，则保险公司承担的保险风险就小。

图 5-5 和图 5-6 揭示了 VaR 约束对最优再保险策略的影响，当 VaR 约束变得更加难以实现时，如果保险公司承担较少的保险风险，则无法满足 VaR 约束，因此，为了满足 VaR 约束，保险公司将自己承担更多的保险风险。实际上，当 M 增大或 α 减小时，VaR 约束更难达到，从而，保险公司变得更加厌恶风险并承担更多的保险风险，图 5-5 和图 5-6 直观地显示，再保险策略分别与 M、α 具有正向和负向关系。

强度 λ 对最优再保险策略的影响在图 5-7 中显示，λ 表示累积赔付数量的强度，因此，当 λ 增加时，保险的风险也增加，为了优化财富，保险公司将减少保险风险，因此，最优再保险策略随 λ 减小，如图 5-7 所示。

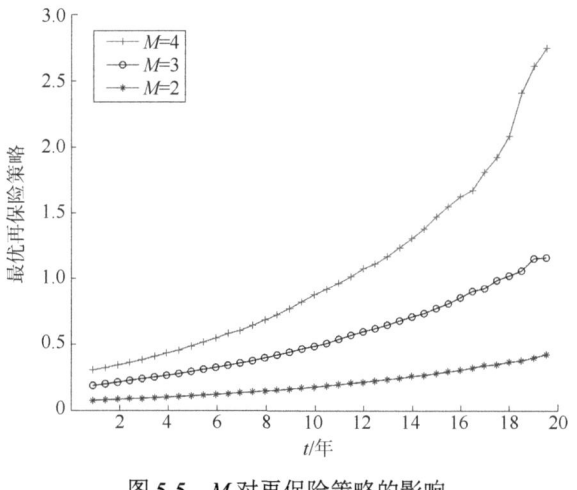

图 5-5 M 对再保险策略的影响

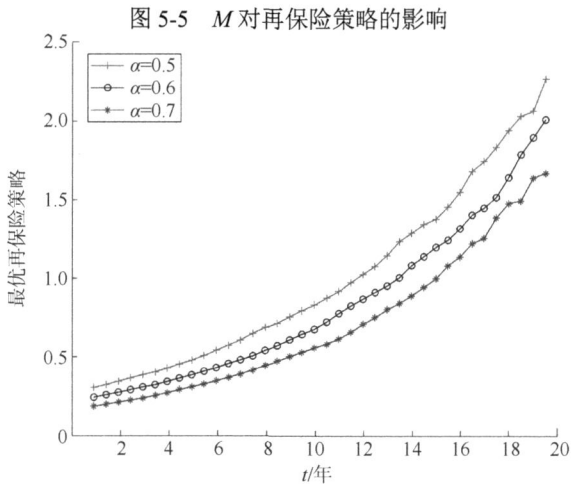

图 5-6 α 对再保险策略的影响

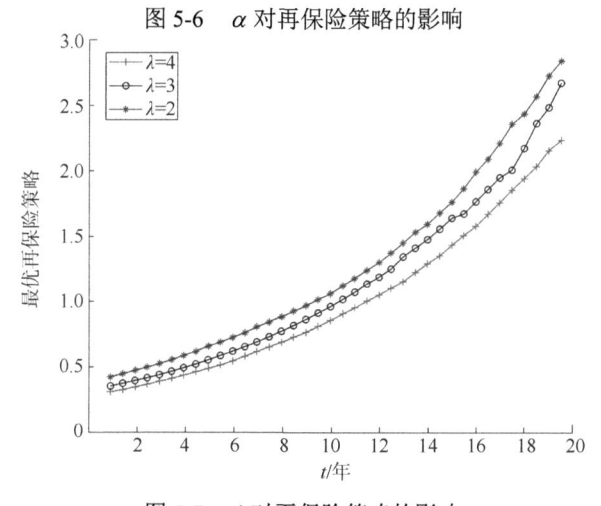

图 5-7 λ 对再保险策略的影响

我们还对通货膨胀风险对最优再保险策略的影响感兴趣,图 5-8 给出了通货膨胀率和最优再保险策略之间的关系。如图 5-8 所示,当 σ_I 增加时,即通货膨胀波动更多,保险公司将承担较少的保险风险,因为当通货膨胀风险增加时,保险公司将变得对风险的厌恶程度更大,因此 $a(t)$ 减少。

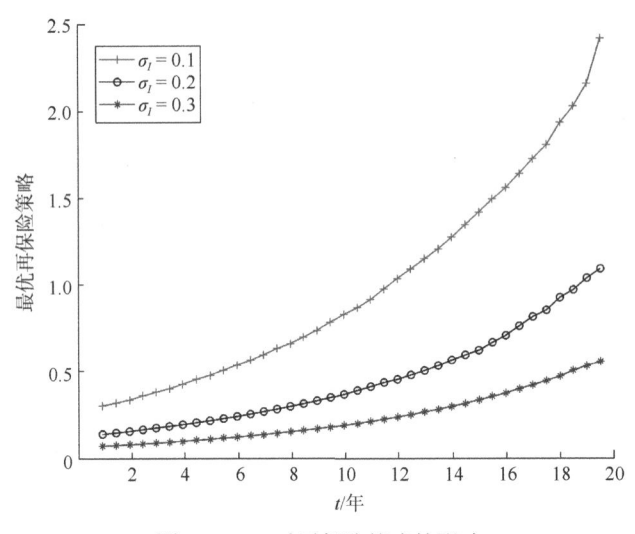

图 5-8 σ_I 对再保险策略的影响

5.5 小　　结

本章中,我们考虑了在通货膨胀风险和风险约束下保险公司的优化问题,为了得出保险公司的有效模型,我们使用经典的 Lundberg 模型来表征保险公司的财富,然后通过扩散过程对其进行近似建模,在金融市场中,假定实际利率和名义利率是确定性的,此外,通过 Fisher 方程推导了通货膨胀指数模型,市场包含现金、TIPS 和股票,为了对冲保险风险和市场风险,保险公司可购买比例再保险产品并投资现金、TIPS 和股票。本章首先关注了保险公司在终端时间的风险约束,并研究了风险约束对保险公司的影响。风险约束对于保险公司而言很重要,并且保险公司不愿在最终时刻蒙受巨大损失,因此,保险公司在本章的目标是在 VaR 约束和 ES 约束下最大化对实际终端财富效用的期望,对于保险公司来说,我们的问题是一个复杂的优化问题,为了解决该问题,我们引入了两个辅助过程并将原始问题变为等效的优化问题,然后采用鞅方法来解决具有风险约束的优化问题,定价核在我们的工作中起着重要作用,我们发现最优终端财富与无风险约束下的价值相似,但是,为了满足风险约束,需要对无约束下的最优终端财富进行修正。

第6章 考虑市场风险和模型风险下的非寿险模型

前面两章对市场风险下保险公司的最优资产配置方案进行了探讨，通过建立随机环境下的金融保险模型，对保险公司的财富过程进行了刻画，构建了具有多重风险下的非寿险最优化问题，并基于随机动态规划的方法得到了保险公司的最优再保险和资产配置方案。前面两章主要关注于通货膨胀风险、利率风险和承保风险对保险公司的影响，但是在实际中存在的波动率聚集、波动率微笑等现象表明股票收益率的波动并不是恒定的，而是带有一定的随机性，因此需要对前面两章中的价格模型进行进一步调整，包含随机波动率风险。另外，基于模型得到的最优配置方案进行实际的再保险和投资决策时，非寿险公司需要设定模型中的参数，非寿险公司可以通过统计手段基于实际的市场数据对参数进行估计，从统计学的观点来看，模型参数是无法准确估计的，是带有一定的不确定性，当参用某组参数进行资产配置时，由于拟合的模型和真实的市场变化之间存在差异，存在着模型风险，当参数估计比较不准确时，得到的最优资产配置策略在实际市场中并不能取得比较好的收益，在非寿险公司进行投资决策时，考虑模型风险能够使得到的投资策略更加稳健，在拟合的参数或者模型严重失真时也具有比较好的收益。

针对模型风险进行管理时，一部分基于 Maenhout（2004）的研究，通过加入惩罚函数度量模型不确定性风险，优化问题是一个最大-最小问题，即需要进行两次优化过程，一般依靠随机动态规划的方法得到保险公司的最优再保险-投资策略，优化问题得到的解是最差场景下的最优解，因此能够抵御模型不确定带来的影响，同时也能够说明保险公司在忽视模型不确定性时会产生效用损失。另外，Klibanoff 和 Mukerji（2005）讨论了平均情形下模型不确定性的最优解，在 EUT 的基础上增加了一个描述模型风险的函数，得到一个两层期望-两层效用的优化目标，即光滑模糊效用，两类刻画模型风险的模型都能用在模型风险的管理中，本章主要参考 Maenhout（2004）、Guan 和 Liang（2019），求解在最差场景下保险公司的最优再保险和资产配置策略。

本章研究模糊厌恶保险公司（ambiguity averse insurer，AAI）的鲁棒最优再保险和投资问题。AAI 出售保险合同，并可以购买比例再保险产品来对冲保险风险，此外，AAI 可以在由以下四种资产组成的金融市场中进行投资：无风险资产、债券、通货膨胀保护性债券和股票，并且对风险具有不同程度的不确定性。AAI 的目标是在最坏的情况下寻求最优再保险和投资策略，在此，名义利率由 Vasicek 利率模型刻画，我们根据 Fisher 方程引入通货膨胀指数，而股价则由 Heston 随机波动率模型驱动，通过引入辅助问题和随机动态规划方法，我们得出了鲁棒最优策略和价值函数的显式形式，最后，我们进行了详细的敏感性分析，以揭示市场参数对稳健的最优再保险、最优投资策略和效用损失的影响。

6.1 风险模型

在本节中，我们研究 AAI 的稳健最优再保险和投资策略，首先，我们提出了由保险和金融风险组成的经济模型，假设 $(\Omega, \mathcal{F}, \{\mathcal{F}_t\}_{t \in [0,T]}, P)$ 是一个满足通常条件的完备域流概率空间，其中，$\mathcal{F}_t$ 是直到时间 t 的市场信息，P 是参考概率测度，$[0, T]$ 是固定的交易时间区间。假定以下所有过程都是良好定义的，关于域流 $\{\mathcal{F}_t\}_{t \in [0,T]}$ 适应，并假设没有交易成本且金融市场允许卖空操作。

金融市场的参与者是出售保险合同并购买再保险产品的保险公司，保险公司面临着承保风险，采取比例再保险策略分摊承保风险后的保险公司财富过程和第 4 章中式（4-9）一样，保险公司可以在时间范围 $[0, T]$ 内随时调整再保险策略，保险公司 $X = \{X(t)\}_{t \in [0,T]}$ 的财富过程变为

$$dX(t) = \lambda \mu_1 [a(t)(1+\theta) - (\theta - \eta)]dt - a(t)d\left\{\sum_{i=1}^{N_t} Y_i\right\}$$

上述复合泊松过程可以通过以下带漂移的布朗运动来近似：

$$dX(t) = \lambda \mu_1 (\eta - \theta)dt + \lambda \mu_1 \theta a(t)dt + \sqrt{\lambda \mu_2} a(t)dW_0(t) \qquad (6\text{-}1)$$

上面模型的参数意义和式（4-9）一致，其中 $W_0 = \{W_0(t)\}_{t \in [0,T]}$ 是完备域流概率空间 $(\Omega, \mathcal{F}, \{\mathcal{F}_t\}_{t \in [0,T]}, P)$ 上的标准布朗运动。我们依照 Guan 和 Liang（2014b）中的研究框架来给出带通货膨胀和利率风险的金融市场。与 Guan 和 Liang（2014b）不同，本节假设波动率是随机的，即我们考虑了市场的波动性风险，同时考虑通货膨胀风险、利率风险和波动率风险，可以更好地刻画市场并在实际市场中提供更为有效的策略。例如，Guan 和 Liang（2014b）中所述，受通货膨胀影响的市场包括瞬时随机名义利率 $r_n = \{r_n(t)\}_{t \in [0,T]}$、随机通货膨胀指数 $I = \{I(t)\}_{t \in [0,T]}$、确定

性瞬时实际利率 $r_r = \{r_r(t)\}_{t \in [0,T]}$,此外,本节中的金融市场有现金和三种风险资产,即零息债券、TIPS 和股票。

瞬时随机名义利率 $r_n = \{r_n(t)\}_{t \in [0,T]}$ 为如下的 Vasicek 过程:

$$dr_n(t) = a(b - r_n(t))dt - \sigma_{r_n} dW_{r_n}(t) \quad (6-2)$$

名义利率具有均值回复特性,$b > 0$ 是回复水平,$a > 0$ 是回复速度,$\sigma_{r_n} > 0$ 是名义利率的波动性。$W_{r_n} = \{W_{r_n}(t)\}_{t \in [0,T]}$ 是标准的布朗运动,独立于 W_0。Guan 和 Liang (2014b) 基于原始的 Fisher 方程推导了通货膨胀指数模型,原始的 Fisher 方程假定名义利率与实际利率之差等于通货膨胀率,有兴趣的读者可以参考该文章以获取详细的推导,在参考概率测度 P 下的随机通货膨胀指数 $I = \{I(t)\}_{t \in [0,T]}$ 如下:

$$\frac{dI(t)}{I(t)} = (r_n(t) - r_r(t))dt + \sigma_{I_1}[\lambda_{r_n} dt + dW_{r_n}(t)] + \sigma_{I_2}[\lambda_I dt + dW_I(t)] \quad (6-3)$$

其中,$W_I = \{W_I(t)\}_{t \in [0,T]}$ 是通货膨胀风险的标准布朗运动;W_0、W_{r_n}、W_I 相互独立;λ_{r_n}、λ_I 分别是利率风险和通货膨胀风险的市场风险价格;σ_{I_1}、σ_{I_2} 是通货膨胀指数的波动率。在引入市场风险之后,我们将在下面介绍市场中的几类资产过程,名义现金资产 $S_0 = \{S_0(t)\}_{t \in [0,T]}$ 的价格为

$$dS_0(t) = S_0(t) r_n(t) dt, \quad S_0(0) = s_0 \quad (6-4)$$

其中,S_0 是初始现金价格市场上存在着各种风险资产,可以帮助对冲不同类型的风险,第一个风险资产是名义零息债券 $B_n = \{B_n(t,T)\}_{t \in [0,T]}$,在到期日 T 支付 1 元。零息债券与名义利率紧密相关,保险公司可以通过分配在零息债券中的资金来对冲利率风险,基于 $r_n = \{r_n(t)\}_{t \in [0,T]}$,$B_n(t,T)$ 的表达式如下:

$$B_n(t,T) = \exp[r_n(t)C(t,T) - A(t,T)]$$

其中,$C(t,T)$ 和 $A(t,T)$ 是确定的函数,$C(t,T) = \frac{e^{-a(T-t)} - 1}{a}$,$A(t,T) = -\int_t^T [(ab + \lambda_{r_n}\sigma_{r_n})C(s,T) + \frac{1}{2}\sigma_{r_n}^2 C(s,T)^2] ds$。根据 $B_n(t,T)$ 的表达式,基于 Itô 公式得出,$B_n(t,T)$ 满足的倒向随机微分方程如下:

$$\begin{cases} \dfrac{dB_n(t,T)}{B_n(t,T)} = r_n(t)dt + \sigma_{B_1}(T-t)[\lambda_{r_n} dt + dW_{r_n}(t)] \\ B_n(T,T) = 1 \end{cases}$$

其中，$\sigma_{B_1}(t) = \dfrac{1-e^{-at}}{a}\sigma_{r_n}$ 刻画零息债券的波动率。如 Boulier 等（2001）和 Deelstra 等（2004）的研究一样，在金融市场上只存在具有特定期限的债券，因此我们用滚动零息债券替代一般的零息债券，固定剩余到期期限 K_1 的滚动式零息债券 $B_{K_1} = \{B_{K_1}(t)\}_{t\in[0,T]}$ 为 $B_{K_1}(t) = B_n(t, t+K_1)$，满足：

$$\frac{\mathrm{d}B_{K_1}(t)}{B_{K_1}(t)} = r_n(t)\mathrm{d}t + \sigma_{B_1}(K_1)\left[\lambda_{r_n}\mathrm{d}t + \mathrm{d}W_{r_n}(t)\right] \tag{6-5}$$

其中，$\sigma_{B_1}(K_1) = \dfrac{1-e^{-aK_1}}{a}\sigma_{r_n}$ 刻画滚动式零息债券的波动率，除利率风险外，市场上还存在通货膨胀风险，为了对冲通货膨胀风险，我们考虑到期日为 T 且面值为 $I(T)$ 的通货膨胀保值债券 TIPS $P = \{P(t,T)\}_{t\in[0,T]}$，即到期日的实际财富为 1 元，基于 Guan 和 Liang（2014b），$P(t,T)$ 的表达式为

$$P(t,T) = I(t)\exp\left[-\int_t^T r_r(s)\mathrm{d}s\right]$$

同时，参考度量 P 下通货膨胀保护债券 $P(t,T)$ 的倒向随机微分方程为

$$\begin{cases} \dfrac{\mathrm{d}P(t,T)}{P(t,T)} = r_n(t)\mathrm{d}t + \sigma_{I_1}\left[\lambda_{r_n}\mathrm{d}t + \mathrm{d}W_{r_n}(t)\right] + \sigma_{I_2}\left[\lambda_I\mathrm{d}t + \mathrm{d}W_I(t)\right] \\ P(T,T) = 1 \end{cases}$$

我们也考虑具有恒定到期日 K_2 的滚动通货膨胀保护债券 $P_{K_2} = \{P_{K_2}(t)\}_{t\in[0,T]}$，通过关系式 $P_{K_2}(t) = P(t, t+K_2)$，$P_{K_2}(t)$ 满足下面的随机微分方程：

$$\frac{\mathrm{d}P_{K_2}(t)}{P_{K_2}(t)} = r_n(t)\mathrm{d}t + \sigma_{I_1}\left[\lambda_{r_n}\mathrm{d}t + \mathrm{d}W_{r_n}(t)\right] + \sigma_{I_2}\left[\lambda_I\mathrm{d}t + \mathrm{d}W_I(t)\right] \tag{6-6}$$

传统上，许多研究都是通过几何布朗运动刻画股票价格，但是，波动率聚集等市场异象要求对股票的收益或波动具有更为复杂的刻画，如随机预期收益或随机波动，为了解决这个问题，我们引入 Heston 随机波动率模型，股票价格 $S_1 = \{S_1(t)\}_{t\in[0,T]}$ 模型如下：

$$\begin{cases} \dfrac{\mathrm{d}S_1(t)}{S_1(t)} = r_n(t)\mathrm{d}t + \sigma_{S_1}\left(\lambda_{r_n}\mathrm{d}t + \mathrm{d}W_{r_n}(t)\right) + \sigma_{S_2}\left(\lambda_I\mathrm{d}t + \mathrm{d}W_I(t)\right) \\ \qquad\qquad + \nu L(t)\mathrm{d}t + \sqrt{L(t)}\mathrm{d}W_S(t),\ S_1(0) = s_1 \\ \mathrm{d}L(t) = \alpha(\delta - L(t))\mathrm{d}t + \sigma_L\sqrt{L(t)}\mathrm{d}W_L(t),\ L(0) = l_0 \end{cases} \tag{6-7}$$

其中，$\sqrt{L(t)}$ 是与股票风险 $W_S = \{W_S(t)\}_{t\in[0,T]}$ 相关的股票波动率；$W_L = \{W_L(t)\}_{t\in[0,T]}$

是波动风险的标准布朗运动；我们假设 W_0、W_{r_n}、W_I 独立于 W_S 和 W_L；σ_{S_1}、σ_{S_2} 和 v 为正常数，刻画股票的波动率大小。$\rho_{SL} \in [-1,1]$ 是 W_S 和 W_L 之间的相关系数，波动率 $L = \{L(t)\}_{t \in [0,T]}$ 具有均值回复性；a 是回复速度；δ 是回复水平；σ_L 是波动率 $L(t)$ 的波动率；L_0 是初始波动率；S_1 是初始股票价格。但是，与 Vasicek 利率模型不同，在时间 $t > 0$ 时需要由条件 $2\alpha\delta > \sigma_L^2$ 来确保 $L(t) > 0$，在金融市场上，保险公司将保费分配到这四个资产（现金、零息债券、TIPS 及股票）中，保险公司的财富同时受再保险业务和市场投资组合的影响，分别用 $\theta_0(t)$、$\theta_B(t)$、$\theta_P(t)$、$\theta_S(t)$ 表示在时间 t 上投资于现金、零息债券、TIPS 和股票的金额，然后财富过程 $X = \{X(t)\}_{t \in [0,T]}$ 变为

$$dX(t) = \lambda\mu_1(\eta - \theta)dt + \lambda\mu_1\theta a(t)dt + \sqrt{\lambda\mu_2}a(t)dW_0(t)$$
$$+ \theta_0(t)\frac{dS_0(t)}{S_0(t)} + \theta_B(t)\frac{dB_{K_1}(t)}{B_{K_1}(t)} + \theta_P(t)\frac{dP_{K_2}(t)}{P_{K_2}(t)} + \theta_S(t)\frac{dS_1(t)}{S_1(t)} \quad (6-8)$$

我们记 $\bar{u}(t) \triangleq (a(t), \theta_B(t), \theta_P(t), \theta_S(t))^T$ 为时间 t 的再保险和投资策略，将式（6-4）~式（6-7）代入式（6-8），并利用关系 $X(t) = \theta_0(t) + \theta_B(t) + \theta_P(t) + \theta_S(t)$，将时间 t 的保险公司财富写成：

$$dX^{\bar{u}}(t) = \lambda\mu_1(\eta - \theta)dt + \bar{u}(t)^T\sigma(L(t))\left[\Lambda(L(t))dt + dW(t)\right] \quad (6-9)$$

其中

$$\Lambda(L(t)) \triangleq \begin{pmatrix} \dfrac{\lambda\mu_1\theta}{\sqrt{\lambda\mu_2}} \\ \lambda_{r_n} \\ \lambda_I \\ v\sqrt{L} \end{pmatrix}, \quad \sigma(L(t)) \triangleq \begin{pmatrix} \sqrt{\lambda\mu_2} & 0 & 0 & 0 \\ 0 & \sigma_{B_1}(K_1) & 0 & 0 \\ 0 & \sigma_{I_1} & \sigma_{I_2} & 0 \\ 0 & \sigma_{S_1} & \sigma_{S_2} & \sqrt{L(t)} \end{pmatrix}$$

其中，$W(t) = (W_0(t), W_{r_n}(t), W_I(t), W_S(t))^T$ 中的四个布朗运动分别代表保险风险、利率风险、通货膨胀风险和股票风险，与 Guan 和 Liang（2014b）不同，$\Lambda(L(t))$ 和 $\sigma(L(t))$ 不是常数，而是依赖于时间 t 的随机波动率 $L(t)$。

6.2 鲁棒最优问题

Guan 和 Liang（2014b）中的优化问题假设保险公司是模糊中性的，即保险公司对市场参数持有确定的看法，但是大量的研究表明，存在着模型风险，市场上

的投资者实际上是模糊厌恶的,投资者往往寻求最坏模型下的鲁棒最优策略,为了研究 AAI 的鲁棒优化问题,我们定义了一族和 P 等价的概率测度集合:

$$\mathcal{Q} := \{\mathbb{Q} | \mathbb{Q} \sim P\}$$

然后下面给出可允许策略组成的可允许集合 Π:如果满足以下条件,策略 $\bar{u} = \{(a(t), \theta_B(t), \theta_P(t), \theta_S(t))^T\}_{t\in[0,T]}$ 被认为是可容许的。

(1) $a(t) \geqslant 0$,$\forall t \in [0,T]$。

(2) $\bar{u}(t)$ 关于域流 $\{\mathcal{F}_t\}_{t\in[0,T]}$ 循序可测,同时 $E^{\mathbb{Q}^*}\left\{\int_0^T [a(t)^2 + \theta_B(t)^2 + \theta_P(t)^2 + \theta_S(t)^2]dt\right\} < +\infty$,其中 $\mathbb{Q}^*$ 是最差场景下的等价测度。

(3) $\forall (t, x, r_n, I, l) \in [0,T] \times \mathbb{R} \times \mathbb{R} \times \mathbb{R}^+ \times \mathbb{R}^+$,式(6-9)存在唯一强解。

为了定义等价测度族 $\mathcal{Q}$,我们定义满足以下条件的测度变换函数 $\phi(t) = (\phi_1(t), \phi_2(t), \phi_3(t), \phi_4(t))^T$ 和 $\phi_5(t)$。

(1) $\phi(t)$ 和 $\phi_5(t)$ 关于域流 $\{\mathcal{F}_t\}_{t\in[0,T]}$ 循序可测。

(2) $E\left[\exp\left\{\frac{1}{2}\int_0^T \phi(t)^T\phi(t)dt + \frac{1}{2}\int_0^T \phi_5(t)^2 dt\right\}\right] < +\infty$。

对于每个 $\phi(t)$ 和 $\phi_5(t)$,实值过程 $\{\Theta^\phi(t)\}_{t\in[0,T]}$ 定义如下:

$$\begin{aligned}\Theta^\phi(t) = \exp\Big\{&\int_0^t \phi(s)^T dW(s) + \int_0^t \phi_5(s) dW_L(s) \\ &-\frac{1}{2}\int_0^t \phi(s)^T \phi(s) ds - \frac{1}{2}\int_0^t \phi_5(s)^2 ds\Big\}\end{aligned} \quad (6\text{-}10)$$

$\phi(t)$ 和 $\phi_5(t)$ 的条件可确保 $\{\Theta^\phi(t)\}_{t\in[0,T]}$ 是概率测度 P 下的鞅,因此存在如下定义的等价的概率测度 $\mathbb{Q}$:

$$\frac{d\mathbb{Q}}{dP}\Big|_{\mathcal{F}_T} = \Theta^\phi(T)$$

根据 Girsanov 定理,以下过程是 $\mathbb{Q}$ 概率测度下的标准布朗运动:

$$dW^\mathbb{Q}(t) = dW(t) - \phi(t)dt$$
$$dW_L^\mathbb{Q}(t) = dW_L(t) - \phi_5(t)dt$$

从而,在概率测度 $\mathbb{Q}$ 下,式(6-9)变为

$$dX^{\bar{u}}(t) = \lambda\mu_1(\eta - \theta)dt + \bar{u}(t)^T \sigma(L(t))\big[\Lambda(L(t))dt + \phi(t)dt + dW^\mathbb{Q}(t)\big] \quad (6\text{-}11)$$

而名义利率、通货膨胀率和随机波动率满足:

$$dr_n(t) = a(b - r_n(t))dt - \sigma_{r_n}\phi_2(t)dt - \sigma_{r_n}dW_{r_n}^\mathbb{Q}(t)$$

$$\frac{\mathrm{d}I(t)}{I(t)} = (r_n(t) - r_r(t))\mathrm{d}t + \sigma_I^T \left[\Lambda(L(t))\mathrm{d}t + \phi(t)\mathrm{d}t + \mathrm{d}W^{\mathbb{Q}}(t) \right]$$

$$\mathrm{d}L(t) = \alpha(\delta - L(t))\mathrm{d}t + \sigma_L \sqrt{L(t)}\phi_5(t)\mathrm{d}t + \sigma_L \sqrt{L(t)}\mathrm{d}W_L^{\mathbb{Q}}(t)$$

其中，$\sigma_I = (0, \sigma_{I_1}, \sigma_{I_2}, 0)^T$。由于 AAI 关注真实财富，因此我们介绍 AAI 的效用函数如下：

$$J^{\bar{u},\mathbb{Q}}(t, x, r_n, I, l) = E_{t,x,r_n,I,l}^{\mathbb{Q}} \left[U\left(\frac{X^{\bar{u}}(T)}{I(T)}\right) + \sum_{i=1}^{5} \frac{\phi_i^2(T)}{2\Psi_i(t, x, r_n, I, l)} \mathrm{d}t \right]$$

其中，$J^{\bar{u},\mathbb{Q}}(t, x, r_n, I, l)$ 是已知 t 时刻所有市场信息的情况下保险公司的期望效用。从时间 t 到时间 $t + \mathrm{d}t$ 的相对熵的增长率等于 $\sum_{i=1}^{5} \phi_i^2(t)$，在许多相关文献[如 Yi 等（2013）、Shen 和 Zeng（2015）]中已给出；$\Psi_i(t, x, r_n, I, l)$ 是时间 t 的模糊厌恶程度，$\Psi_i(t, x, r_n, I, l)$ 越大，参考模型的惩罚项就越小，则 AAI 对参考模型的信心也会降低，类似 Maenhout（2004），我们针对 AAI 提出鲁棒控制优化问题：

$$V(t, x, r_n, I, l) = \sup_{\bar{u} \in \Pi} \inf_{\mathbb{Q} \in \mathcal{Q}} J^{\bar{u},\mathbb{Q}}(t, x, r_n, I, l) \quad (6\text{-}12)$$

其中，$V(t, x, r_n, I, l)$ 是已知 t 时刻金融市场的状态 (x, r_n, I, l) 时保险公司的最优值函数。式（6-12）首先寻求最差场景，然后在最差场景下求得最优策略，在本节中，效用函数由 CRRA 函数刻画：

$$U(x) = \frac{x^{1-\gamma}}{1-\gamma}, \quad \gamma > 1$$

其中，γ 是相对风险厌恶系数，这里我们要求 $\gamma > 1$ 以保证最优策略的可积性。

6.3 最优问题的解

为了求解式（6-12），我们引入一个辅助过程将原始问题进行等价转换，式（6-9）并非自融资过程，即保险公司不断有资金外流，财富的流出率为 $\lambda \mu_1 (\eta - \theta)$，到期日为 s 的价值为 $\lambda \mu_1 (\eta - \theta)$ 的资产在时间 t 处的价值 $D(t, s)$ 为

$$D(t, s) = \lambda \mu_1 (\eta - \theta) B_n(t, s) \quad (6\text{-}13)$$

其中，$B_n(t, s)$ 具有显式表达式，在概率测度 $\mathbb{Q}$ 下，$D(t, s)$ 满足：

$$\begin{cases} \dfrac{\mathrm{d}D(t,s)}{D(t,s)} = r_n(t)\mathrm{d}t + \sigma_{B_1}(s-t)\left[\lambda_{r_n}\mathrm{d}t + \phi_2(t)\mathrm{d}t + \mathrm{d}W_{r_n}^{\mathbb{Q}}(t)\right] \\ D(s,s) = \lambda \mu_1 (\eta - \theta) \end{cases}$$

接下来，我们定义未来累计货币流出量在时间 t 的价值：

$$F(t,T) = \int_t^T D(t,s)ds = \lambda \mu_1 (\eta - \theta) \int_t^T B_n(t,s)ds, \quad t \in (0,T) \quad (6-14)$$

一个简单的计算表明 $F(t,T)$ 满足以下倒向随机微分方程：

$$\begin{cases} dF(t,T) = -\lambda \mu_1 (\eta - \theta)dt \\ \qquad\qquad + F(t,T)\left[r_n(t)dt + \sigma_F(t,T)\left(\lambda_{r_n} dt + \phi_2(t)dt + dW_{r_n}^{\mathbb{Q}}(t)\right)\right] \\ F(T,T) = 0 \end{cases} \quad (6-15)$$

其中，$\sigma_F(t,T)$ 是确定的函数，刻画过程 $F(t,T)$ 的波动率，具体形式为 $\sigma_F(t,T) = \int_t^T \dfrac{\lambda \mu_1 (\eta - \theta) \sigma_{B_1}(s-t) B_n(t,s)}{F(t,T)} ds$。

6.3.1 辅助问题

类似 Guan 和 Liang（2014b），辅助过程由 $Y(t) = X(t) + F(t,T)$ 定义，结合式（6-9）和式（6-15），$Y = \{Y(t)\}_{t \in [0,T]}$ 满足：

$$\begin{aligned} dY(t) &= dX(t) + dF(t,T) \\ &= r_n(t)Y(t)dt + \begin{pmatrix} a(t) \\ \theta_B(t) + \dfrac{F(t)\sigma_F(t,T)}{\sigma_{B_1}(K_1)} \\ \theta_P(t) \\ \theta_S(t) \end{pmatrix}^T \sigma(L(t))[\Lambda(L(t))dt \\ &\quad + \phi(t)dt + dW^{\mathbb{Q}}(t)] \\ &= r_n(t)Y(t)dt + u^T(t)\sigma(L(t))[\Lambda(L(t))dt + \phi(t)dt + dW^{\mathbb{Q}}(t)] \end{aligned} \quad (6-16)$$

其中，$u(t) = \bar{u}(t) + \left(0, \dfrac{F(t,T)\sigma_F(t,T)}{\sigma_{B_1}(K_1)}, 0, 0\right)^T$。由于 $F(T,T) = 0$，因此在时间 T 处 Y 的价值等于 $X(T)$，因此可以将原始的鲁棒控制问题式（6-12）变换为如下等价问题：

$$V(t,y,r_n,I,l) = \sup_{u \in \Pi} \inf_{\mathbb{Q} \in \mathcal{Q}} J^{u,\mathbb{Q}}(t,y,r_n,I,l) \quad (6-17)$$

其中，$Y = \{Y(t)\}_{t \in [0,T]}$ 满足式（6-16），为了简单起见，如果相应的 $\bar{u} \in \Pi$，在这里我们记 $\bar{u} \in \Pi$。我们可以看到，保险公司可以购买更多的零息债券来弥补未来的财富流出，此时，我们假设在初始时间 $Y(0) > 0$。

6.3.2 辅助问题的解

本节的目的是在最差场景下寻求稳健的最优再保险和投资策略，首先，我们找出 $V(t,y,r_n,I,l)$ 和 r_n 之间的关系以简化求解过程，根据 Guan 和 Liang（2014b）中的结果，自融资情形下的最优价值函数与 r_n 无关，因此，名义利率对自融资情形下的问题没有影响。我们猜测 $V(t,y,r_n,I,l)$ 与 r_n 不相关，为了简化推导，我们在 $V(t,y,r_n,I,l)$ 中忽略名义利率带来的影响，在概率测度 $\mathbb{Q}$ 下金融模型的无穷小生成算子 $\mathcal{A}^{u,\phi}$ 定义为

$$\mathcal{A}^{u,\phi} f(t,y,I,l) = f_t + f_y \left[r_n y + u^\mathrm{T} \sigma(l)(\Lambda(l) + \phi) \right]$$
$$+ I f_I \left[r_n - r_r + \sigma_I^\mathrm{T}(\Lambda(l) + \phi) \right]$$
$$+ \frac{1}{2} f_{yy} u^\mathrm{T} \sigma(l) \sigma(l)^\mathrm{T} u + \frac{1}{2} I^2 f_{II} \sigma_I^\mathrm{T} \sigma_I + I f_{yI} u^\mathrm{T} \sigma(l) \sigma_I$$
$$+ f_l \left[\alpha(\delta - l) + \sigma_L \sqrt{l} \phi_5 \right] + \frac{1}{2} f_{ll} \sigma_L^2 l + f_{yl} u_S(t) \sigma_L \rho_{SL} l$$

其中，$\forall (t,y,I,l) \in [0,T] \times \mathbb{R} \times \mathbb{R}^+ \times \mathbb{R}^+$；$f(t,y,I,l) \in C^{1,2,2,2}([0,T] \times \mathbb{R} \times \mathbb{R}^+ \times \mathbb{R}^+)$；$f_t$ 是函数 $f(t,y,r,l)$ 关于 t 的一阶导；f_y 和 f_{yy} 分别是 $f(t,y,r,l)$ 关于 y 的一阶导和二阶导，$f(x,y,r,l)$ 的其他下脚注定义类似。

因此，根据 Maenhout（2004），鲁棒 HJB 方程为

$$\sup_{u \in \Pi} \inf_{\mathbb{Q} \in \mathcal{Q}} \left\{ \mathcal{A}^{u,\phi} V(t,y,I,l) + \sum_{i=1}^{5} \frac{\phi_i^2(t)}{2 \Psi_i(t,y,I,l)} \right\} = 0 \quad (6\text{-}18)$$

边界条件为 $V(T,y,I,l) = U\left(\dfrac{y}{I}\right)$，为了得到显式解，我们设定：

$$\Psi_i(t,y,I,l) = \frac{\beta_i}{(1-\gamma) V(t,y,I,l)}, \quad i = 1,2,3,4,5$$

其中，$\beta_i > 0$ 是对于不同风险的模糊厌恶程度。在本节中，假设保险公司对不同分析的厌恶程度不同，稳健的 HJB 方程式（6-18）是标准的最大–最小优化问题，以下定理提供了鲁棒控制问题式（6-12）的鲁棒最优策略。

定理 6.1 当如下条件满足时：

$$\begin{cases} \dfrac{2\beta_4^2}{(\gamma+\beta_4)^2}(h_1(0)^2 \rho_{SL}^2 \sigma_L^2 + \nu^2) + \dfrac{\beta_5^2}{(1-\gamma)^2} \sigma_L^2 h_1(0)^2 \leqslant \dfrac{\alpha}{\sigma_L^2} \\ 4 \dfrac{1}{(\gamma+\beta_4)^2} [\nu^2 \gamma + |(\gamma - \beta_4) h_1(0) \rho_{SL}| \sigma_L \nu + 7\nu^2 + 7 h_1(0)^2 \rho_{SL}^2 \sigma_L^2] \leqslant \dfrac{\alpha}{4 \sigma_L^2} \end{cases}$$

式（6-17）的鲁棒最优策略由下式给出：

$$u^*(t) = Y^*(t)[\gamma I_{4\times 4} + \beta]^{-1}[\sigma(L(t))\sigma(L(t))^T]^{-1}\sigma(L(t))\Lambda(L(t))$$
$$+ Y^*(t)[\gamma I_{4\times 4} + \beta]^{-1}[\gamma I_{4\times 4} + \beta - I_{4\times 4}][\sigma(L(t))\sigma(L(t))^T]^{-1}\sigma(L(t))\sigma_I \quad (6\text{-}19)$$
$$+ Y^*(t)h_1(t)\rho_{SL}\sigma_L L(t)[\gamma I_{4\times 4} + \beta]^{-1}[\sigma(L(t))\sigma(L(t))^T]^{-1}\vec{e_4}$$

其中，$I_{4\times 4}$ 是 4 维单位矩阵。此外，值函数是

$$V(t,y,I,l) = \frac{1}{1-\gamma}\left(\frac{y}{I}\right)^{1-\gamma}\exp(h_0(t) + h_1(t)l) \quad (6\text{-}20)$$

最差场景由下面函数刻画

$$\begin{cases} \phi(t) = -\beta[\gamma I_{4\times 4} + \beta]^{-1}\Lambda(L(t)) + \beta[\gamma I_{4\times 4} + \beta]^{-1}\sigma_I \\ \qquad - h_1(t)\rho_{SL}\sigma_L\sqrt{L(t)}\beta[\gamma I_{4\times 4} + \beta]^{-1}\vec{e_4} \\ \phi_5(t) = -\beta_5 \dfrac{\sigma_L\sqrt{L(t)}}{1-\gamma}h_1(t) \end{cases} \quad (6\text{-}21)$$

其中，$\beta = \text{diag}\{\beta_1, \beta_2, \beta_3, \beta_4\}_{4\times 4}$；$\vec{e_4} = (0,0,0,1)^T$；$h_0(t)$ 和 $h_1(t)$ 满足以下方程：

$$h_1(t) = \text{Ricatti}\left\{t, T, \left(0.5\sigma_L^2 - \frac{\beta_5\sigma_L^2}{2(1-\gamma)} + \frac{(1-\gamma)}{2(\gamma+\beta_4)}\rho_{SL}^2\sigma_L^2\right), \left(\frac{1-\gamma}{\gamma+\beta_4}\rho_{SL}\sigma_L - \alpha\right),\right.$$
$$\left.\frac{(1-\gamma)}{2(\gamma+\beta_4)}\nu\right\}$$

$$h_0(t) = \int_t^T \alpha\delta h_1(s)\mathrm{d}s + (1-\gamma)\int_t^T r_r(s)\mathrm{d}s + \frac{1-\gamma}{2}\left[\frac{1}{\gamma+\beta_1}\frac{\lambda\mu_1^2\theta^2}{\mu_2} + \frac{1}{\gamma+\beta_2}(\lambda_{r_n} - \sigma_{I_1})^2\right.$$
$$\left.+ \frac{1}{\gamma+\beta_3}(\lambda_I^2 - \sigma_{I_2})^2 + 2\beta_2\sigma_{I_1}^2 + 2\beta_3\sigma_{I_2}^2\right](T-t)$$

其中，函数 Ricatti (·,·,·,·) 的具体形式由如下引理给出。

引理 6.2 Ricatti 方程：

$$B'(t) + aB(t)^2 + bB(t) + c = 0, \quad B(T) = 0$$

其中，a、b、c 是三个常数；其解为如下形式：

$$B(t) = \begin{cases} \dfrac{c}{b}\left[e^{b(T-t)} - 1\right], & a = 0 \\[2mm] \dfrac{m_1 m_2 \exp\left(\sqrt{\Delta_B}(T-t)\right) - m_1 m_2}{m_1 \exp\left(\sqrt{\Delta_B}(T-t)\right) - m_2}, & \Delta_B > 0, \ a \neq 0 \\[2mm] \dfrac{b}{2a - ab(T-t)} - \dfrac{b}{2a}, & \Delta_B = 0, \ a \neq 0 \\[2mm] \sqrt{-\dfrac{\Delta_B}{4a^2}}\tan\left[\arctan\left(\dfrac{b\,\text{sgn}(a)}{\sqrt{-\Delta_B}}\right) + \dfrac{\sqrt{-\Delta_B}\,\text{sgn}(a)}{2}(T-t)\right] - \dfrac{b}{2a}, & \Delta_B < 0, \ a \neq 0 \end{cases}$$

其中，$\Delta_B = b^2 - 4ac$；$m_1 = \dfrac{-b + \sqrt{\Delta_B}}{2a}$；$m_2 = \dfrac{-b - \sqrt{\Delta_B}}{2a}$，sgn($a$) 是 a 的符号。为了记号简便，用 $B(t) = \text{Ricatti}(t, T, a, b, c)$ 指代 Ricatti 方程的解。

定理 6.1 表明，最优策略由三个部分组成，第一部分是默顿问题的标准解，其风险厌恶系数因模糊厌恶系数 β_i 而增加，这与 Maenhout（2004）一致。第二部分与通货膨胀风险相关。第三部分帮助对冲波动率风险，特别是当 $\rho_{SL} = 0$ 时，波动风险无法对冲，而保险公司的行为和具有确定性波动的金融市场一样，此外，我们针对模糊中性保险（ambiguity neutral insurer, ANI）公司能够得出最优策略，在定理 6.1 中令 $\beta_i = 0$，$i = 1, 2, 3, 4, 5$，保险公司是模糊中性的，ANI 的最优策略由以下定理给出。

定理 6.3 ANI 的最优策略为

$$\begin{aligned}\tilde{u}^*(t) =\ & Y^*(t)\gamma^{-1}[\sigma(L(t))\sigma(L(t))^T]^{-1}\sigma(L(t))\Lambda(L(t))\\ & + Y^*(t)(1-\gamma^{-1})[\sigma(L(t))\sigma(L(t))^T]^{-1}\sigma(L(t))\sigma_I \qquad (6\text{-}22)\\ & + Y^*(t)\tilde{h}_1(t)\rho_{SL}\sigma_L L(t)\gamma^{-1}[\sigma(L(t))\sigma(L(t))^T]^{-1}\vec{e_4}\end{aligned}$$

值函数是

$$\tilde{V}(t, y, I, l) = \frac{1}{1-\gamma}\left(\frac{y}{I}\right)^{1-\gamma}\exp\left(\tilde{h}_0(t) + \tilde{h}_1(t)l\right) \qquad (6\text{-}23)$$

其中，$\vec{e_4} = (0, 0, 0, 1)^T$，$\tilde{h}_0(t)$、$\tilde{h}_1(t)$ 满足下面方程：

$$\tilde{h}_1(t) = \text{Ricatti}\left[t, T, \left(0.5\sigma_L^2 + \frac{(1-\gamma)}{2\gamma}\rho_{SL}^2\sigma_L^2\right), \left(\frac{1-\gamma}{\gamma}\rho_{SL}\sigma_L - \alpha\right), \frac{(1-\gamma)}{2\gamma}v\right]$$

$$\begin{aligned}\tilde{h}_0(t) =\ & \int_t^T \alpha\delta\tilde{h}_1(s)\mathrm{d}s + (1-\gamma)\int_t^T r_r(s)\mathrm{d}s\\ & + \frac{1-\gamma}{2\gamma}\left\{\frac{\lambda\mu_1^2\theta^2}{\mu_2} + (\lambda_{r_n} - \sigma_{I_1})^2 + (\lambda_I - \sigma_{I_2})^2\right\}(T-t)\end{aligned}$$

我们看到，当 $\rho_{SL} = 0$ 时，ANI 的最优策略与 Guan 和 Liang（2014b）的结果一致。另外，过去的研究表明，保险公司在忽略模型不确定性时会带来损失效用。接下来，我们在忽略模型不确定性时计算保险公司的效用损失，ANI 的策略为次优策略，当 AAI 在定理 6.3 中采用次优策略时，相应的值函数定义为

$$\bar{V}(t, y, r_n, I, l) = \inf_{\mathbb{Q} \in \mathcal{Q}} J^{\tilde{u}^*, \mathbb{Q}}(t, y, r_n, I, l) \qquad (6\text{-}24)$$

其中，$\tilde{u}^*$ 是次优策略，由定理 6.3 给出，下面定理得到了次优策略下的值函数。因为计算类似于定理 6.1，我们省略了复杂计算，仅在此处给出结果。

定理 6.4 式（6-24）中的值函数如下：

$$\bar{V}(t,y,r_n,I,l) = \frac{1}{1-\gamma}\left(\frac{y}{I}\right)^{1-\gamma}\exp\left(\bar{h}_0(t)+\bar{h}_1(t)l\right) \quad (6\text{-}25)$$

其中，$\bar{h}_0(t)$ 和 $\bar{h}_1(t)$ 如下，可以通过数值方法求解：

$$\bar{h}_1'(t)+\left[0.5\sigma_L^2-\frac{\beta_5\sigma_L^2}{2(1-\gamma)}\right]\bar{h}_1^2(t)+\left[(\gamma^{-1}-1)\widetilde{h}_1(t)\rho_{SL}^2\sigma_L^2+(\gamma^{-1}-1)\nu\rho_{SL}\sigma_L-\alpha\right]\bar{h}_1(t)$$
$$+\gamma^{-2}(1-\gamma)\left[0.5(\gamma-\beta_4)\nu-0.5(\gamma+\beta_4)\rho_{SL}^2\sigma_L^2\widetilde{h}_1^2(t)-\beta_4\widetilde{h}_1(t)\rho_{SL}\sigma_L\nu\right]=0$$
$$\bar{h}_1(T)=0$$

以及

$$\bar{h}_0(t)=\int_t^T\alpha\delta\bar{h}_1(s)\mathrm{d}s+(1-\gamma)\int_t^T r_r(s)\mathrm{d}s+\frac{1}{2}(\gamma^{-1}-1)(T-t)$$
$$\times\left[\left(1-\beta_1\gamma^{-1}\right)\frac{\lambda\mu_1^2\theta^2}{\mu_2}+\left(1-\beta_2\gamma^{-1}\right)\left(\lambda_{r_n}-\sigma_{I_1}\right)^2+\left(1-\beta_3\gamma^{-1}\right)\left(\lambda_I-\sigma_{I_2}\right)^2\right]$$
$$+(1-\gamma)[\beta_2\sigma_{I_1}^2+\beta_3\sigma_{I_3}^2](T-t)$$

然后我们定义效用损失 UL 为

$$\mathrm{UL}=1-\frac{V(t,y,I,l)}{\bar{V}(t,y,I,l)}=1-\exp\left[h_0(t)-\bar{h}_0(t)+\left(h_1(t)-\bar{h}_1(t)\right)l\right] \quad (6\text{-}26)$$

当效用损失和 0 的偏差较大时，这意味着 AAI 在忽略模型不确定性时会带来更大的效用损失。

6.3.3　原始问题的解

在得到式（6-17）的最优策略后，我们很容易得到式（6-12）的最优策略，式（6-12）的最优策略是

$$\bar{u}^*(t)=u^*(t)-\left(0,\frac{F(t,T)\sigma_F(t,T)}{\sigma_{B_1}(K_1)},0,0\right)^T$$

其中，AAI 和 ANI 情形的最优策略 $u^*(t)$ 分别由定理 6.1 和定理 6.2 给出，由于 $F(t,T)$ 受名义利率的影响，因此尽管 r_n 不会影响式（6-17）的最优策略，但会影响原始问题式（6-12）的最优策略。

6.4　数 值 分 析

在本节中，我们分析了参数和不确定性对 AAI 策略的影响，我们默认的参数

列在表 6-1 中，由于最优策略不是确定性的，因此我们使用 Mento-Carlo 方法（简称 MCM）来计算平均再保险和投资策略，当应用 MCM 时，我们假设保险和金融市场模型为参考概率测度 P 下的模型，采用的参数见表 6-1。

表 6-1 参数和取值

γ	β_1	β_2	β_3	β_4	β_5	λ	μ_1	μ_2	η	θ
1.5	1	1	1	1	1	3	0.08	0.05	0.05	0.1
r_0	a	b	σ_{r_n}	r_r	λ_{r_n}	λ_I	σ_{I_1}	σ_{I_2}	K_1	σ_{S_1}
0.03	0.1	0.02	0.02	0.02	0.1	0.1	0.08	0.05	10	0.1
σ_{S_2}	ν	δ	α	σ_L	ρ_{SL}	T	x_0	$I(0)$	$L(0)$	
0.08	0.8	0.2	0.1	0.2	0.5	10	1	1	0.4	

6.4.1 参数对再保险策略的影响

在本节中，我们研究参数对最优再保险策略的影响，AAI 的经济行为与 Guan 和 Liang（2014b）的经济行为非常相似，对于 AAI 的再保险策略 $a^* = \{a^*(t)\}_{t \in [0,T]}$，自留的保险风险比例为 a^*，因此，当 a^* 较小时，保险公司将保留较少的保险风险并购买更多的再保险业务。

图 6-1～图 6-6 均显示再保险策略与时间具有正相关关系，即保险公司随着时间的增加承担更多的保险风险，由于 AAI 平均财富不断增长，当 AAI 有更多的钱时，它会保留更多的风险。风险规避 γ 对 AAI 的影响在图 6-1 中进行了说明。γ 表示 AAI 对市场风险的厌恶程度，因此，较大的 γ 要求 AAI 采取更加保守的行为，因此，当 γ 从 2 增加到 4 时，再保险策略降低，AAI 的保险风险降低。

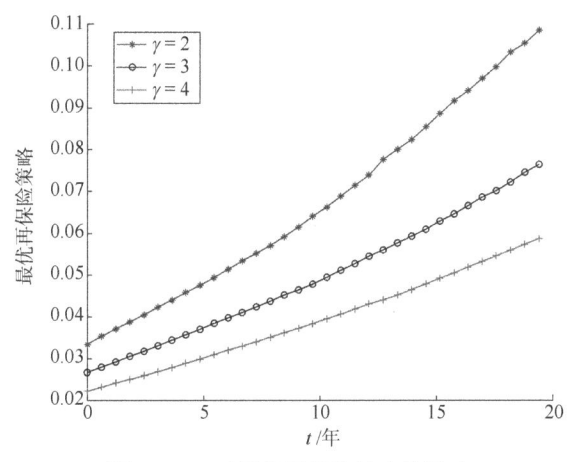

图 6-1 γ 对最优再保险策略的影响

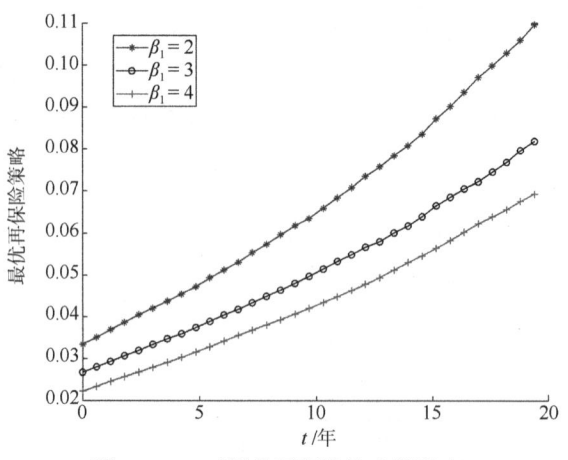

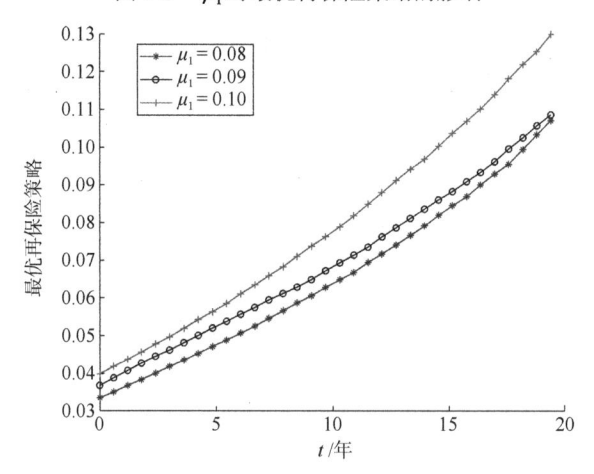

图 6-2 β_1 对最优再保险策略的影响

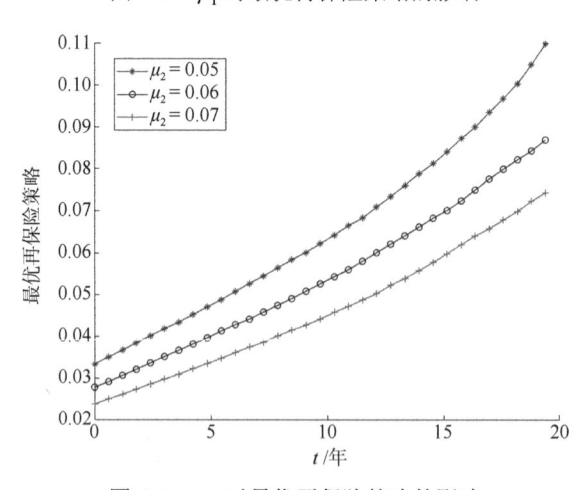

图 6-3 μ_1 对最优再保险策略的影响

图 6-4 μ_2 对最优再保险策略的影响

图 6-5　η 对最优再保险策略的影响

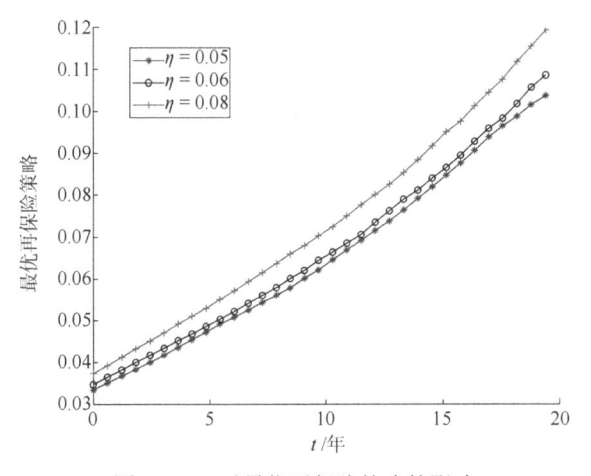

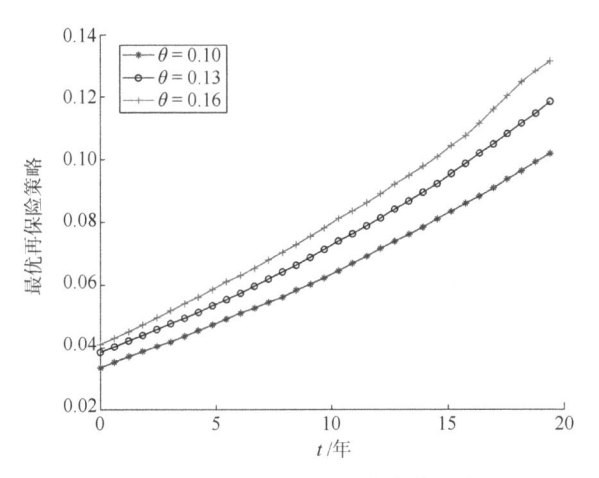

图 6-6　θ 对最优再保险策略的影响

我们还关注保险风险不确定程度 β_1 对最优再保险策略的影响,在我们的金融模型中,保险公司对保险和市场风险具有不确定性,对于保险风险,当 β_1 增大时,AAI 会更倾向于避免保险风险,从而使 AAI 减少保险业务并采取数额较小的最优再保险策略,如图 6-2 所示。

图 6-3 证明了 μ_1 对最优再保险策略的影响,在我们的模型中,保险费是根据期望原则计算的,这意味着保险费随 μ_1 增加,因此,如果保险价格越高,AAI 将承担越多的保险风险,并通过收取更多的保险费来实现财富的增长,图 6-3 揭示最优再保险策略与 μ_1 之间的正相关。但是当 μ_2 增加时,保险风险也会增加,图 6-4 表示 μ_2 对 AAI 的再保险政策的影响,对于较大的 μ_2,为了对冲增加的保险风险,AAI 将把更多的保险业务分配给再保险公司,并采用数额较小的最优再保险策略。

图 6-5 和图 6-6 分别说明了保险公司和再保险公司的安全系数对 AAI 的再保险策略的影响，η 和 θ 在对 AAI 的再保险策略影响一致，较大的 η 表示保险业务更有价值，而较大的 θ 表示再保险业务对 AAI 而言较为昂贵，因此，在这两种情况下，AAI 都会自己保留更多的保险业务。

6.4.2 参数对投资策略的影响

除了 AAI 的再保险策略外，我们还对 AAI 在金融市场上的经济行为感兴趣，即稳健的最优投资策略，图 6-7～图 6-10 说明了经济参数对投资策略的影响，图 6-7 与表 6-1 中默认参数一样。如图 6-7 所示，现金和债券的投资金额是时间 t 的减函数，而 TIPS 和股票的投资金额随时间增加，AAI 在 TIPS 中分配了大部分财富，TIPS 从初始时间的 0.6 增加到时间 10 的 0.68。为了获得最大效用，AAI 会做空现金，此外，债券和股票的趋势变化并不显著，时间范围[0, 10]内债券和股票投资金额保持在区间[0.2, 0.4] 中。

图 6-7～图 6-10 揭示了不同模型不确定性参数对 AAI 投资策略的影响，将图 6-8 与图 6-7 进行比较，当 β_2 从 1 增加到 3 时，AAI 分配在债券的投资金额变少，然后，由于债券投资金额的下降，AAI 做空的现金量将减少，因为 β_2 代表 AAI 关于利率风险的模型不确定性，因此当 β_2 变大时，AAI 将对利率风险更加不确定，从而减少相关利率衍生工具（债券）的投资。

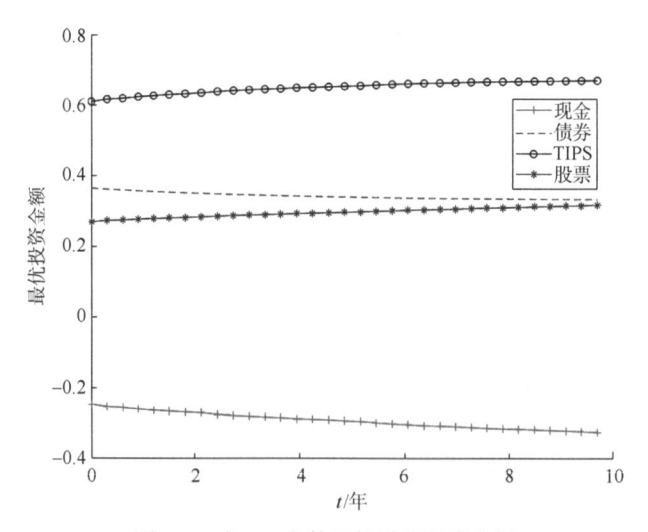

图 6-7 表 6-1 参数下的最优投资金额

第6章 考虑市场风险和模型风险下的非寿险模型

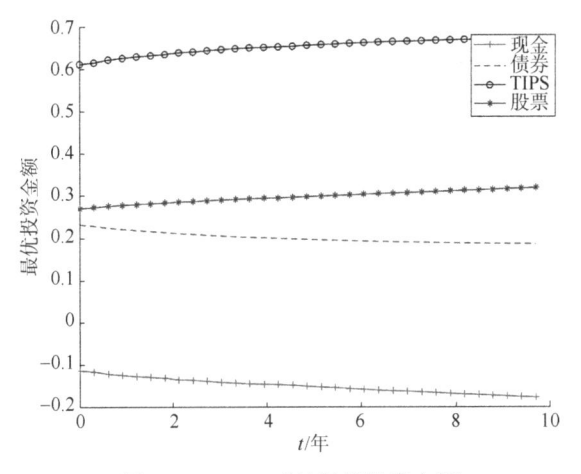

图 6-8 $\beta_2 = 3$ 时的最优投资金额

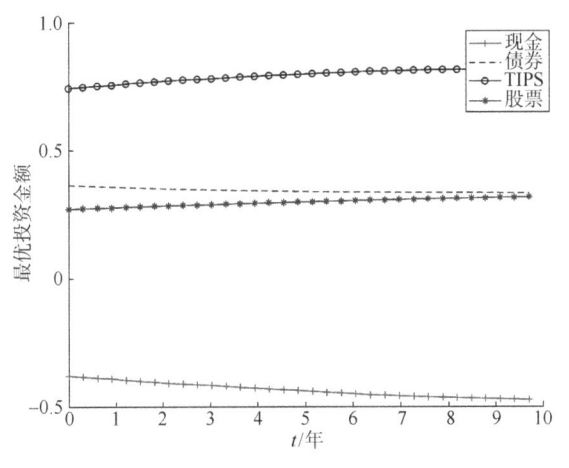

图 6-9 $\beta_3 = 3$ 时的最优投资金额

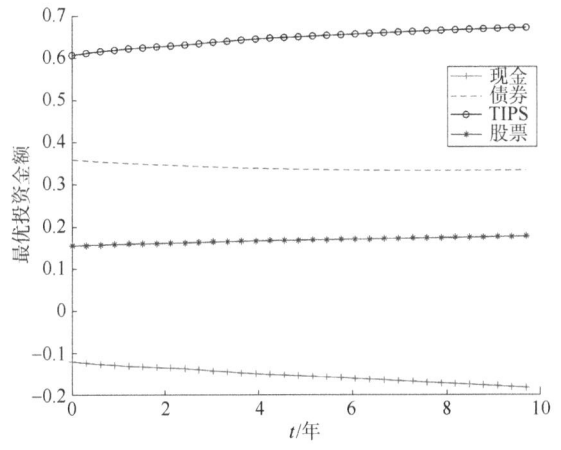

图 6-10 $\beta_4 = 3$ 时的最优投资金额

同样，β_3 和 β_4 分别表示 AAI 对通货膨胀风险和股票风险的不确定性，图 6-9 显示 TIPS 中的投资金额随着 β_3 的增加而增加。当 $\beta_3 = 3$ 时，TIPS 中的初始投资金额约为 0.75，大于图 6-7，由于 AAI 关心实际财富，因此当 β_3 增加时，它更倾向于规避通货膨胀风险，因此 AAI 将购买更多的 TIPS 来对冲通货膨胀风险，这与图 6-7 和图 6-9 之间的差异相吻合。此外，较大的 β_4 表明 AAI 对于股票风险更加不确定，如图 6-10 所示，AAI 投资在股票中的金额随 β_4 降低。

我们还从图 6-7～图 6-10 观察到，不同的模型不确定参数几乎仅影响相关风险资产中的投资金额，但是，风险厌恶参数 γ 影响 AAI 在所有风险资产中的投资金额，图 6-11 为 $\gamma = 3$ 的情形，对比图 6-7（$\gamma = 1$）和图 6-11（$\gamma = 3$），不难看出，当 γ 增大时，AAI 市场风险厌恶程度增加，因而，AAI 在 TIPS 中分配了更多的资金，而在债券和股票中分配了较少的资金，而现金投资金额的变化取决于其他风险资产投资金额的变化。

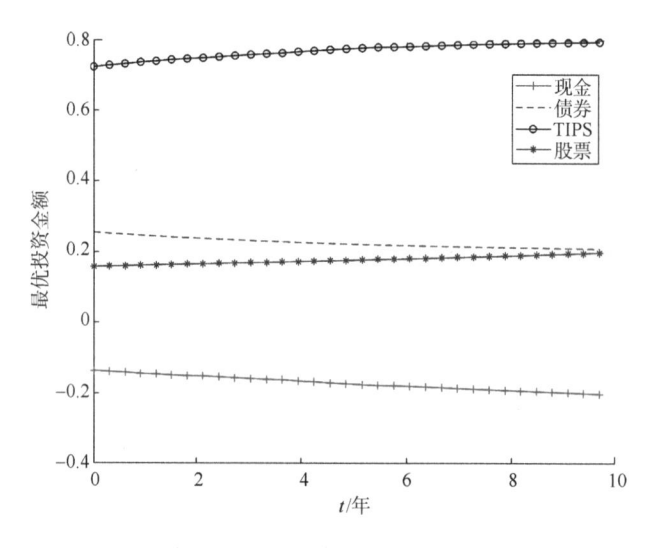

图 6-11　$\gamma = 3$ 时的最优投资金额

图 6-12 说明了股票风险与波动风险负相关的情形，当 $\rho_{SL} = -0.8$ 时，股票所占投资金额略大于图 6-7（$\rho_{SL} = 0.5$）的情况，这意味着 AAI 应该购买更多股票以对冲股票和波动风险。

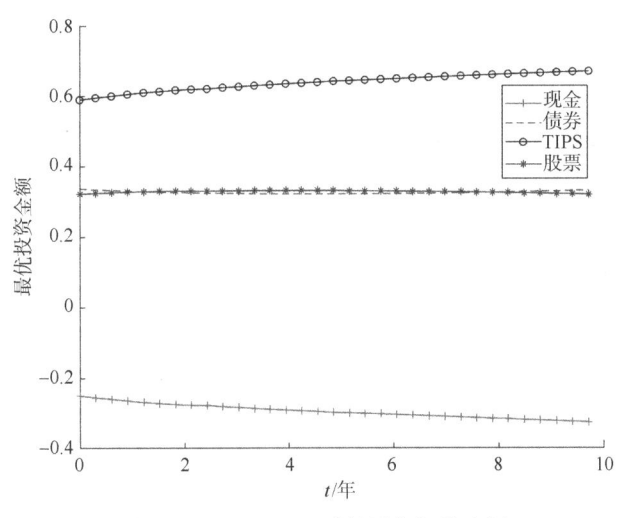

图 6-12　$\rho_{SL}=-0.8$ 时的最优投资金额

由于 ρ_{SL} 在 AAI 的行为中非常重要，因此我们研究 β_5 分别在正相关和负相关情况下的影响。为了更好地说明这一现象，我们在图 6-13 和图 6-14 中只显示了股票投资金额的变化，在 $\rho_{SL}>0$ 的情况下，由于股票风险和波动风险呈正相关，因此当 β_5 增加时，AAI 可以购买更多股票来对冲波动风险，但是，当 $\rho_{SL}<0$ 和 β_5 增加时，AAI 应该降低股票投资金额，图 6-13 和图 6-14 准确地说明了 AAI 的这种投资变化。

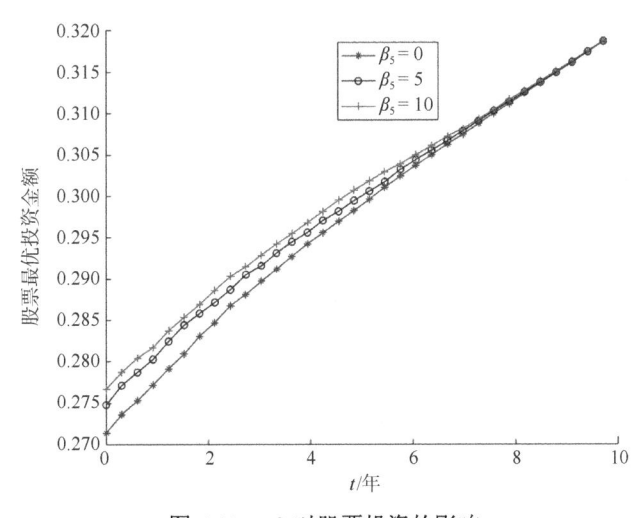

图 6-13　β_5 对股票投资的影响

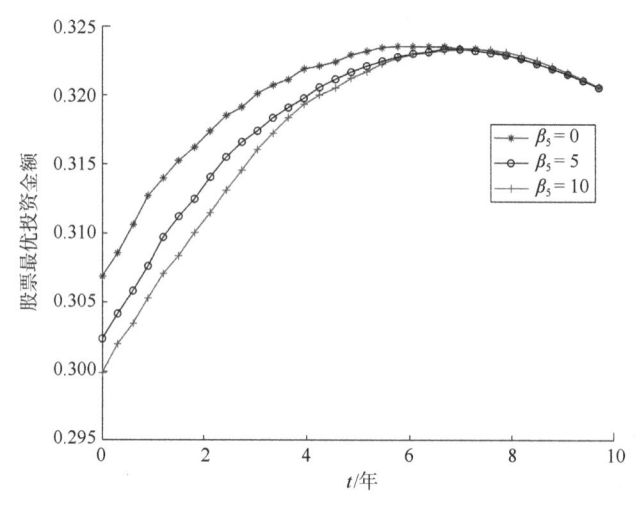

图 6-14　$\rho_{SL}=-0.5$ 时 β_5 对股票投资的影响

6.4.3　参数对效用损失的影响

大多数文献表明，当忽略模型不确定性影响时，AAI 会有比较大的效用损失，本节介绍了参数对保险公司效用损失的影响，图 6-15～图 6-17 揭示了风险厌恶系数和模糊厌恶系数对效用损失的影响，如图 6-15 所示，一方面，随着 γ 的增大，AAI 更加关注市场风险，模型不确定性的影响相对降低，因此，效用损失随着 γ 增加而减小，另一方面，当 AAI 的模型厌恶参数 β_1、β_2、β_3、β_4、β_5 增大时，AAI 对于参考模型的不确定性就更大，因此，AAI 的效用损失会随着模型厌恶参数的增加而增加，此外，比较图 6-15 和图 6-17，我们还可以观察到，相比于 β_1、β_2、β_3、β_5，在 β_4 的变化下，效用损失的变化更大，即 AAI 对股票风险的不确定性更为敏感。

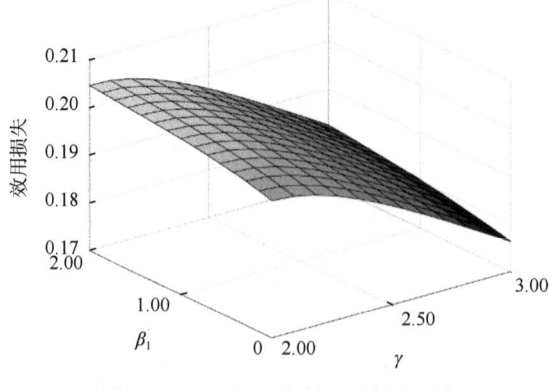

图 6-15　γ 和 β_1 对效用损失的影响

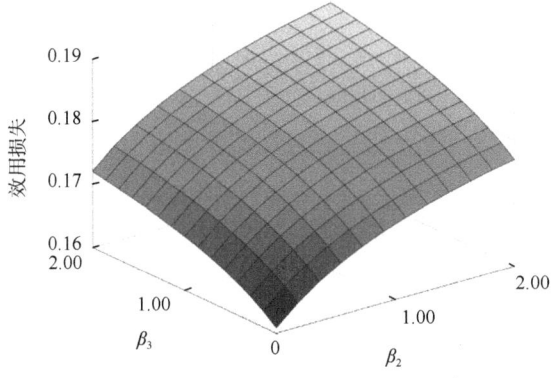

图 6-16　β_2 和 β_3 对效用损失的影响

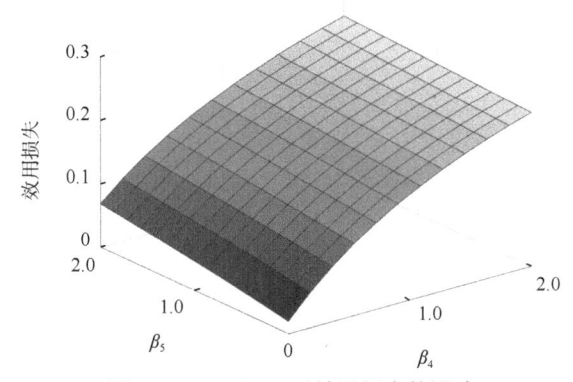

图 6-17　β_4 和 β_5 对效用损失的影响

图 6-18 演示了 λ_I、λ_{r_n} 对 AAI 效用损失的影响，λ_I 和 λ_{r_n} 分别表示 TIPS 和债券的夏普比率，当夏普比率增加时，AAI 将增加相关风险资产中的比例，因此，来自金融市场和模型不确定性的风险都增加了，从而效用损失也增加。

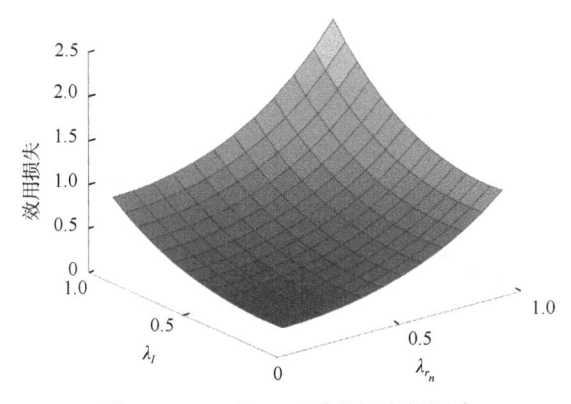

图 6-18　λ_{r_n} 和 λ_I 对效用损失的影响

此外，图 6-19 说明回复参数 δ 对 AAI 的效用损失有正向影响，随着 δ 的增加，波动风险增加，AAI 的效用损失也增加，但是，α 的影响取决于 δ 的水平，在我们的模型中，$L(0)$ 设置为 0.4，因此，对于较小的 δ，当 α 较大时，$L(t)$ 迅速变为 δ，波动风险降低，另外，较大的 α 和较高的 δ 会增加波动风险，因此，当 δ 较小时，AAI 的效用损失随 α 减小，当 δ 较大时，AAI 的效用损失随 α 增加而增加，图 6-13 和图 6-14 表明，当 ρ_{SL} 减小时，AAI 投资更多的股票，从而当 ρ_{SL} 小时，AAI 持有更多的风险资产头寸，因此如图 6-20 所示，股票风险增加，AAI 的效用损失增加，此外，当 σ_L 增加时，效用损失也增加。

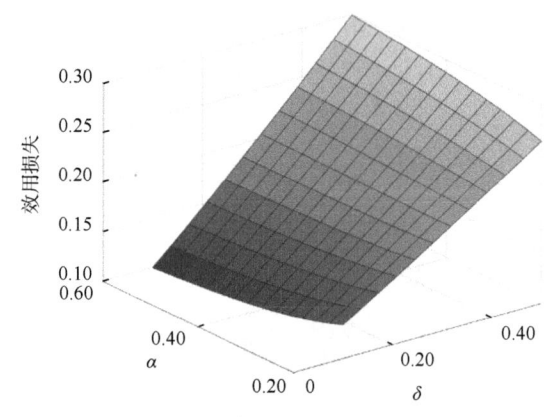

图 6-19 δ 和 α 对效用损失的影响

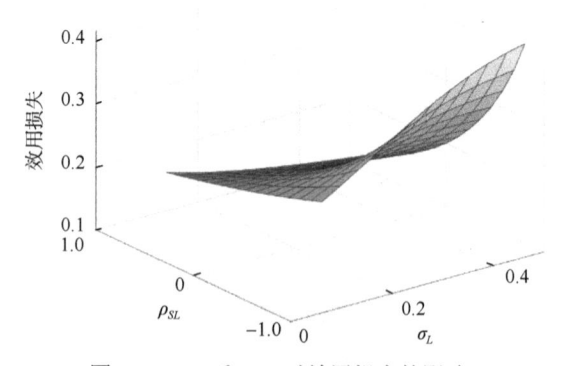

图 6-20 σ_L 和 ρ_{SL} 对效用损失的影响

6.5 小　　结

本章中，我们研究了 AAI 稳健的最优再保险和投资策略，AAI 面临保险风险和金融风险，包括利率风险、通货膨胀风险和波动率风险，为了对冲利率风险和通货膨胀风险，我们引入了零息债券和 TIPS，此外，该保险公司还可以投资现金和具有 Heston 随机波动率的股票，但是，我们假设保险公司对参考模型缺乏信心，因此我们研究了 AAI 的行为，我们引入了一种辅助过程，将原始问题转化为自融资问题，对于自融资问题，我们采用随机动态规划方法求解，然后得出原始问题的解，最终，我们发现自融资问题的最优解包含三个部分：经典的默顿策略，对冲通货膨胀风险的一部分，对冲波动风险的另一部分，另外，通过升高风险规避参数，鲁棒最优策略几乎等同于经典 CRRA 效用函数下的最优策略。

第7章 寿险公司优化模型

7.1 寿险公司资金管理背景和意义

保险业作为我国现代经济社会的重要组成部分，近年来占有越来越重要的作用，保险业的经营水平影响着其发展，而寿险业作为保险业的一大分支，寿险业的运营状况将直接影响保险业发展，而近些年寿险公司投资业务运用的资金额度不断增加，寿险业的投资收益也在不断提高，整个行业呈向好发展趋势，资金的合理投资成为寿险公司稳定发展的基础。

寿险资金配置产品以现金、固定收益类证券和股权类产品为主，一般寿险资金运用周期较长，如在养老金计划中缴费阶段的投资期达到20~40年，在整个周期中利率水平的变化将是影响寿险业的主要因素，当利率水平出现长期下行趋势时，寿险资金短期收益将会受到巨大的影响，收益波动加大，以至于出现资金实际收益率低于寿险产品定价预期利率的状况，导致寿险公司不能或不能完全履行保险给付责任的风险，出现利差损的现象，另外在寿险资金运用过程中，由于寿险资金面临着负债补偿，当某一时点寿险公司资产现金流和负债现金流出现不匹配时，会造成寿险公司收益损失的可能性，严重的会造成寿险公司偿付危机。

作为寿险资金的管理者和经营者，在资金管理过程中，寿险公司会面临资产收益不确定性，而利率风险、通货膨胀风险、波动率风险、流动性风险等都会影响资产收益率的不确定性，寿险公司需要优化资产配置方案，实现合理的投资结构，确定保险投资的种类和比例，在实际的投资中，通过在不同资产中进行分散化投资以降低风险，同时在资产管理时需要根据未来可能的负债制订合理的投资方案，以保障资金的安全性。

在寿险资金管理中，商业养老金计划作为养老三支柱模式之一，有利于缓解养老金领域发展不平衡不充分问题，夯实应对人口老龄化的社会财富储备。按照给付的确定方法，养老金计划可以分为固定收益型养老金和固定缴费型养老金，固定收益型养老金根据承诺的退休金水平确定养老基金水平，养老基金完全能够承担养老金到期给付的责任，在缴费期保费通过精算原则计算，固定收益型养老金计划对参保人承诺了退休金水平，养老金风险完全由管理者承担，而固定缴费型养老金计划中，有公式来确定投入资金额，但是没有公式确定支付额，通常规定的出资额是薪金的一个事先确定的比例，参保人退休后的收益完全和缴费期间资金管理收益率挂钩，养老金风险由参保人自身承担。

养老金计划作为保障退休者生活的重要手段，已有多年的历史，过去在发达国家固定收益型养老金占据主导地位，而近几十年来固定收益型养老金逐步走向下坡路，由于固定收益型养老金计划中管理者承担着风险，许多大型企业被庞大的养老债务拖垮，逐渐终止了该类计划，固定缴费型则在新建养老金计划中占据主流。

从长远看，固定收益型养老金计划约定了未来的退休金水平，在缴费期如果出现较大的金融风险或者资金管理不当，退休时养老金计划可能不足以支付约定的退休金，养老金管理者将面临较大的风险，而随着利率下行趋势和人口老龄化的加剧，养老资金收益率很可能低于约定的收益率，出现利差损的现象，从而会给企业带来财务困难，甚至给国家带来潜在的财政风险。相比于固定收益型养老金计划，固定缴费型养老金模型更加符合国家和国民长期利益发展的要求。

在固定缴费型养老金中，缴费水平一般和参保人的工资挂钩，为了获取比较高的收益，管理者需要将缴费在市场中进行资产配置，退休金完全和缴费期结束时养老金计划中的财富挂钩，因而缴费期的资金管理水平决定了退休金水平，一般缴费期达20～40年，市场各类风险较多，管理者需要选取最优资产配置方案以达到养老金计划财富最大化。本书的寿险公司优化部分主要关注固定缴费型养老金计划的资产配置方案。

在养老金计划中，利率风险是最主要的风险，养老金计划可投资的资产如现金、债券和股票的收益率都与利率挂钩，养老金计划的缴费率在某种程度上也和利率水平挂钩，养老金计划管理中需要合理刻画和对冲利率风险。在养老金计划中，管理者面临着持续注入的养老金缴费，将缴费在现金、债券和股票中投资，最终养老金的财富完全取决于缴费期间的管理水平和风险波动，因此，养老金管理者需要确定合理的资产配置方案，从而实现在退休时退休金水平的最大化，除了利率风险外，股票价格的波动还受很多其他因素影响，如波动率风险，在管理者决定资金配置时需要同时考虑利率风险、波动率风险，以应对现金、债券和股票收益率波动带来的压力。另外，为了保障参保人的利益，在养老金计划中一般会附加退休时刻的最低保障，如要求养老金账户不低于保障参保人退休后最低生活水平的资金量，最低生活保障的引入约束了管理者的投资行为，即不能片面的追求财富最大化，寿险公司优化问题第一部分关注在利率风险和波动率风险下带有最低生活保障的养老金投资问题，基于随机动态规划方法，得到了利率风险和波动率风险下的养老基金模型，并在达到最低生活保障的约束下寻求缴费期的最优资产配置。

养老金计划的投资周期是比较长的，可能会经历熊市和牛市，在熊市期间股权收益率走低，而牛市期间股权收益率比较高，养老资金管理过程中，需要合理的刻画在不同的市场情形下股权收益率的变化，把握住市场变化下的投资机会，以实现养老金收益最大化，通过构建具有随机期望收益率的股票过程，在不同的经济周期，通过拟合不同的参数，能够应对经济环境的变化，实现养老金的财富增长，另外，不同的参保人在退休时会有不同的风险偏好，基于期望效用准则，第二部分关注寻找养老金管理中的有效投资策略和有效边界，针对不同需求和偏好的参保人，能够针对性地提出合理的资产配置方案。

养老金计划中考虑最低生活保障后，养老金管理者的投资策略会趋向于保守，大部分资金都会投入无风险资产，在某种程度上会影响养老金的投资收益，因此，需要平衡最低保障和投资收益，可以通过施加 VaR 约束来放松最低生活保障的限制，即要求退休时养老基金财富以一定概率大于某一保证，VaR 约束中的风险水平、置信度都会影响养老资金的资产配置方案，特别当置信度为 1 时，VaR 约束等价于最低保障的约束，通过分析对比风险水平和置信度对投资策略的影响，本书能够给养老金管理提供更加全面多样化的投资建议。

针对养老金建立相应的风险模型和优化问题后，可以通过随机分析中的方法对问题进行求解，特别是在加入随机波动率后，市场不再完备，无法运用鞅方法求解，可以通过添加衍生品投资使市场完备化，但是鉴于目前我国衍生品市场发展缓慢，本书不考虑衍生品的投资，而直接通过随机动态规划方法进行求解，通过相应的 HJB 方程得到最优策略和最优值函数满足的方程，并基于模型的形式对 HJB 方程进行求解。在添加风险约束后，随机动态规划方法不再使用，我们将采用鞅方法进行求解，通过鞅方法把优化问题转化成退休时刻财富的优化问题，在得到最优终端财富后依据市场的完备性得到财富的波动及相应的最优资产配置方案。

目前我国寿险业有了比较快的发展，但是寿险业发展过程中往往偏重于寿险业务本身，导致了寿险资金配置与寿险业务发展不协调，而其中保费收入的快速增长和寿险资金投资的低收益率的矛盾越来越突出，影响了寿险公司的偿付能力和持续健康发展。由于寿险公司的收益和投资收益直接挂钩，在长周期的资金管中，寿险公司需要选择合适的资产对风险进行对冲，同时确定有效的资金配置方案，一方面满足参保人多方面的需求，另一方面能够提高寿险资金收益率，保障偿付能力，从而提高寿险产品的吸引力，保障公司业绩。

7.2　研究状况和文献综述

7.2.1　不同类型的寿险模型

寿险产品对保障个人在退休之后的生活具有重要意义，而养老金管理则是人寿风险管理中的一个重要课题。养老金可以看成是参保人为了保障退休之后的生活，在退休之前的一种储蓄。按照缴费水平和收益水平划分，养老金分成两类：固定缴费型和固定收益型。关于两种养老金的优劣有着详细的研究，Bodie 等（2000）、Kruse（1995）和 Poterba 等（2007）等文献中详细分析对比了固定缴费型和固定收益型养老金，并提供了比较合理的建议。在固定缴费型养老金中，缴费水平是提前确定的，缴费不断累积并获得收益，在退休时刻，投资回报以养老金的累积水平为基础。在固定收益型养老金中，在退休时刻的收益是提前确定的，而缴费则需要随时调整以保障养老金的平衡。目前，由于在固定缴费型养老金中保险公司不承担相关风险，固定缴费型养老金越来越受保险公司欢迎。本书主要关注固定缴费型养老金计划的资金管理问题。

对于固定缴费型养老金，退休时刻的收益主要由缴费阶段的投资行为确定，所以在缴费阶段，一个有效的投资行为能够吸引更多的参保人。有很多文献分析缴费阶段的最优投资策略，Vigna 和 Haberman（2001），Haberman 和 Vigna（2002）首先针对固定缴费型养老金模型建立了离散时间的模型，并利用随机动态规划方法得到了最优策略。参保人在退休之后的养老金往往以年金的形式进行发放，在 Cairns 等（2006）的研究中，考虑了最大化退休时刻养老金能够购买的年金份数下的控制与优化问题。他们在缴费率能够被对冲的情况下，给出了显式解，而在缴费率无法对冲的情况下，给出了数值解。在 Gerrard 等（2004）的工作中，为了对冲退休时刻发售的年金风险，作者引入了一个收入下降期权，并利用随机动态规划方法得到了优化问题的显式解。

7.2.2 市场风险的刻画

股票过程一般服从经典 Black Scholes 模型，即几何布朗运动模型，同时市场上不存在其他风险，Black 和 Scholes（1973）对几何布朗运动下期权进行了合理定价。但是由于市场的波动，研究者经常需要考虑更为随机的环境。下面主要介绍利率、通货膨胀、股票风险下的随机环境，同时介绍寿险公司在这几种随机环境下的研究状况。

一般来说，在时间比较长时，需要考虑利率风险，即利率是一个随机的过程。在随机利率模型下，为了对冲利率风险及使市场完备化，往往引入零息债券。由于随机利率更加符合市场的实际情况，很多研究者针对随机利率建立合理的金融模型，并研究随机利率下的资产管理问题。Bajeux-Besnainou 和 Portait（1998）首先解决了 Vasicek（1977）随机利率模型下的最优投资组合管理问题，他们引入定价核的概念并得到了有效边界和有效资产组合。之后，Bajeux-Besnainou 等（2003）研究了 Ornstein-Uhlenbeck 利率模型下 CARA 和双曲绝对风险厌恶

(hyperbolic absolute risk aversion, HARA) 效用最大化问题, 另外 Cox 等 (1985) 利率模型下的优化问题在 Ferland 和 Watier (2010) 中也有所研究。

除了利率风险外, 当投资周期较长时, 也会存在通货膨胀风险, 一般来说, TIPS 可用于对冲通货膨胀风险。在通货膨胀模型中, 需要刻画名义利率、实际利率和通货膨胀系数, 名义利率和实际利率由通货膨胀系数关联, 最简单描述这三者关系的为 Fisher 方程, 见 Fisher (1955)。Jarrow 和 Yildirim (2003) 在研究通货膨胀方面做出很大贡献, 他们提出了 JY (Jarrow-Yildirim) 模型来刻画远期名义利率、远期实际利率和通货膨胀之间的关系。Brennan 和 Xia (2002) 利用资产定价思想得出通货膨胀模型并给出了通货膨胀下最优资产配置, Zhang 等 (2007) 将离散 Fisher 方程推广到连续时间通货膨胀模型, 并利用鞅方法求解固定缴费型养老金在现金、债券和股票中的投资比重。此外, Battocchio 和 Menoncin (2004)、Han 和 Hung (2012) 构建了随机利率随机通货膨胀下的固定缴费型养老金模型, 并利用随机动态规划方法最大化退休时刻真实财富的 CRRA 效用。而 Yao 等 (2013) 首次针对固定缴费型养老金, 得出了通货膨胀风险下养老金的有效边界。

很多研究用几何布朗运动来刻画股票运动, 但是, 在现实中, 存在与该模型不一致的现象, 如波动率微笑[Derman 等 (1996)]等, 所以往往需要对股票风险进行更加深入的刻画。在寿险模型中, Gao (2009) 研究了在 CEV 模型下的养老金管理者, 在退休前和退休后采取的最优投资策略, 之后, Gao (2010) 在此基础上讨论了拓展的 CEV 模型, 进行了更深入的研究。除了 CEV 模型, Heston (1993) 随机波动率模型假设股票的波动率是随机的, 在此基础上得出的期权价格[Sepp (2008)、Deelstra 和 Rayee (2013)], 更符合实际市场特性。在非寿险产品风险管理中, Li 等 (2012)、Yi 等 (2013)、Zhao 等 (2013) 都求解了 Heston (1993) 随机波动率模型下保险公司的最优再保险与投资策略的问题。

7.2.3 优化准则的拓展

投资消费模型源于 Merton (1971), 一般来说, 经典投资组合模型假设投资者是风险厌恶的, 即假设投资者的效用是一个递增的凹形式的效用, 如 CRRA、CARA 和 HARA 效用函数。在现实中, 投资者往往对风险有不同的度量。诺贝尔经济学奖获得者 Markowitz (1952) 在离散投资框架下, 提出了基本的期望-方差准则, 在该准则下, 投资者需要在最大化财富的期望 (收益) 的同时, 最小化财富的方差 (风险)。Markowitz (1952) 的期望-方差准则在资产定价和资产组合中具有广泛的应用。研究者运用不同的方法求解期望-方差准则下的最优投资策略, Bajeux-Besnainou 等 (2003) 利用鞅方法对连续时间的期望-方差问题进行求解, Zhou 和 Li (2000) 则将期望-方差问题转化为一个线性二次规划问题, 之后很多的相关研究都是基于此方法。在 Basak 和 Chabakauri（2010）的文章中，作者直接基于效用函数的微分形式对问题进行了求解。同时，针对有负债情形下的资金管理问题，Chiu 和 Li（2006）、Chen 等（2008）和 Xie 等（2008）考虑了一个投资者的期望-方差有效边界和有效投资组合。期望-方差准则在养老金管理中广泛地运用，He 和 Liang（2013）分析了具有返还的固定缴费型养老金的投资优化问题，Vigna（2014）同样研究了固定缴费型养老金的期望-方差有效边界，并证明了 CRRA 和 CARA 下的最优策略不是有效的。进一步，Yao 等（2013）、Yao 等（2014）分别考虑了通货膨胀下和死亡率风险下固定缴费型养老金的有效边界。此外，Bjork 等（2014）提出了不同风险厌恶系数下的期望-方差问题，并引入均衡解的思想，基于 Bjork 和 Murgoci（2010）中提出的广义 HJB 方程进行求解。由于该准则更具有现实指导意义，之后，很多保险公司最优再保险和投资策略相关的研究考虑这种效用函数，见 Li 等（2015）、Zeng 等（2013）、Liang 和 Song（2015）。Sun 等（2016）、Wu 和 Zeng（2015）和 Wu 等（2015）则针对固定缴费型养老金考虑了有状态依赖的期望-方差准则下最优投资策略问题。

通常固定缴费型养老金投资模型中，在期望效用理论下，投资在股票中的比例往往比较大，如 Haberman 和 Vigna（2002），而投资者可能不愿意承担很大的风险。但有些投资者则愿意去采用更加激进的策略，所以需要对投资者的行为进行更深入刻画。Kahneman 和 Tversky（1979）首次提出了展望理论，这一理论成为现代行为经济学的重要组成部分。在该理论中假设投资者在做决策时提前有一个预期，财富大于预期时认为是获利，小于预期时认为是损失。投资者对于获利是风险厌恶的，而对于损失是风险偏好的。此外，该理论中还有关于扭曲概率的假设，这一理论可有助于降低投资者的风险。由于展望理论更好地描述了投资者的行为，越来越多的研究在资产组合中引入展望理论。Berkelaar 等（2004）首次利用鞅方法求得了连续时间下展望理论优化准则下的最优投资策略。Gomes（2005）考虑了一个类似的离散投资模型，并得到了投资者的最优策略。之后，Jarrow 和 Zhao（2006）在期望-方差问题中引入了展望理论的思想，并进行了求解，关于扭曲概率的相关研究见 Bernard 和 Ghossoub（2010）、Jin 和 Xun（2008）、He 和 Zhou（2011）等。

除了利用展望理论对预期的风险进行规避外，在投资模型中，有的要求在退休时刻的财富满足一定的风险度量，风险度量即将代表风险的随机变量转化成一个实际的风险值。常见的风险度量有标准差、方差、破产概率和 VaR，见 Holton（2003），其中 VaR 描述了在一定概率条件下，账户的最大可能损失。Basak 和 Shapiro（2001）及 Yiu（2004）分别利用鞅方法和随机动态规划方法求解 VaR 约束下的最优投资策略。Alexander 和 Baptista（2002）在离散投资模型中，研究了最大化期望的同时最小化 VaR 风险指标下的投资行为，之后，Alexander 和 Baptista（2004）

考虑了 Rockafellar 和 Uryasev（2000）中的 CVaR 风险指标对投资行为的影响。

以往关于寿险模型的研究中，保险公司面临的市场环境考虑的随机因素比较少。但是事实上，在投资过程中，保险公司可能面临各种不同风险，如上面提到的利率风险、通货膨胀风险及股票波动率风险等，同时，一般的期望效用理论并不能完全刻画保险公司的行为，需要考虑更加全面的投资行为。对于市场环境和投资行为更为精细的刻画能够给保险公司提供更加有效的投资策略。但遗憾的是，很少有保险公司相关的研究综合考虑上述因素。然而，在考虑更加全面的模型后，控制与优化问题会变成非线性、非自融资优化问题，会给最优策略的求解带来很多麻烦，往往需要一些新的方法或者思路来进行求解。

7.3 模型和方法简介

下面以最简单的固定缴费型养老金为例，介绍固定缴费型养老金中的最优配置问题和最优资产配置方案，由于养老金参保人在退休后的收益主要由缴费阶段的投资效益所决定，我们主要关注在缴费阶段养老金的最优资产配置问题，通过随机动态规划方法，我们可以得到在缴费阶段养老金的最优资产配置结果，首先，我们考虑恒定常数缴费率的养老金计划，即如下不考虑市场投资的模型：

$$\mathrm{d}X(t) = c\mathrm{d}t, \quad t \in [0, T] \tag{7-1}$$

其中，c 是养老金参保人的缴费率；t 是管理时间；T 是参保人的退休时间；$X(t)$ 是 t 时刻养老金的财富。如果保险公司不考虑市场投资，养老金计划的财富完全和缴费率挂钩，但是一般为了提高养老金收益，养老金管理者会在市场中进行投资，假设养老金管理者在市场中投资的产品为无风险资产和风险资产，满足如下微分方程：

$$\begin{cases} \mathrm{d}S_0(t) = S_0(t)r\mathrm{d}t \\ \dfrac{\mathrm{d}S(t)}{S(t)} = \mu\mathrm{d}t + \sigma\mathrm{d}W(t) \end{cases}$$

其中，r 是无风险利率；μ 是股票的收益率；σ 是股票的波动率；$W(t)$ 是标准的布朗运动，代表股票风险。

养老金管理者投资于风险资产的比例为 $u(t)$，而剩余的 $1-u(t)$ 投资于风险资产，那么养老金财富满足如下的方程：

$$X^u(t) = (1-u(t))X^u(t)\frac{\mathrm{d}S_0(t)}{S_0(t)} + u(t)X^u(t)\frac{\mathrm{d}S(t)}{S(t)}$$

将无风险资产和风险资产的方程代入上面表达式，可以得到如下方程：

$$\frac{\mathrm{d}X^u(t)}{X^u(t)} = r\mathrm{d}t + u(t)\sigma[\theta\mathrm{d}t + \mathrm{d}W(t)] \tag{7-2}$$

其中，$\theta = \dfrac{\mu - r}{\sigma}$ 是股票风险的市场风险价格。

假设退休时刻是 T，养老金管理者可以在 $[0, T]$ 内随时调整其投资策略，其目标是希望极大化退休时刻财富的期望效用，即

$$\max_{u(\cdot)} E[U(X^u(T))] \tag{7-3}$$

其中，U 是效用函数，体现养老金的风险偏好程度，假定养老金管理者的效用函数为 CRRA，即

$$U(x) = \dfrac{x^{1-\gamma}}{1-\gamma}, \quad \gamma > 0, \quad \gamma \neq 1$$

其中，γ 是养老金的风险厌恶程度，γ 越大表明养老金管理者越厌恶风险，同时，我们引入最优值函数如下：

$$V(t,x) = \sup_{u} E\left[U(X^u(T))|X^u(t) = x\right]$$

即已知时刻 t 的信息下的最优期望效用，关于养老金的最优资产配置，有如下定理。

定理 7.1 式（7-3）中养老金管理者的最优资产配置方案为常数，即在缴费阶段风险资产中的投资比例不变：

$$u^*(t,x) = \dfrac{\theta}{\gamma\sigma} \tag{7-4}$$

同时最优值函数为

$$V(t,x) = \dfrac{x^{1-\gamma}}{1-\gamma}\left[(1-\gamma)(r+c)(T-t) + \dfrac{1-\gamma}{2\gamma}\theta^2(T-t)\right]$$

证明 $V(t,x)$ 表示已知 t 时刻金融市场的状态情况下在 T 时刻的最优效用函数，根据随机动态规划方法，有如下的 HJB 方程：

$$\sup_{u}\left\{V_t + V_x x(c + r + u\sigma\theta) + \dfrac{1}{2}V_{xx}x^2 u^2\sigma^2\right\} = 0 \tag{7-5}$$

其中，V_t 是函数 $V(t,x)$ 关于 t 的一阶导；V_x 和 V_{xx} 分别是 $V(t,x)$ 的一阶导和二阶导。由于一般值函数满足 $V_x > 0$，$V_{xx} < 0$，因而上面函数是 u 的开口向下的抛物线，即存在极大值点，通过一阶条件我们可以得到最优策略如下：

$$u^*(t,x) = -\dfrac{V_x \theta}{x V_{xx} \sigma}$$

然后将上面的 $u^*(t,x)$ 代入 HJB 方程式（7-5）中，可以得到 $V(t,x)$ 满足的偏微分方程：

$$V_t + V_x x r(t) - \dfrac{1}{2}\dfrac{V_x V_x}{V_{xx}}\theta^2 = 0 \tag{7-6}$$

同时最优值函数边界条件为 $V(T,x)=U(x)$。

根据边界条件和效用函数的形式，假设 $V(t,x)=\dfrac{x^{1-\gamma}}{1-\gamma}h(t)$，$h(T)=1$，其中 $h(t)$ 为待定的函数，那么有

$$V_t=\frac{x^{1-\gamma}}{1-\gamma}h'(t),\ \ V_x=x^{-\gamma}h(t),\ \ V_{xx}=-\gamma x^{-\gamma-1}h(t)$$

从而可以得到最优决策为

$$u^*(t,x)=\frac{\theta}{\gamma\sigma}$$

可以看到，当 γ 增加即风险厌恶系数增大的时候，投资在风险资产中的比例会减小，同时代入 $V(t,x)$ 满足的微分方程，可以得到：

$$\frac{1}{1-\gamma}h'(t)+\left(r+c+\frac{1}{2\gamma}\theta^2\right)h(t)=0,\ \ h(T)=1$$

由上面关于 $h(t)$ 的常微分方程，易得

$$h(t)=\exp\left[(1-\gamma)(r+c)(T-t)+\frac{1-\gamma}{2\gamma}\theta^2(T-t)\right]$$

从而我们通过 HJB 方程式（7-5）得到了方程的解，关于最优策略和最优值函数的充分性由值函数的性质易得。

证毕。

从最优策略方程式（7-4）可以看到，缴费期间，养老金管理者在风险资产中的最优资产配置比例为常数，同时只依赖于三个参数 γ、θ、σ，而缴费率不会影响养老金的投资策略，只会影响其最优值函数的大小，当 σ 越大，市场风险越大，从而养老金管理者会降低在风险资产中的投资比例，而 γ 越大，管理者越厌恶风险，同样地也会降低风险资产中的比例，而 θ 越大，风险资产中的收益率越高，从而在风险资产中的投资比例增加，根据式（7-4），我们可以得到养老金管理者在无风险资产中的投资比例为

$$1-\frac{\theta}{\gamma\sigma}$$

上面关于养老金管理者的模型是比较基本的，假设缴费率是常数，同时投资的风险资产由几何布朗运动模型刻画，在实际中，一般缴费率是和参保人的工资水平挂钩的，而参保人的工资水平是随机的，往往和市场风险相关联，特别是在养老金管理中，缴费阶段是比较长的，往往 20~40 年，常数缴费率的假设并不合理，另外在如此长周期的资产配置中，市场风险对养老金收益的影响很大，利率风险、通货膨胀风险和波动率风险等市场风险会严重影响养老金的稳定性，后续的章节我们将探讨在多种市场风险下养老金的最优资产配置方案。

第8章 考虑随机利率和随机波动率的固定缴费型养老金寿险模型

本章考虑在随机利率和随机波动率框架下的固定缴费型养老金的最优投资组合问题，无风险利率由一个包含 Vasicek 利率模型和 CIR 利率模型的仿射模型来刻画，股票的波动率基于 Heston 随机波动率模型，养老金管理者可以在现金、债券和股票中进行投资以规避市场风险，同时假设养老费率是和市场环境相关联的，养老金的财富过程被养老费率和投资行为影响。此外，本章要求在退休时刻养老金的财富需要能够保证参保人在退休之后的生活，即超过最低生活保障水平。养老金管理者的目标是最大化最终财富超过最低生活保障的部分的效用的期望，最后本章利用随机动态规划方法得到了最优投资策略的显式解并对最优解进行了详细的数值分析。

固定缴费型养老金计划中，参保人面临着市场风险，因此，具有最低保障的固定缴费型养老金计划，在市场中具有竞争力。Boulier 等（2001）通过 Orstein-Uhlenbeck 过程对利率进行建模，并获得了最优配置，以使最终价值的 CRRA 效用超过退休后的年金担保。Deelstra 等（2004）将结果扩展到了随机缴费率和一般最低保证的情形，Giacinto 等（2011）在固定缴费型养老金计划要求缴费阶段，财富水平必须一直保持在偿付能力水平之上，固定缴费型养老金计划中有关担保的更多研究可以参考 Jensen 和 Sorensen（2001）、Deelstra 等（2004）中的参考。

大多数研究只关注由几何布朗运动驱动的股票模型，但是股票价格在现实世界中可能具有不同的特征，如波动率聚集、波动率微笑等现象，Gao（2009）研究了退休前后的 CEV 模型下的最优投资策略，除了 CEV 模型外，Heston 的随机波动率模型已被各种文献采用，以对市场中的衍生产品定价，如 Deelstra 和 Rayee（2013）。

如上所述，在固定缴费型养老金研究中，随机利率和随机波动率分别受到关注，但是，同时考虑这两个风险更为实际。本章在类似于 Grzelak 和 Oosterlee（2011）的随机利率和随机波动率框架内，寻找固定缴费型养老金计划的最佳投资策略。这里的利率遵循仿射模型，包括CIR利率模型和Vasicek利率模式,而股价由 Heston 的随机波动率模型给出，本章参考 Guan 和 Liang（2014a），将 Deelstra 等（2004）的研究从一个完整的市场扩展到了由随机波动引起的一个不完整的市场，我们假设缴费率是随机的，我们要求养老基金的终值必须超过给定的担保，该担保被视为从退休到死亡的年金，与年金相关的死亡率是随机的，由死亡力刻画。养老基金经理的目标是使 CRRA 终值对退休担保的期望最大化，我们首先使用 Boulier 等（2001）的技术将资金流程从非自筹资金问题转变为单一投资问题，但是，由于市场不完备，因此鞅方法在这里不起作用，本章将采用随机规划方法来获得最优投资策略，然后将其与完备市场的情况进行比较。

8.1 模型描述

8.1.1 随机利率和随机波动率下的市场环境

我们考虑随机利率及随机波动率下的市场环境，主要考虑三种资产：现金、债券及股票。假设股票的波动率是一个随机过程。

随机利率采用第 2 章中的仿射模型式（2-8）：

$$\mathrm{d}r(t) = (a - br(t))\mathrm{d}t - \sqrt{k_1 r(t) + k_2}\mathrm{d}W_r(t), \quad r(0) = r_0 \tag{8-1}$$

其中，a、b、k_1 和 k_2 是非负常数；a、b 刻画利率的均值回复特征；k_1 和 k_2 刻画利率的波动率特征；$\{W_r(t)\}_{t \geq 0}$ 是完备域流概率空间 $(\Omega, \mathcal{F}, \{\mathcal{F}_t\}_{t \geq 0}, P)$ 上的标准布朗运动；r_0 是初始利率水平。

在 Deelstra 等（2004）的研究中，作者采用了上述推广的利率模型，该利率模型包含了 CIR 利率模型（$k_2 = 0$）和 Vasicek 利率模型（$k_1 = 0$），在 $k_2 = 0$ 的情况下，为了保证 $r(t) > 0$，一般要求 $2ab > k_1$。

市场上的第一种资产即现金 $S_0(t)$ 满足如下的微分方程：

$$\frac{\mathrm{d}S_0(t)}{S_0(t)} = r(t)\mathrm{d}t, \quad S(0) = S_0 \tag{8-2}$$

其中，S_0 是现金的初始价值。此外，由于利率是随机的，为了对冲利率的风险，我们仍考虑零息债券，零息债券的定义在第 2 章中已经介绍，参见第 2 章中的式（2-12），一个到期日为 s 的零息债券 $B(t, s)$ 在 t 时刻的价格满足如下倒向随机微分方程：

$$\begin{cases} \dfrac{\mathrm{d}B(t, s)}{B(t, s)} = r(t)\mathrm{d}t + h(s - t)\sqrt{k_1 r(t) + k_2}\left(\lambda_r \sqrt{k_1 r(t) + k_2}\mathrm{d}t + \mathrm{d}W_r(t)\right) \\ B(s, s) = 1 \end{cases} \tag{8-3}$$

其中，$h(t)$是确定的函数，$h(t) = \dfrac{2(e^{mt}-1)}{m-(b-k_1\lambda_r)+e^{mt}(m+b-k_1\lambda_r)}$，$m = \sqrt{(b-k_1\lambda_r)^2+2k_1}$；$\lambda_r\sqrt{k_1r(t)+k_2}$是布朗运动$\{W_r(t)\}_{t\geq 0}$的市场风险价格。

假设投资的第二种资产是一个具有恒定剩余到期期限K的滚动债券$B_K(t)$，$B_K(t)$满足下面的随机微分方程：

$$\frac{\mathrm{d}B_K(t)}{B_K(t)} = r(t)\mathrm{d}t + h(K)\sqrt{k_1r(t)+k_2}\left(\lambda_r\sqrt{k_1r(t)+k_2}\mathrm{d}t + \mathrm{d}W_r(t)\right) \quad (8\text{-}4)$$

市场上的第三种资产为一个具有Heston随机波动率的股票。由于股票的变化和利率风险是息息相关的，我们假设股票的价格和利率的风险有关，基于第2章中经典的Heston随机波动率模型式（2-16），市场中的股票满足如下随机微分方程：

$$\begin{cases} \dfrac{\mathrm{d}S(t)}{S(t)} = r(t)\mathrm{d}t + \sigma_S\sqrt{k_1r(t)+k_2}\left(\lambda_r\sqrt{k_1r(t)+k_2}\mathrm{d}t + \mathrm{d}W_r(t)\right) \\ \qquad\qquad + vL(t)\mathrm{d}t + \sqrt{L(t)}\mathrm{d}W_S(t) \\ \mathrm{d}L(t) = \alpha(\delta - L(t))\mathrm{d}t + \sigma_L\sqrt{L(t)}\mathrm{d}W_L(t) \end{cases} \quad (8\text{-}5)$$

其中，$\{W_S(t)\}_{t\geq 0}$和$\{W_L(t)\}_{t\geq 0}$是标准的几何布朗运动，同时$\mathrm{Cov}(W_S(t), W_L(t)) = \rho_{SL}t$，假设$W_r(t)$与$W_S(t)$、$W_r(t)$与$W_L(t)$是相互独立的；$\sigma_S$是在股票中与利率风险相关的波动率，波动率$L = \{L(t)\}_{t\in[0,T]}$具有均值回复性；$a$是回复速度；$\delta$是回复水平；$\sigma_L$是波动率$L(t)$的波动率。从上面的式子中可以看到股票风险$W_S(t)$的市场风险价格为$v\sqrt{L(t)}$，但是$W_L(t)$的市场风险价格可以随便选取，所以在上面的Heston随机波动率模型中可以得到无数的风险中性测度，那么在随机利率和随机波动率下市场是不完备的，此外为了保证$L(t) > 0$，要求$2\alpha\delta > \sigma_L^2$。

8.1.2 固定缴费型养老金寿险模型

本章考虑的是一个固定缴费型养老金在随机利率及随机波动率下的投资管理问题。在固定缴费型养老金计划中，参保人在退休前向养老金中投入工资的一部分。在以往模型中，往往假设参保费率是恒定的，但是随着市场的波动，随机的参保费率更有意义，假设参保费率满足如下随机微分方程：

$$\frac{\mathrm{d}C(t)}{C(t)} = \mu\mathrm{d}t + \sigma_{C_1}\sqrt{k_1 r(t)+k_2}\left(\sqrt{k_1 r(t)+k_2}\lambda_r \mathrm{d}t + \mathrm{d}W_r(t)\right)$$
$$+ \sigma_{C_2}\left(\nu L(t)\mathrm{d}t + \sqrt{L(t)}\mathrm{d}W_S(t)\right) \quad (8-6)$$

其中，$C(t)$ 是 t 时刻的参保费率；μ 是参保费率的增长率；σ_{C_1} 和 σ_{C_2} 刻画参保费率的波动率。上面模型中的参保费率和股票的价格运动是类似的。

此外，为了更好地进行投资管理，在模型中，要求在退休时刻，养老金的金额能够超过最低生活保障，在 Deelstra 等（2004）中，作者要求在退休时刻养老金金额能够超过最低的回报，我们考虑 Deelstra 等（2004）中的最低年金保障，即能够保证参保人在退休之后的生活，Deelstra 等（2004）中参保人的死亡时间是固定的，而本节中假设参保人的死亡时间是随机的，在 $t \in [T, T']$ 时刻，养老金保障至少 $g(t)$ 的年金，其中 T' 是随机的死亡时刻。我们模型中的最低生活保障如下：

$$G(T) = \int_T^w g(s) B(T,s)\,_{s-T}p_T \mathrm{d}s \quad (8-7)$$

其中，$g(s) = g(T)\mathrm{e}^{g(s-T)}$；$w$ 是最大的存活时间；$_{s-T}p_T$ 是在 T 时刻参保人仍然活着的情况下，参保人继续活到 s 时刻的概率刻画随机死亡时间 T' 的分布；g 是随着时间的增加生活成本增加的系数或者通货膨胀系数。

$_{s-T}p_T$ 可以通过死亡率 $\lambda(t)$ 计算而得，满足 $_{s-T}p_T = \mathrm{e}^{-\int_T^s \lambda(u)\mathrm{d}u}$。为了简化模型，我们考虑 Abraham de Moivre 模型[见 Kohler 和 Kohler（2000）]，其中 $\lambda(t) = \dfrac{w}{w-t}$，所以我们有

$$_{s-T}p_T = \mathrm{e}^{-\int_T^s \lambda(u)\mathrm{d}u} = \mathrm{e}^{-\int_T^s \frac{w}{w-u}\mathrm{d}u} = \frac{w-s}{w-T} \quad (8-8)$$

在养老金的集资阶段，参保人向养老金中持续的注入资金，同时养老金管理者可以在市场上进行投资以便管理养老金，假设市场上不存在交易费用、税，同时卖空是允许的，养老金的财富过程满足下面的随机微分方程：

$$\begin{cases} \mathrm{d}X(t) = u_0(t)X(t)\dfrac{\mathrm{d}S_0(t)}{S_0(t)} + u_B(t)X(t)\dfrac{\mathrm{d}B_K(t)}{B_K(t)} + u_S(t)X(t)\dfrac{\mathrm{d}S(t)}{S(t)} + C(t)\mathrm{d}t \\ X(0) = X_0 \end{cases} \quad (8-9)$$

其中，$u_0(t)$、$u_B(t)$ 和 $u_S(t)$ 是在 t 时刻养老金投入在现金、债券及股票中的比例，同时满足 $u_0(t) + u_B(t) + u_S(t) = 1$；$X_0$ 是养老金的初始财富。

将式（8-2）、式（8-4）和式（8-5）代入式（8-9）可以得到：

$$\begin{cases} \mathrm{d}X(t) = C(t)\mathrm{d}t + r(t)X(t)\mathrm{d}t + X(t)\big[u_B(t)h(K) + u_S(t)\sigma_S\big] \\ \quad \big[\lambda_r(k_1 r(t) + k_2)\mathrm{d}t + \sqrt{k_1 r(t) + k_2}\,\mathrm{d}W_r(t)\big] \\ \quad + u_S(t)X(t)\big[\nu L(t)\mathrm{d}t + \sqrt{L(t)}\,\mathrm{d}W_S(t)\big] \\ X(0) = X_0 \end{cases} \quad (8\text{-}10)$$

令 $u(t) = (u_B(t), u_S(t))$，我们称 $u(t)$ 为可行解，其满足如下的条件。

（1）$u(t)$ 关于 $(\Omega, \mathcal{F}, \{\mathcal{F}_t\}_{t \geq 0}, P)$ 是循序可测的。

（2）$E\left\{\int_0^T \big[X(t)^2 [u_B(t)h(K) + u_S(t)\sigma_S]^2 (k_1 r(t) + k_2) + u_S(t)^2 X(t)^2 L(t)\big]\mathrm{d}t\right\} < +\infty$。

（3）在初值条件 $(t_0, r_0, L(0), X(0)) \in [0, T] \times (0, +\infty)^3$ 下，式（8-10）存在唯一的强解。

令 Π 为所有 $u(t)$ 可行解的集合，即可行域。在养老金管理过程中，要求养老金在退休时刻保障最低的生活，养老金管理者的目标是最大化 $X(t)$ 减去最低生活保障的效用的期望，即

$$\begin{cases} \max_{u(\cdot) \in \Pi} E\{U[X(T) - G(T)]\} \\ \text{s.t. } X(T) \geq G(T),\ 且 (X(t), u(t)) 满足式 \end{cases} \quad (8\text{-}11)$$

其中，$U(x)$ 是严格凹的效用函数。

8.2 最优问题与问题转换

我们考虑 CRRA 效用：

$$U(x) = \frac{x^{1-\gamma}}{1-\gamma}, \quad \gamma > 0,\ \gamma \neq 1 \quad (8\text{-}12)$$

其中，γ 是风险厌恶系数。

式（8-11）并不是一个常见的最优投资组合问题。一方面，财富过程具有连续的现金流入，另一方面，在最后的优化目标中，我们考虑了最低生活保障。在本节中，我们引入辅助的过程以便将式（8-11）转化成一个简单的投资优化问题。

受 Han 和 Hung（2012）研究的启发，我们首先对连续的现金流 $C(t)\mathrm{d}t$ 进行复制，主要按照下面几步完成：首先求解在 s 时刻到期的具有 $C(s)$ 收益的资产在 t 时刻的价格 $D(t, s)$，$s \geq t$，由于 $C(t)$ 的特殊形式，可以看到 $D(t, s)$ 和随机波动率风险 $\{W_L(t)\}_{t \geq 0}$ 无关，所以我们可以利用市场上的资产对其进行复制并定价，利用

衍生品定价的方法，$D(t,s)$ 具有形式 $D(t,T) = D(t,C,r)$，同时满足下面的偏微分方程：

$$\begin{cases} D_t + D_C C\mu + D_r(a-br) + \dfrac{1}{2}D_{rr}(k_1r+k_2) - D_{Cr}C\sigma_{C_1}(k_1r+k_2) \\ -rD = -\lambda_r D_r(k_1r+k_2) \\ D(s,s) = C(s) \end{cases}$$

其中，D_t 是函数 $D(t,C,r)$ 关于 t 的一阶导；D_C 和 D_{CC} 分别是 $D(t,C,r)$ 关于 C 的一阶导和二阶导；D_r 和 D_{rr} 分别是 $D(t,C,r)$ 关于 r 的一阶导和二阶导，容易求得 $D(t,s)$ 的显式表达式如下：

$$D(t,s) = C(t)\exp[f_1(s-t) + f_2(s-t)]$$

其中

$$f_1(t) = \int_0^t \left[af_2(s) + \frac{1}{2}k_2 f_2(s) + (\lambda_r - \sigma_{C_1})k_2 f_2(s) + \mu \right] ds$$

$$f_2(t) = \frac{-2e^{\sqrt{\Delta_f} t} + 2}{(b - \lambda_r k_1 + \sigma_{C_1} k_1 + \sqrt{\Delta_f})e^{\sqrt{\Delta_f} t} + \sqrt{\Delta_f} - (b - \lambda_r k_1 + \sigma_{C_1} k)}$$

$$\Delta_f = (b - \lambda_r k_1 + \sigma_{C_1} k_1)^2 + 2k_1$$

此外，$D(t,s)$ 满足如下的倒向随机微分方程：

$$\begin{cases} \dfrac{dD(t,s)}{D(t,s)} = r(t)dt + \left(\sigma_{C_1} - f_2(s-t)\right)\sqrt{k_1 r(t) + k_2}\left[\lambda_r \sqrt{k_1 r(t) + k_2}\,dt + dW_r(t)\right] \\ \qquad\qquad + \sigma_{C_2}\left[\nu L(t)dt + \sqrt{L(t)}dW_S(t)\right], \quad s \geq t \\ D(s,s) = C(s) \end{cases} \quad (8\text{-}13)$$

其中，$D(t,s)$ 是在 t 时刻一个到期日为 s 具有收益 $C(s)$ 的资产的价格，通过对 $D(t,s)$ 关于 s 从 t 到 T 进行积分，可以得到 t 到 T 之间的现金流在 t 时刻时的价格。定义 $F(t,T) = \int_t^T D(t,s)\,ds$，那么：

$$\begin{aligned} dF(t,T) = &-C(t)dt + r(t)F(t,T)dt + \int_t^T D(t,s)\left[\sigma_{C_1} - f_2(s-t)\right]ds \\ &\times \sqrt{k_1 r(t) + k_2}\left[\lambda_r \sqrt{k_1 r(t) + k_2}\,dt + dW_r(t)\right] \\ &+ \sigma_{C_2} F(t,T)\left[\nu L(t)dt + \sqrt{L(t)}dW_S(t)\right] \end{aligned} \quad (8\text{-}14)$$

$F(t,T)$ 与 $[t,T]$ 之间的累计养老缴费可以通过市场上的现金、债券及股票复制：

$$\frac{dF(t,T) + C(t)dt}{F(t,T)} = u_0^F(t)\frac{dS_0(t)}{S_0(t)} + u_B^F(t)\frac{dB_K(t)}{B_K(t)} + u_S^F(t)\frac{dS(t)}{S(t)}$$

其中，$u_0^F(t)$，$u_B^F(t)$ 和 $u_S^F(t)$ 分别表示配置于现金、债券和股票中的金额：

$$u_0^F(t) = 1 - u_B^F(t) - u_S^F(t)$$

$$u_B^F(t) = \frac{\int_t^T D(t,s)\left[\sigma_{C_1} - f_2(s-t)\right]\mathrm{d}s - \sigma_S \sigma_{C_2} F(t,T)}{h(K)F(t,T)}$$

$$u_S^F(t) = \sigma_{C_2}$$

比较式（8-4）、式（8-5）和式（8-14）的系数，很容易验证。

此外，在 t 时刻最低生活保障 $G(T)$，$t \leq T$ 的价值为

$$G(t) = \int_T^w g(s)B(t,s)_{s-T}p_T \mathrm{d}s, \quad t \leq T$$

同时，$G(t)$ 也满足如下的随机微分方程：

$$\begin{aligned}\mathrm{d}G(t) = {} & r(t)G(t)\mathrm{d}t + \int_T^w g(s)B(t,s)h(s-t)\mathrm{d}s\sqrt{k_1 r(t) + k_2} \\ & \times \left[\lambda_r\sqrt{k_1 r(t) + k_2}\,\mathrm{d}t + \mathrm{d}W_r(t)\right]\end{aligned} \quad (8\text{-}15)$$

由于 $G(t)$ 只和利率的风险有关，同时利率风险的市场风险价格是唯一的，所以，$G(t)$ 能够通过现金 $S_0(t)$ 和债券 $B_K(t)$ 进行复制：

$$\begin{cases}\dfrac{\mathrm{d}G(t)}{G(t)} = u_0^G(t)\dfrac{\mathrm{d}S_0(t)}{S_0(t)} + u_B^G(t)\dfrac{\mathrm{d}B_K(t)}{B_K(t)} \\ u_0^G(t) = 1 - u_B^G(t) \\ u_B^G(t) = \dfrac{\int_T^w g(s)B(t,s)h(s-t)\mathrm{d}s}{h(K)G(t)}\end{cases} \quad (8\text{-}16)$$

其中，$u_0^G(t)$ 和 $u_B^G(t)$ 分别是配置于现金和债券中的金额。

记 $Y(t) = X(t) + F(t,T) - G(t)$，可以将原始的优化问题转化成简单的投资优化问题，直接对 $Y(t)$ 求微分，可以得到 $Y(t)$ 的随机微分方程如下：

$$\begin{aligned}\frac{\mathrm{d}Y(t)}{Y(t)} = {} & r(t)\mathrm{d}t + \left[u_B^Y(t)h(K) + u_S^Y(t)\sigma_S\right]\sqrt{k_1 r(t) + k_2}\left[\lambda_r\sqrt{k_1 r(t)+k_2}\,\mathrm{d}t + \mathrm{d}W_r(t)\right] \\ & + u_S^Y(t)\left[\nu L(t)\mathrm{d}t + \sqrt{L(t)}\,\mathrm{d}W_S(t)\right]\end{aligned} \quad (8\text{-}17)$$

其中

$$u_B^Y(t) = \frac{u_B(t)X(t) + u_B^F(t)F(t,T) - u_B^G(t)G(t)}{Y(t)}$$

$$u_S^Y(t) = \frac{u_S(t)X(t) + u_S^F(t)F(t,T)}{Y(t)} \quad (8\text{-}18)$$

由于在退休时刻 T，$Y(T) = X(T) - G(T)$，原问题中的约束 $X(T) \geqslant G(T)$ 等价于 $Y(T) \geqslant 0$。同时由于辅助过程 $Y(t)$ 是自融资的，$Y(0) = X(0) - F(0,T) - G(0) \geqslant 0$ 是保证可行解存在且 $Y(T) \geqslant 0$ 的充要条件，所以我们要求 $X(0) - F(0,T) - G(0) \geqslant 0$，记 $u^Y(t) = (u_B^Y(t), u_S^Y(t))$，若按照式（8-18）得出的 $u(\cdot) \in \Pi$ 则称 $u^Y(\cdot)$ 是可行的，若 $u^Y(\cdot)$ 是可行的，同样的记 $u^Y(\cdot) \in \Pi$。那么可以将式（8-11）转化为如下的投资组合问题：

$$\begin{cases} \max_{u^Y(\cdot)\in\Pi} E[U(Y(T))] \\ \text{s.t.} \quad Y(T) \geqslant 0 \text{ 且 } (Y(t), u(t)) \text{ 满足式（8-17）} \end{cases} \quad (8\text{-}19)$$

8.3　HJB 方程与最优策略

8.3.1　HJB 方程

在加入随机利率和波动率之后市场是不完备的，对于式（8-19）鞅方法不再适用，下面利用随机动态规划方法进行求解，记 $V(t,y,r,l) = E[U(Y(T)) | Y(t) = y, r(t) = r, L(t) = l]$，即已知 t 时刻状态的情况下终端财富效用的最大值，有如下的定理。

定理 8.1　和式（8-19）相关的 HJB 方程如下：

$$\begin{aligned} \sup_{u^Y(t)\in\Pi} \{ & V_t + V_y y \left[r + \left(u_B^Y h(K) + u_S^Y \sigma_S \right) \lambda_r (k_1 r + k_2) + u_S^Y vl \right] + V_r (a - br) \\ & + \alpha V_l (\delta - l) + \frac{1}{2} V_{yy} y^2 [u_B^{Y}(k_1 r + k_2)] + \frac{1}{2} V_{yy} y^2 u_S^{Y2} l \\ & + \frac{1}{2} V_{rr} (k_1 r + k_2) + \frac{1}{2} V_{ll} \sigma_L^2 l - V_{yr} y \left(u_B^Y h(K) + u_S^Y \sigma_S \right)(k_1 r + k_2) \\ & + V_{yl} y u_S^Y \sigma_L l \rho_{SL}] = 0 \end{aligned} \quad (8\text{-}20)$$

其中，V_t 是函数 $V(t,y,r,l)$ 关于 t 的一阶导；V_y 和 V_{yy} 分别是 $V(t,y,r,l)$ 关于 y 的一阶导和二阶导；V 的其他脚标为类似定义的导数。

证明　很容易进行验证，见 Fleming 和 Soner（2006）。

8.3.2　辅助问题的解

对上面的 HJB 方程利用一阶条件可以将 $u_B^{Y^*}(t)$ 和 $u_S^{Y^*}(t)$ 用 $V(t,y,r,l)$ 表示出来：

$$\begin{cases} u_B^{Y^*}(t) = \dfrac{V_{yl}\sigma_L\sigma_S\rho_{SL}}{V_{yy}yh(K)} + \dfrac{V_y v\sigma_S}{V_{yy}yh(K)} + \dfrac{V_{yr}}{V_{yy}yh(K)} - \dfrac{V_y\lambda_r}{V_{yy}yh(K)} \\ u_S^{Y^*}(t) = -\dfrac{V_{yl}\sigma_L\rho_{SL}}{V_{yy}y} - \dfrac{V_y v}{V_{yy}y} \end{cases} \quad (8\text{-}21)$$

将式（8-21）代入到 HJB 方程式（8-20），首先得到 $V(t,y,r,l)$ 的显式解，从而得到最优投资策略，有如下定理。

定理 8.2 假设

$$\gamma > \max\left\{\dfrac{2\sigma_L\rho_{SL}v\alpha+\sigma_L^2 v^2}{\alpha^2+2\sigma_L\rho_{SL}v\alpha+\sigma_L^2 v^2}, \dfrac{-2\lambda_r k_1 b + k_1^2\lambda_r^2 + 2k_1}{b^2 - 2\lambda_r k_1 b + k_1^2\lambda_r^2 + 2k_1}, 0\right\}$$

那么最优效用函数和最优投资策略满足下面方程：

$$V(t,x,r,l) = \dfrac{y^{1-\gamma}}{1-\gamma}\exp\left[A_1(t) + A_2(t)r + A_3(t)l\right]$$

$$u_B^{Y^*}(t) = \underbrace{-\dfrac{\sigma_L\sigma_S\rho_{SL}A_3(t)}{\gamma h(K)} - \dfrac{A_2(t)}{\gamma h(K)}}_{B_1} \underbrace{- \dfrac{v\sigma_S}{\gamma h(K)} + \dfrac{\lambda_r}{\gamma h(K)}}_{B_2} \quad (8\text{-}22)$$

$$u_S^{Y^*}(t) = \underbrace{\dfrac{\sigma_S\rho_{SL}}{\gamma}A_3(t)}_{S_1} + \underbrace{\dfrac{v}{\gamma}}_{S_2}$$

其中，$A_1(t)$，$A_2(t)$ 和 $A_3(t)$ 是确定的函数，具体形式如下

$$\begin{cases} A_1(t) = \int_t^T \left\{aA_2(s) + \alpha\delta A_3(s) + \dfrac{1}{2}k_2 A_2^2(s) + \dfrac{1-\gamma}{2\gamma}k_2\right\}\mathrm{d}s \\ A_2(t) = \text{Ricatti}\left(t, T, \dfrac{k_1}{2\gamma}, -\left(b + \dfrac{1-\gamma}{\gamma}\lambda_r k_1\right), (1-\gamma) + \dfrac{1-\gamma}{2\gamma}\lambda_r^2 k_1\right) \\ A_3(t) = \text{Ricatti}\left(t, T, \dfrac{1}{2}\sigma_L^2 + \dfrac{1-\gamma}{2\gamma}\sigma_L^2\rho_{SL}^2, \dfrac{(1-\gamma)}{\gamma}\sigma_L\rho_{SL}v, \dfrac{1-\gamma}{2\gamma}v^2\right) \end{cases}$$

证明 将式（8-21）代入到 HJB 方程式（8-20）中可以得到：

$$\begin{aligned} 0 = {} & V_t + V_y yr + V_r(a - br) + \alpha V_l(\delta - l) + \dfrac{1}{2}V_{rr}(k_1 r + k_2) + \dfrac{1}{2}V_{ll}\sigma_L^2 l \\ & -\dfrac{1}{2V_{yy}}(V_{yr} - V_y\lambda_r)^2(k_1 r + k_2)\dfrac{1}{V_{yy}}(V_{yl}\sigma_L\rho_{SL} + V_y v)^2 l \end{aligned} \quad (8\text{-}23)$$

在 CRRA 效用函数情况下假设最优解中的 y 和 r、l 是可分离的，即最优效用具有如下的形式：

$$V(t,r,l,y) = \frac{y^{1-\gamma}}{1-\gamma} g(t,r,l)$$

其中，$g(t,r,l)$ 是待定的函数，对 V 求微分得到：

$$V_t = \frac{g_t}{g}V, \quad V_y = \frac{(1-\gamma)}{y}V, \quad V_{yy} = -\gamma(1-\gamma)y^{-2}V$$

$$V_r = \frac{g_r}{g}V, \quad V_{rr} = \frac{g_{rr}}{g}V, \quad V_{yr} = \frac{(1-\gamma)g_r}{yg}V$$

$$V_l = \frac{g_l}{g}V, \quad V_{yl} = \frac{(1-\gamma)g_l}{yg}V, \quad V_{ll} = \frac{g_{ll}}{g}V$$

利用上面的表达式，式（8-23）可以变换成：

$$0 = g_t + r(1-\gamma)g + (a-br)g_r + \alpha(\delta-l)g_l + \frac{k_1 r + k_2}{2}g_{rr} + \frac{1}{2}\sigma_L^2 l g_{ll}$$

$$+ \frac{1-\gamma}{2\gamma}g\left(\frac{g_r}{g} - \lambda_r\right)^2 (k_1 r + k_2) + \frac{1-\gamma}{2\gamma}g\left(\sigma_L \rho_{SL}\frac{g_l}{g} + v\right)^2 l$$

上面的方程是关于 $g(t,r,l)$ 的偏微分方程，假设 $g(t,r,l) = \exp[A_1(t) + A_2(t)r + A_3(t)l]$ 并代入到上面的方程同时按照 r 和 l 的阶进行整理：

$$\begin{cases} 0 = A_1'(t) + aA_2(t) + \alpha\delta A_3(t) + \frac{1}{2}k_2 A_2(t)^2 + \frac{1-\gamma}{2\gamma}[A_2(t) - \lambda_r]^2 k_2 \\ + r\left\{A_2'(t) - bA_2(t) + \frac{k_1}{2}A_2(t)^2 + \frac{1-\gamma}{2\gamma}[A_2(t) - \lambda_r]^2 k_1 + (1-\gamma)\right\} \\ + l\left\{A_3'(t) - \alpha A_3(t) + \frac{1}{2}\sigma_L^2 A_3(t)^2 + \frac{1-\gamma}{2\gamma}[\sigma_L \rho_{SL} A_3(t) + v]^2\right\} \\ 0 = A_1(T) = A_2(T) = A_3(T) \end{cases}$$

上面的方程等价于下面三个方程：

$$\begin{cases} 0 = A_1'(t) + aA_2(t) + \alpha\delta A_3(t) + \frac{1}{2}k_2 A_2(t)^2 + \frac{1-\gamma}{2\gamma}[A_2(t) - \lambda_r]^2 k_2 \\ 0 = A_1(T) \end{cases} \quad (8\text{-}24)$$

$$\begin{cases} 0 = A_2'(t) - bA_2(t) + \frac{k_1}{2}A_2(t)^2 + \frac{1-\gamma}{2\gamma}[A_2(t) - \lambda_r]^2 k_1 + (1-\gamma) \\ 0 = A_2(T) \end{cases} \quad (8\text{-}25)$$

$$\begin{cases} 0 = A_3'(t) - \alpha A_3(t) + \frac{1}{2}\sigma_L^2 A_3(t)^2 + \frac{1-\gamma}{2\gamma}[\sigma_L \rho_{SL} A_3(t) + v]^2 \\ 0 = A_3(T) \end{cases} \quad (8\text{-}26)$$

式（8-25）和式（8-26）均为 Ricatti 方程，有解：

$$A_2(t) = \text{Ricatti}\left(t, T, \frac{k_1}{2\gamma}, -\left(b + \frac{1-\gamma}{\gamma}\lambda_r k_1\right), (1-\gamma) + \frac{1-\gamma}{2\gamma}\lambda_r^2 k_1\right) \quad (8\text{-}27)$$

$$A_3(t) = \text{Ricatti}\left(t, T, \frac{1}{2}\sigma_L^2 + \frac{1-\gamma}{2\gamma}\sigma_L^2\rho_{SL}^2, \frac{1-\gamma}{\gamma}\sigma_L\rho_{SL}v, \frac{1-\gamma}{2\gamma}v^2\right) \quad (8\text{-}28)$$

在得到 $A_2(t)$ 和 $A_3(t)$ 的解之后，式（8-23）的解很容易通过两边积分求得，即定理中的形式。将 $V(t,y,r,l)$ 代入式（8-21）可以得到 $u_B^{Y^*}(t)$ 和 $u_S^{Y^*}(t)$ 的显式表达式，定理得证。

证毕。

从 $u_B^{Y^*}(t)$ 和 $u_S^{Y^*}(t)$ 的形式中可以看到，B_2 和 S_2 两项类似 Deelstra 等（2004）中的最优投资比例，然而在 Deelstra 等（2004）的研究中，市场是完备的，而我们考虑的是一个不完备的市场，B_2 和 S_2 两项可用于在一个完备市场中最大化 CRRA 效用。但是我们的市场与 $W_L(t)$ 的风险有关，所以额外的投资比例 B_1 和 S_1 需要加入以对冲波动率带来的风险，同时这两项与 $L(t)$ 是紧密相关的。从上面的定理中我们也可以看到，在 $\rho_{SL}=0$ 的情况下，即 $W_S(t)$ 与 $W_L(t)$ 是独立的情况下，B_1 和 S_1 都等于 0，即最优的投资比例和 Deelstra 等（2004）的研究是一样的，随机波动率 $L(t)$ 不引起策略的变动，只对最优效用函数有影响。如果我们不能通过购买股票来规避 $W_L(t)$ 的风险，我们将采用和完备市场中相同的投资策略。

8.3.3 最优投资策略

基于 $\left(u_B^Y(t), u_S^Y(t)\right)$ 和 $\left(u_B(t), u_S(t)\right)$ 之间的关系，可以得到原问题的最优投资比例，如下：

$$u_0^*(t) = 1 - u_B^*(t) - u_S^*(t)$$

$$u_B^*(t) = \underbrace{\frac{Y^*(t)}{X^*(t)}u_B^{Y^*}(t)}_{YB} - \underbrace{\frac{F(t,T)}{X^*(t)}u_B^F(t)}_{FB} + \underbrace{\frac{G(t)}{X^*(t)}u_B^G(t)}_{GB} \quad (8\text{-}29)$$

$$u_S^*(t) = \underbrace{\frac{Y^*(t)}{X^*(t)}u_S^{Y^*}(t)}_{YS} - \underbrace{\frac{F(t,T)}{X^*(t)}u_S^F(t)}_{FS}$$

其中，YB 和 YS 分别是辅助问题中配置于债券和股票中的金额；FB 和 FS 分别是缴费率影响下配置于债券和股票中的金额；GB 是最低生活保障影响下配置于债券中的金额。在有养老费率收入及最低生活保障约束的情况下，为了得到最优的效用函数，我们需要在辅助问题的最优解基础上进行调整，如 YB 和 YS 两项，YB 和 YS 两项能够最大化辅助问题的 CRRA 效用函数，但是原问题还有连续的现金流入及最低生活保障，所以我们需要额外利用 FB、FS 和 GB 三项对最优解进行调整，以得到原问题的最优解。

8.4 数值分析

本节中利用蒙特卡罗方法对最优投资策略进行数值模拟，分析市场中参数对最优投资策略的影响。我们利用 CIR 利率模型（$k_2=0$）来对利率风险进行刻画，采用的其他参数如下：$a=0.018\,712$，$X_0=1$，$b=0.2339$，$T=40$，$r_0=0.05$，$l_0=0.02$，$C_0=0.15$，$k_1=0.007\,293\,16$，$k_2=0$，$\lambda_r=1$，$K=20$，$v=1.5$，$\alpha=0.03$，$\delta=0.04$，$\sigma_L=0.03$，$\sigma_S=0.02$，$\rho_{SL}=0.5$，$g=0$，$w=120$，$gT=5$，$\mu=0.02$，$\gamma=2$。

图 8-1 为养老金从初始时刻到退休时刻的最优投资比例，从图 8-1 中可以看到，开始时需要卖空现金，投资到现金中的比例在初始阶段迅速增加，在中间阶段则保持稳定，最后在退休前迅速增加到 0.18。在养老金的缴费阶段，投资在股票中的比例保持在 0.42 以下，投资在股票和现金中的比例增加而投资在债券中的比例从 1.1 减小到 0.42，此外从图 8-1 中可以看到，投资比例主要在开始阶段和临近退休阶段发生变化，而在中间阶段保持平稳。

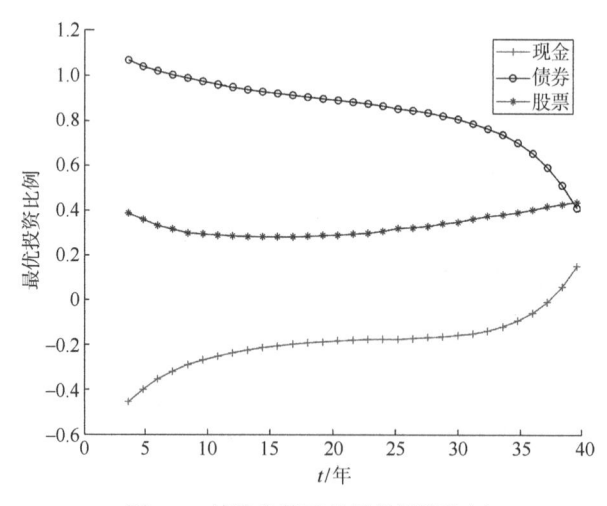

图 8-1　基准参数下的最优投资比例

$\gamma=4$ 的情形如图 8-2 所示，γ 表示养老金的风险厌恶程度，当 γ 增加时，需要对冲更多的风险。利率的风险可以通过购买债券进行对冲，而股票的风险则是无法对冲的，所以相对于前面的情况，投资在股票和债券中的比例均减小，而投资在现金中的比例比前面的情形要稍微高一些，投资在股票中的比例比投资在债券中的比例低，一直保持在 0.2 附近，最优比例随时间变化的特性和前一种情形一致。

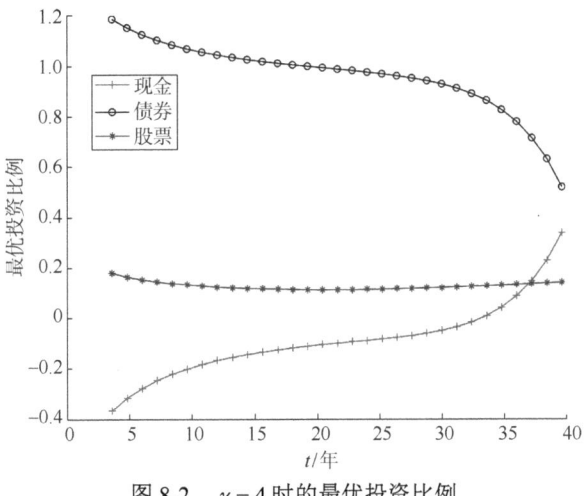

图 8-2　$\gamma = 4$ 时的最优投资比例

图 8-3 和图 8-4 对比了 $gT = 3$ 和 $gT = 0$ 下的最优投资比例，在 $gT = 3$ 时，投资在股票中的比例在 0.6 附近，开始时缓慢减小，然后逐渐增加到超过投资在债券中的比例。投资在债券中的比例则在前 30 年保持稳定，然后在退休前迅速减小到只有 0.2，图 8-4 中，在退休时刻，养老金资金不再有下界的约束养老金管理者，因而管理者将会采取更加激进的投资策略，从图 8-4 中看到，初始时投资在股票中的比例为 1.46，而投资在债券中的比例不到 0.5，不同于图 8-1，在整个管理周期中，图 8-4 中投资在股票中的比例一直比债券中大。

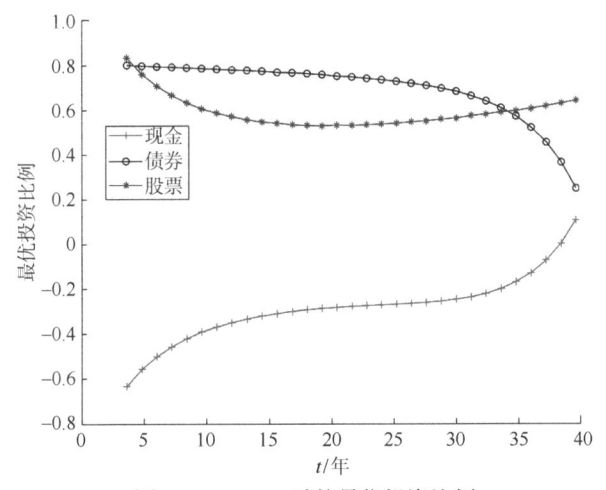

图 8-3　$gT = 3$ 时的最优投资比例

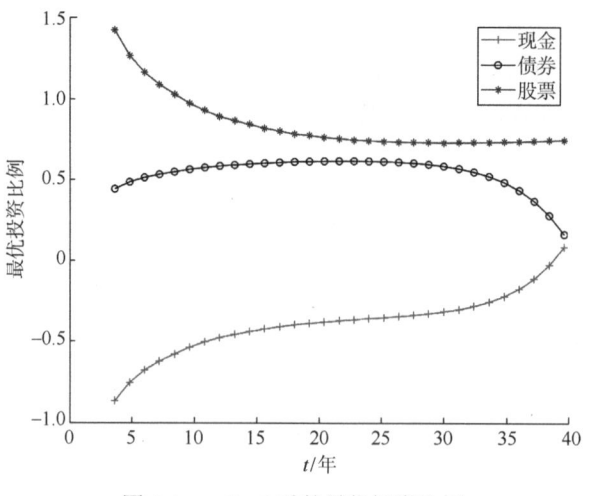

图 8-4　$gT=0$ 时的最优投资比例

图 8-5 对应于 $\rho_{SL}=-1$ 下的最优投资比例，此时，投资在股票中的比例从 0.6 缓慢减小到 0.4，对比图 8-1，可以看到，投资在股票中的比例和相关系数 ρ_{SL} 是负相关的，然而，ρ_{SL} 对投资者债券中最优比例的影响并不明显。

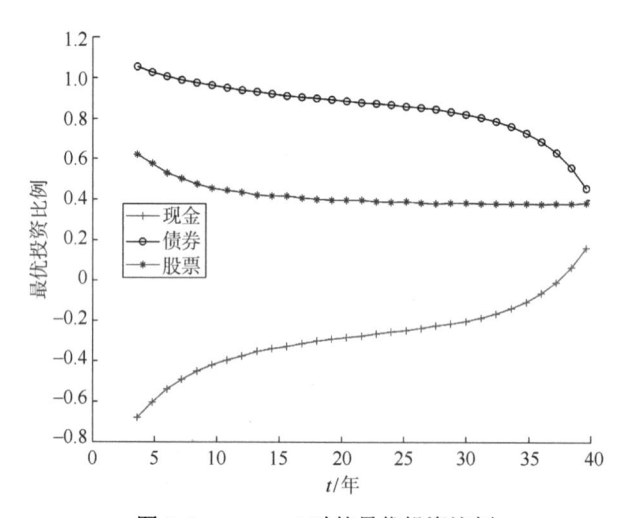

图 8-5　$\rho_{SL}=-1$ 时的最优投资比例

8.5　小　　结

本章中，我们考虑在随机利率及随机波动率下固定缴费型养老金的资金管理问题，假设养老费率是随机的，养老金管理者面临着利率及波动率的风险，同时

第 8 章 考虑随机利率和随机波动率的固定缴费型养老金寿险模型

需要考虑随机的养老费率。此外，为了保障退休时刻的养老金账户安全，在退休时刻养老金需要高于最低生活保障，利率服从一个包含 CIR 利率模型和 Vasicek 利率模型的仿射模型，股票的波动率服从 Heston 随机波动率模型，养老金管理者的目标是最大化退休时刻养老金减去最低生活保障部分的 CRRA 效用的期望。

由于原问题不是自融资的，同时效用函数也不是标准形式，本章首先将原问题转化成一个自融资的问题，然后利用辅助过程将效用函数化成标准形式，最后我们利用随机动态规划方法对问题进行求解，通过导出 HJB 方程可以求得辅助问题的最优解，从而得到原问题的最优解，此外，本章利用蒙特卡罗模拟方法进行数值分析，对比了与完备市场下最优解的区别。

第9章 考虑随机利率和均值回复回报的固定缴费型养老金寿险模型

第 8 章中研究了具有最低生活保障的固定缴费型养老金管理问题，管理者的目标是极大化退休时刻剩余资金的 CRRA 效用，通过辅助问题和随机动态规划方法得到了缴费期养老金的最优资产配置方案，通过 CRRA 效用中的风险厌恶系数可以刻画养老金的风险偏好水平，在实际中，养老金管理者可能会有其他不同的偏好，Markowitz（1952）提出了期望-方差偏好，通过财富期望刻画收益、方差刻画风险，投资者希望极大化收益同时极小化风险，优化目标是一个多目标的优化问题，可转换成带约束的单目标优化问题，即在一定期望水平下使得最小化方差，不同的期望水平对应的最优策略为有效策略，对应的最小化方差为有效边界，通过寻求 MV 偏好下的有效策略和有效边界，养老金管理者可以调整其资产配置方案，以满足不同参保人的需求。

对于养老金而言，由于投资周期比较长，利率水平会影响投资资产的收益率，利率风险始终是养老金投资中面临的主要风险，本章和第 8 章一样，建立随机利率模型，并依此得到现金、债券满足的方程，第 8 章认为股票的波动率是随机的，通过均值回复过程刻画股票的波动率过程，在实践中，股票的收益率一般也是随时间波动的，在牛市期间，股票收益率较大，而在熊市期间，股票收益率较小，收益率的随机性能够影响养老金的资产配置，由于养老金管理周期比较长，很可能会横跨多个牛市、熊市，在构建股票模型时应能反映收益率的变化，本章中，假设股票的收益率是一个均值回复过程，养老金管理者需要在市场中投资以对冲利率和股票收益率风险，养老金管理者的目标是需要在最大化退休时刻期望的同时最小化退休时刻的方差，即在期望-方差准则下进行优化。本章参考 Guan 和 Liang（2015），通过 Lagrange 对偶原理对原问题进行转化为单目标优化问题，然后用随机动态规划方法得到等价问题的解，接着基于 Lagrange 对偶原理的等价关系得到原始问题的有效策略和有效边界，最后，通过数值方法分析参数对有效投资策略和有效边界的影响。

9.1 模型描述

9.1.1 随机利率和均值回复回报下的市场环境

考虑随机利率和均值回复回报下的市场环境，在随机利率和均值回复回报下，类似第 8 章，考虑三种资产：现金、债券及股票。假设股票的收益是一个均值回复过程。

我们采用的随机利率和第 8 章一样，是一个包含 CIR 利率模型和 Vasicek 利率模型的仿射模型：

$$\mathrm{d}r(t) = \left(a - br(t)\right)\mathrm{d}t - \sqrt{k_1 r(t) + k_2}\,\mathrm{d}W_r(t), \quad r(0) = r_0 \tag{9-1}$$

其中，a、b、k_1 和 k_2 是正数；参数含义和 8.1 节中描述一样，r_0 是初始利率水平；$\{W_r(t)\}_{t\geqslant 0}$ 是完备域流概率空间 $(\Omega, \mathcal{F}, \{\mathcal{F}_t\}_{t\geqslant 0}, P)$ 上的标准布朗运动。模型在第 8 章中已经介绍，不再赘述。

在金融市场中，现金 $S_0(t)$ 和零息债券 $B(t,s)$ 的价格分别如下：

$$\frac{\mathrm{d}S_0(t)}{S_0(t)} = r(t)\mathrm{d}t, \quad S(0) = S_0 \tag{9-2}$$

$$\begin{cases} \dfrac{\mathrm{d}B(t,s)}{B(t,s)} = r(t)\mathrm{d}t + h(s-t)\sqrt{k_1 r(t) + k_2}\left[\lambda_r \sqrt{k_1 r(t) + k_2}\,\mathrm{d}t + \mathrm{d}W_r(t)\right] \\ B(s,s) = 1 \end{cases} \tag{9-3}$$

其中，$h(t) = \dfrac{2(\mathrm{e}^{mt} - 1)}{m - (b - k_1 \lambda_r) + \mathrm{e}^{mt}(m + b - k_1 \lambda_r)}$，$m = \sqrt{(b - k_1 \lambda_r)^2 + 2k_1}$；$\lambda_r \sqrt{k_1 r(t) + k_2}$ 是 $W_r(t)$ 的市场风险价格。

关于零息债券的意义及显式表达式在第 8 章中也已经给出，我们考虑投资于一个基于零息债券具有恒定剩余到期期限 K 的滚动式债券 $B_K(t)$：

$$\frac{\mathrm{d}B_K(t)}{B_K(t)} = r(t)\mathrm{d}t + h(K)\sqrt{k_1 r(t) + k_2}\left[\lambda_r \sqrt{k_1 r(t) + k_2}\,\mathrm{d}t + \mathrm{d}W_r(t)\right] \tag{9-4}$$

本章中模型与第 8 章主要的不同点在于：第 8 章假设股票 $S(t)$ 的波动率是随机的，而本章中，基于第 2 章中收益率为均值回复过程的股票模型式（2-18），构造如下的股票模型：

$$\begin{cases} \dfrac{\mathrm{d}S(t)}{S(t)} = r(t)\mathrm{d}t + \sigma_{S_1}\sqrt{k_1 r(t)+k_2}\left[\lambda_r\sqrt{k_1 r(t)+k_2}\mathrm{d}t + \mathrm{d}W_r(t)\right] \\ \qquad\qquad + \sigma_{S_2}\left[L(t)\mathrm{d}t + \mathrm{d}W_S(t)\right] \\ \mathrm{d}L(t) = \alpha(\delta - L(t))\mathrm{d}t + \sigma_L \mathrm{d}W_L(t) \end{cases} \quad (9\text{-}5)$$

其中，α、δ、σ_L、ν 是正数；同时 $W_S(t)$ 和 $W_L(t)$ 是标准的布朗运动，它们之间相关系数为 $\mathrm{Cov}(W_S(t), W_L(t)) = \rho_{SL} t$，假设 $W_r(t)$ 与 $W_S(t)$、$W_r(t)$ 与 $W_L(t)$ 是相互独立的。在模型中，假设股票的波动与利率风险也有关，σ_{S_1} 刻画与利率风险相关的波动率，σ_{S_2} 刻画股票风险的波动率，从模型中也可以看到，$W_S(t)$ 的市场风险价格 $L(t)$ 也是随机的。类似于文献 Pirvu 和 Zhang（2012），α 为 $L(t)$ 的回复速度，$L(t)$ 将会回复到 δ 水平，当 δ 比较大的时候市场风险比较大，股市可以看作牛市，而当 δ 比较小时市场风险较小，股市可以看作熊市，σ_L 刻画股票的市场风险价格 $L(t)$ 的波动率。此外，由于市场风险价格不唯一，金融市场是不完备的。

9.1.2 固定缴费型养老金寿险模型

在养老金中，参保人注入的资金对于养老金的管理是很重要的，参保人注入的养老费可以看作养老金的一个持续的现金收入。假设参保费率是一个如下的随机过程：

$$\begin{aligned} \dfrac{\mathrm{d}C(t)}{C(t)} &= \mu \mathrm{d}t + \sigma_{C_1}\sqrt{k_1 r(t)+k_2}\left[\sqrt{k_1 r(t)+k_2}\lambda_r \mathrm{d}t + \mathrm{d}W_r(t)\right] \\ &\quad + \sigma_{C_2}\left[L(t)\mathrm{d}t + \mathrm{d}W_S(t)\right] \end{aligned} \quad (9\text{-}6)$$

其中，μ 是参保费率的增长率；σ_{C_1} 和 σ_{C_2} 是参保费率的波动率。上面的参保费率类似于股票的价格，我们将看到，这种情况下，尽管市场是不完备的，参保费率仍然可以被市场上的资产复制出来。

在退休前，上面的参保费率可以持续增加养老金的资金。另外，养老金管理者还可以在市场上进行投资组合以规避市场风险。为了简化模型，我们假设市场中没有交易费用、税且允许卖空，那么养老金的财富过程如下：

$$\begin{aligned} \mathrm{d}X(t) &= u_0(t)X(t)\dfrac{\mathrm{d}S_0(t)}{S_0(t)} + u_B(t)X(t)\dfrac{\mathrm{d}B_K(t)}{B_K(t)} \\ &\quad + u_S(t)X(t)\dfrac{\mathrm{d}S(t)}{S(t)} + C(t)\mathrm{d}t, \quad X(0) = X_0 \end{aligned} \quad (9\text{-}7)$$

其中，$u_0(t)$、$u_B(t)$、$u_S(t)$ 分别是投资在现金、债券及股票中的比例；X_0 为养老金初始价值。

将式（9-2）、式（9-4）和式（9-5）代入式（9-7）中可以得到：

$$\begin{aligned}\mathrm{d}X(t) = &\, r(t)X(t)\mathrm{d}t + X(t)\left[u_B(t)h(K) + u_S(t)\sigma_{S_1}\right] \\ &\times \left[\lambda_r(k_1 r(t) + k_2)\mathrm{d}t + \sqrt{k_1 r(t) + k_2}\,\mathrm{d}W_r(t)\right] \\ &+ u_S(t)X(t)\sigma_{S_2}\left[L(t)\mathrm{d}t + \mathrm{d}W_S(t)\right] + C(t)\mathrm{d}t\end{aligned} \quad (9\text{-}8)$$

记 $u(t) = (u_B(t), u_S(t))$，我们关注 $u(\cdot)$ 的可行域。若其满足如下的条件，$u(\cdot)$ 被称为可行的。

（1）$u(t)$ 关于完备域流概率空间 $(\Omega, \mathcal{F}, \{\mathcal{F}_t\}_{t\geq 0}, P)$ 是循序可测的。

（2）$E\left\{\int_0^T X(t)^2 \left[u_B(t)h(K) + u_S(t)\sigma_S\right]^2 (k_1 r(t) + k_2) + u_S(t)^2 X(t)^2 \mathrm{d}t\right\} < +\infty$。

（3）在初始条件 $(t_0, r_0, L(0), X(0)) \in [0,T] \times (0,+\infty)^3$ 下，式（9-8）具有唯一解。

记 $u(\cdot)$ 的所有可行解为 $\varPi$，即可行域。

9.2 最优问题与问题转换

9.2.1 期望-方差效用下的控制与优化问题

针对固定缴费型养老金计划，我们研究期望-方差准则下的最优问题。在期望-方差准则中，投资者视方差为风险，期望为收益，投资者需要在财富的期望和方差之间寻找一个平衡，最原始的期望-方差问题是如下的一个两目标问题，即在最大化退休时刻财富的期望的同时最小化方差。期望-方差问题如下：

$$\begin{aligned}&\max \left\{E[X(T)], -\mathrm{Var}[X(T)]\right\} \\ &\text{s.t.} \begin{cases} u(t) \in \varPi \\ (X(t), u(t)) \text{ 满足式（9-8）}\end{cases}\end{aligned} \quad (9\text{-}9)$$

其中，$E[X(T)]$ 是终端财富 $X(T)$ 的期望；$\mathrm{Var}[X(T)]$ 是终端财富 $X(T)$ 的方差。如果由 $u^*(t)$ 求解出的 $X^*(\cdot)$ 是上面问题的解，那么策略 $u^*(\cdot)$ 被称为有效的策略。对应的向量 $\{E[X^*(T)], \mathrm{Var}[X^*(T)]\}$ 被称为期望-方差平面上的一个有效点，所有的有效点构成一个有效边界，由于期望-方差问题是一个两目标的优化问题，问题存在很多的有效点，期望-方差问题的目的就是寻找有效点，进而找出有效边界。

上面的问题是一个两目标的优化问题，需要先将问题转化成一个单目标的优化问题，然后对单目标的优化问题进行求解。事实上，基于 Bai 和 Zhang（2008）的研究，式（9-9）等价于首先对财富的期望进行约束，然后最小化财富的方差，即

$$\min E[X(T)-d]^2$$
$$\text{s.t.} \begin{cases} E[X(T)] = d \\ u(\cdot) \in \Pi \\ (X(t), u(t)) \text{ 满足式（9-8）} \end{cases} \tag{9-10}$$

其中，d 是事先设定的均值水平，式（9-10）是一个带约束的凸优化问题，优化问题中的约束可以通过 Lagrange 乘子法消除，式（9-10）的 Lagrange 对偶问题如下：

$$\min E[X(T)-d]^2 + 2\beta\{E[X(T)]-d\}$$
$$\text{s.t.} \begin{cases} u(\cdot) \in \Pi \\ (X(t), u(t)) \text{ 满足式（9-8）} \end{cases} \tag{9-11}$$

其中，β 是 Lagrange 乘子。β 同样可以看作期望-方差问题的风险厌恶系数，当 β 比较小时，养老金管理者对财富的风险更加敏感，将会更多地投资于无风险资产。基于 Lagrange 对偶理论，原问题式（9-9）的最优解可以通过关于 $\beta \in \mathbb{R}$ 最大化问题式（9-11）得到的最优效用函数得到。

记 $G = d - \beta$，重新整理式（9-11）如下：

$$\min E[X(T)-G]^2 - \beta^2$$
$$\text{s.t.} \begin{cases} u(\cdot) \in \Pi \\ (X(t), u(t)) \text{ 满足式（9-8）} \end{cases} \tag{9-12}$$

其中，G 是引入的待定常数。

9.2.2 问题等价转换

式（9-12）类似于一个随机线性二次控制问题，记 $V(t,x,r,l) = \min E([X(T)-G]^2 \mid X(t)=x, r(t)=r, L(t)=l) - \beta^2$，代表已知 t 时刻的所有状态时的最优值函数，我们可以利用随机动态规划方法对式（9-12）进行求解。但是由于财富中有连续的参保收入，同时目标函数中的 $X(T)$ 不是可分离的，如果直接利用随机动态规划方法对式（9-12）进行求解，求解过程将十分烦琐。从式（9-12）中观察到效用函数类似于 $\gamma = -1$ 情形下的 CRRA 效用，我们先把式（9-12）转换成一个自融资的辅助问题，问题中的效用函数类似于 CRRA 幂形式效用。

第9章 考虑随机利率和均值回复回报的固定缴费型养老金寿险模型

下面按照如下步骤对式 (9-12) 进行简化，首先利用衍生品定价的理论来对养老费率进行复制，求解在 s 时刻到期的具有 $C(s)$ 收益的资产在 t 时刻的价格 $D(t,s)$，$s \geq t$。从金融市场模型中可以看出，$W_r(t)$ 的市场风险价格为 $\lambda_r \sqrt{k_1 r(t) + k_2}$，$W_S(t)$ 的市场风险价格为 $L(t)$。由于 $C(t)$ 的特殊形式，$D(t,s)$ 具有表达式 $D(t,s) = D(t,C,r)$，能够被唯一的定价：

$$D_t + D_C C\mu + D_r(a-br) + \frac{1}{2}D_{rr}(k_1 r + k_2) - D_{Cr}C\sigma_{C_1}(k_1 r + k_2)$$
$$= -\frac{1}{2}D_{CC}C^2\left[\sigma_{C_1}^2(k_1 r + k_2) + \sigma_{C_2}^2\right] + rD - \lambda_r D_r(k_1 r + k_2), \quad D(s,s) = C(s) \tag{9-13}$$

其中，D_t 是函数 $D(t,C,r)$ 关于 t 的一阶导；D_C 和 D_{CC} 分别是 $D(t,C,r)$ 关于 C 的一阶导和二阶导；D_r 和 D_{rr} 分别是 $D(t,C,r)$ 关于 r 的一阶导和二阶导；$D(t,s)$ 的显式表达式为 $D(t,s) = C(t)\exp\left[f_1(s-t)r(t) + f_2(s-t)r(t)\right]$，其中：

$$f_2(t) = \frac{-2e^{\sqrt{\Delta_f}t} + 2}{\left(b - \lambda_r k_1 + \sigma_{C_1}k_1 + \sqrt{\Delta_f}\right)e^{\sqrt{\Delta_f}t} + \sqrt{\Delta_f} - \left(b - \lambda_r k_1 + \sigma_{C_1}k_1\right)}$$

$$f_1(t) = \int_0^t \left[af_2(s) + \frac{1}{2}k_2 f_2((s)^2) + (\lambda_r - \sigma_{C_1})k_2 f_2(s) + \mu\right]ds$$

$$\Delta_f = (b - \lambda_r k_1 + \sigma_{C_1}k_1)^2 + 2k_1$$

此外，$D(t,s)$ 满足如下的倒向随机微分方程：

$$\begin{cases} \dfrac{dD(t,s)}{D(t,s)} = r(t)dt + \left(\sigma_{C_1} - f_2(s-t)\right)\sqrt{k_1 r(t) + k_2} \\ \qquad\qquad \times \left[\lambda_r \sqrt{k_1 r(t) + k_2}dt + dW_r(t)\right] + \sigma_{C_2}\left[L(t)d + dW_S(t)\right], \quad s \geq t \\ D(s,s) = C(s) \end{cases} \tag{9-14}$$

其中，$D(t,s)$ 是在 t 时刻一个到期日为 s 的具有收益 $C(s)$ 的资产的价格，通过对 $D(t,s)$ 在 $[t,T]$ 中关于 s 进行积分可以得到 t 到 T 之间的现金流在 t 时刻的价值。定义 $F(t,T) = \int_t^T D(t,s)ds$，对其求微分有

$$dF(t,T) = -C(t)dt + r(t)F(t,T)dt + \int_s^T D(t,s)\left(\sigma_{C_1} - f_2(s-t)\right)ds$$
$$\times \sqrt{k_1 r(t) + k_2}\left[\lambda_r \sqrt{k_1 r(t) + k_2}dt + dW_r(t)\right] \tag{9-15}$$
$$+ \sigma_{C_2}F(t,T)\left[L(t)dt + dW_S(t)\right]$$

关于 $F(t,T)$ 有如下的性质，$F(t,T)$ 和连续的养老费率能够被市场上的现金、债券及股票进行复制：

$$\frac{\mathrm{d}F(t,T)+C(t)\mathrm{d}t}{F(t,T)}=u_0^F(t)\frac{\mathrm{d}S_0(t)}{S_0(t)}+u_B^F(t)\frac{\mathrm{d}B_K(t)}{B_K(t)}+u_S^F(t)\frac{\mathrm{d}S(t)}{S(t)} \quad (9\text{-}16)$$

其中，$u_0^F(t)$，$u_B^F(t)$ 和 $u_S^F(t)$ 分别是复制策略中配置于现金、债券和股票中的金额，具体如下：

$$u_0^F(t)=1-u_B^F(t)-u_S^F(t)$$

$$u_B^F(t)=\frac{\int_t^T \sigma_{S_2}D(t,s)\left[\sigma_{C_1}-f_2(s-t)\right]\mathrm{d}s-\sigma_{S_1}\sigma_{C_2}F(t,T)}{\sigma_{S_2}h(K)F(t,T)}$$

$$u_S^F(t)=\frac{\sigma_{C_2}}{\sigma_{S_2}}$$

比较式（9-15）、式（9-2）、式（9-4）的系数，很容易验证。

此外，为了消除问题式（9-12）中 G 一项，记在 T 时刻为 G 的资产在时刻 t 的价值为 $G(t,T)$，自然地有 $G(t,T)=GB(t,T)$。$G(t,T)$ 的微分形式很容易通过 $B(t,T)$ 得到：

$$\begin{cases}\dfrac{\mathrm{d}G(t,T)}{G(t,T)}=r(t)\mathrm{d}t+h(T-t)\sqrt{k_1r(t)+k_2}\left[\lambda_r\sqrt{k_1r(t)+k_2}\mathrm{d}t+\mathrm{d}W_r(t)\right]\\ G(T,T)=G\end{cases} \quad (9\text{-}17)$$

$G(t,T)$ 只与利率风险有关，可以被市场上的现金和债券进行复制：

$$\frac{\mathrm{d}G(t,T)}{G(t,T)}=u_0^G(t)\frac{\mathrm{d}S_0(t)}{S_0(t)}+u_B^G(t)\frac{\mathrm{d}B_K(t)}{B_K(t)}$$

其中，$u_0^G(t)$ 和 $u_B^G(t)$ 分别是复制策略中配置于现金和债券中的金额，具体如下：

$$u_0^G(t)=1-u_B^G(t)$$

$$u_B^G(t)=\frac{h(T-t)}{h(K)}$$

比较式（9-17）、式（9-2）、式（9-4）的系数，易得。

记 $Y(t)=X(t)+F(t,T)-G(t,T)$，可以将式（9-12）转换成下面简单形式的最优投资问题，直接关于 $Y(t)$ 求微分，有

$$\begin{aligned}\frac{\mathrm{d}Y(t)}{Y(t)}=&r(t)\mathrm{d}t+\left[u_B^Y(t)h(K)+u_S^Y(t)\sigma_{S_1}\right]\sqrt{k_1r(t)+k_2}\\ &\times\left[\lambda_r\sqrt{k_1r(t)+k_2}\mathrm{d}t+\mathrm{d}W_r(t)\right]+u_S^Y(t)\sigma_{S_2}\left[L(t)\mathrm{d}t+\mathrm{d}W_S(t)\right]\end{aligned} \quad (9\text{-}18)$$

其中，

$$u_0^Y(t) = 1 - u_B^Y(t) - u_S^Y(t)$$

$$u_B^Y(t) = \frac{u_B(t)X(t) + u_B^F(t)F(t,T) - u_B^G(t)G(t)}{Y(t)} \quad (9\text{-}19)$$

$$u_S^Y(t) = \frac{u_S(t)X(t) + u_S^F(t)F(t,T)}{Y(t)}$$

记 $u^Y(t) = \left(u_B^Y(t), u_S^Y(t)\right)$，若通过式（9-19）中的关系计算出来的对应的 $u(\cdot) \in \Pi$，我们称 $u^Y(\cdot)$ 是可行解。若 $u^Y(\cdot)$ 是可行解，我们记 $u(\cdot) \in \Pi$。由于在退休时刻有 $G(T,T) = G$，$F(T,T) = 0$，所以 $Y(T) = X(T) - G$。式（9-12）等价于下面的问题：

$$\min E\left[Y(T)^2\right] - \beta^2$$

$$\text{s.t.} \begin{cases} u^Y(\cdot) \in \Pi \\ (Y(t), u^Y(t)) \text{ 满足式（9-19）} \end{cases} \quad (9\text{-}20)$$

9.3 HJB 方程与最优策略

9.3.1 HJB 方程

式（9-20）是一个自融资的最优投资策略问题，由于市场是不完备的，鞅方法不适用。我们可以利用随机动态规划方法对问题进行求解，记 $V(t,y,r,l) = \inf E[(Y(T))^2 \mid Y(t) = y, r(t) = r, L(t) = l]$，代表已知 t 时刻金融市场的状态 (y,r,l) 时财富平方期望的最小值。对应的 HJB 方程如下：

$$\begin{aligned}
\inf_{u^Y(t) \in \Pi} &\Big\{ V_t + V_y y \left[r + \left(u_B^Y h(K) + u_S^Y \sigma_{S_1}\right) \lambda_r (k_1 r + k_2) + u_S^Y \sigma_{S_2} l \right] + V_r (a - br) \\
&+ \alpha V_l (\delta - l) + \frac{1}{2} V_{yy} y^2 \left[u_B^Y h(K) + u_S^Y \sigma_{S_1}\right]^2 (k_1 r + k_2) + \frac{1}{2} V_{yy} y^2 u_S^{Y2} \sigma_{S_2}^2 \\
&+ \frac{1}{2} V_{rr} (k_1 r + k_2) + \frac{1}{2} V_{ll} \sigma_L^2 - V_{yr} y \left(u_B^Y h(K) + u_S^Y \sigma_{S_1}\right)(k_1 r + k_2) \\
&+ V_{yl} y u_S^Y \sigma_L \sigma_{S_2} \rho_{SL} \Big\} = 0
\end{aligned} \quad (9\text{-}21)$$

其中，V_t 是函数 $V(t,y,r,l)$ 关于 t 的一阶导；V_y 和 V_{yy} 分别是 $V(t,y,r,l)$ 关于 y 的一阶导和二阶导；$V(t,y,r,l)$ 的其他下脚标定义类似。

9.3.2 辅助问题的解

利用 HJB 方程的一阶条件，我们可以用 $V(t,y,r,l)$ 表示出 $u_B^{Y*}(t)$ 和 $u_S^{Y*}(t)$：

$$u_B^{Y*}(t) = \frac{V_{yl}\sigma_L\sigma_{S_1}\rho_{SL}}{V_{yy}y\sigma_{S_2}h(K)} + \frac{V_y l\sigma_{S_1}}{V_{yy}y\sigma_{S_2}h(K)} + \frac{V_{yr}}{V_{yy}yh(K)} - \frac{V_y\lambda_r}{V_{yy}yh(K)} \quad (9\text{-}22)$$

$$u_S^{Y*}(t) = -\frac{V_{yl}\sigma_L\rho_{SL}}{V_{yy}y\sigma_{S_2}} - \frac{V_y l}{V_{yy}y\sigma_{S_2}}$$

将上面两个方程代入 HJB 式（9-21）中，可以得到 $V(t,y,r,l)$ 的显式表达式及最优投资策略，有如下的定理。

定理 9.1 基于前面的 HJB 式（9-21），可以得到最优的效用函数及最优的投资策略如下：

$$V(t,x,r,l) = y^2 \exp\left[A(t) + B(t)r + C(t)l + D(t)l^2\right] - \beta^2 \quad (9\text{-}23)$$

$$\begin{cases} u_B^{Y*}(t) = \dfrac{\sigma_{S_1}\sigma_L\rho_{SL}\left[C(t) + 2D(t)L(t)\right]}{\sigma_{S_2}h(K)} + \dfrac{\sigma_{S_1}L(t)}{\sigma_{S_2}h(K)} + \dfrac{B(t) - \lambda_r}{h(K)} \\[2mm] u_S^{Y*}(t) = -\dfrac{L(t)}{\sigma_{S_2}} - \dfrac{\sigma_L\rho_{SL}}{\sigma_{S_2}}\left[C(t) + 2D(t)L(t)\right] \end{cases} \quad (9\text{-}24)$$

其中，$A(t)$、$B(t)$、$C(t)$ 和 $D(t)$ 是确定性的函数，表达式如下：

$$A(t) = \int_t^T \left\{(a + 2k_2\lambda_r)B(u) + \alpha\delta C(u) + \left(\frac{1}{2}\sigma_L^2 - \sigma_L^2\rho_{SL}^2\right)C(u)^2 \right.$$
$$\left. -\frac{1}{2}k_1 B(u)^2 + \sigma_L^2 D(u) - k_2\lambda_r^2\right\} du$$

$$C(t) = 2\alpha\delta\int_t^T D(u)e^{\int_t^u \left[2\sigma_L^2 D(s) - 4\sigma_L^2\rho_{SL}^2 D(s) - \alpha - 2\sigma_L\rho_{SL}\right]ds} du$$

$$B(t) = \text{Ricatti}\left(t, T, -\frac{1}{2}k_1, 2k_1\lambda_r - b, 2 - k_1\lambda_r^2\right)$$

$$D(t) = \text{Ricatti}\left(t, T, 2\sigma_L^2 - 4\sigma_L^2\rho_{SL}^2, -4\sigma_L\rho_{SL} - 2\alpha, -1\right)$$

证明 将式（9-22）代入 HJB 式（9-21）中可以得到：

$$V_t + V_y yr + V_r(a - br) + \alpha V_l(\delta - l) + \frac{1}{2}V_{rr}(k_1 r + k_2) + \frac{1}{2}V_{ll}\sigma_L^2$$
$$-\frac{1}{2V_{yy}}(V_{yr} - V_y\lambda_r)^2(k_1 r + k_2) - \frac{1}{2V_{yy}}(V_{yl}\sigma_L\rho_{SL} + V_y l)^2 = 0$$

猜测 $V(t,y,r,l)$ 是如下的形式：

$$V(t,r,l,y) = y^2 g(t,r,l)$$

其中，$g(t,r,l)$ 是待定的未知函数。关于 V 求微分，则有

$$V_t = y^2 g_t, \quad V_y = 2yg, \quad V_{yy} = 2g$$
$$V_r = y^2 g_r, \quad V_{rr} = y^2 g_{rr}, \quad V_{yr} = 2yg_r$$
$$V_l = y^2 g_l, \quad V_{yl} = 2yg_l, \quad V_{ll} = y^2 g_{ll}$$

利用上面的表达式，式（9-21）可以被转化为

$$g_t + 2rg + (a-br)g_r + \alpha(\delta-l)g_l + \frac{k_1 r + k_2}{2}g_{rr}$$
$$+ \frac{1}{2}\sigma_L^2 g_{ll} - g\left(\frac{g_r}{g} - \lambda_r\right)^2 (k_1 r + k_2) - g\left(\sigma_L \rho_{SL}\frac{g_l}{g} + l\right)^2 = 0$$

上面的方程是关于 $g(t,r,l)$ 的偏微分方程，假设 $g(t,r,l)$ 为如下的形式 $g(t,r,l)$
$= \exp\left[A(t) + B(t)r + C(t)l + D(t)l^2\right]$，代入上面的方程并按 r、l 和 l^2 的阶进行整理，则有

$$A'(t) + aB(t) + \alpha\delta C(t) + \frac{1}{2}k_2 B^2(t) + \frac{1}{2}\sigma_L^2 C^2(t) + \sigma_L^2 D(t) - k_2[B(t)-\lambda_r]^2$$
$$-\sigma_L^2 \rho_{SL}^2 C^2(t) + r\left\{B'(t) - bB(t) + \frac{1}{2}k_1 B^2(t) - (B(t)-\lambda_r)^2 k_1 + 2\right\}$$
$$+ l\left\{C'(t) + \left[2\sigma_L^2 D(t) - 4\sigma_L^2 \rho_{SL}^2 D(t) - \alpha - 2\sigma_L \rho_{SL}\right]C(t) + 2\alpha\delta D(t)\right\}$$
$$+ l^2\left\{D'(t) - 2\alpha D(t) + 2\sigma_L^2 D^2(t) - [1 + 2\sigma_L \rho_{SL} D(t)]^2\right\} = 0$$

边界条件为：$A(T) = B(T) = C(T) = D(T) = 0$。其中，$A'(t)$、$B'(t)$、$C'(t)$ 和 $D'(t)$ 分别是函数 $A(t)$、$B(t)$、$C(t)$ 和 $D(t)$ 的一阶导函数。

上面的方程等价于下面四组方程：

$$A'(t) + aB(t) + \alpha\delta C(t) + \frac{1}{2}k_2 B^2(t) + \frac{1}{2}\sigma_L^2 C^2(t) + \sigma_L^2 D(t)$$
$$-k_2\left[B(t) - \lambda_r\right]^2 - \sigma_L^2 \rho_{SL}^2 C^2(t) = 0, \quad A(T) = 0 \tag{9-25}$$

$$B'(t) - bB(t) + \frac{1}{2}k_1 B^2(t) - \left[B(t) - \lambda_r\right]^2 k_1 + 2 = 0, \quad B(T) = 0 \tag{9-26}$$

$$C'(t) + \left[2\sigma_L^2 D(t) - 4\sigma_L^2 \rho_{SL}^2 D(t) - \alpha - 2\sigma_L \rho_{SL}\right]C(t)$$
$$+ 2\alpha\delta D(t) = 0, \quad C(T) = 0 \tag{9-27}$$

$$D'(t) - 2\alpha D(t) + 2\sigma_L^2 D^2(t) - \left[1 + 2\sigma_L \rho_{SL} D(t)\right]^2 = 0, \quad D(T) = 0 \tag{9-28}$$

首先我们求解式（9-26）和式（9-28）的显式解。式（9-26）和式（9-28）形式比较接近，都是 Ricatti 常微分方程，可以得到函数 $B(t)$ 和 $D(t)$ 的具体形式：

$$B(t) = \text{Ricatti}\left(t, T, -\frac{1}{2}k_1, 2k_1\lambda_r - b, 2 - k_1\lambda_r^2\right)$$

$$D(t) = \text{Ricatti}\left(t, T, 2\sigma_L^2 - 4\sigma_L^2\rho_{SL}^2, -4\sigma_L\rho_{SL} - 2\alpha, -1\right)$$

式（9-25）和式（9-27）可以在得到 $B(t)$ 和 $D(t)$ 之后进行求解。式（9-27）是一个一阶微分方程，解的形式如下：

$$C(t) = 2\alpha\delta\int_t^T D(u) e^{\int_t^u \left[2\sigma_L^2 D(s) - 4\sigma_L^2\rho_{SL}^2 D(s) - \alpha - 2\sigma_L\rho_{SL}\right]ds} du$$

$C(t)$ 的形式中的积分因子没有原函数，所以只能通过数值方法进行计算求解，同样的对于 $A(t)$，我们也可以在式（9-25）两边从 t 到 T 进行积分求解，$A(t)$ 也没有显式表达式，只能通过数值方法求解。

证毕。

9.3.3 有效投资策略和有效边界

定理 9.1 得出了式（9-20）的最优解，由于式（9-20）和式（9-12）是等价的，最优目标是相同的而最优的投资策略由式（9-19）导出。式（9-12）的最优策略如下：

$$u_0^*(t) = 1 - u_B^*(t) - u_S^*(t)$$

$$u_B^*(t) = \frac{Y^*(t)}{X^*(t)}u_B^{Y*}(t) - \frac{F(t,T)}{X^*(t)}u_B^F(t) + \frac{G(t)}{X^*(t)}u_B^G(t) \qquad (9\text{-}29)$$

$$u_S^*(t) = \frac{Y^*(t)}{X^*(t)}u_S^{Y*}(t) - \frac{F(t,T)}{X^*(t)}u_S^F(t)$$

令 $V_1(x_0, r_0, l_0) = \inf_{u(t)\in\Pi} E[X(T) - G]^2 - \beta^2$，那么 $V_1(x_0, r_0, l_0)$ 是式（9-12）的最优目标，由于式（9-12）和式（9-20）是等价关系，令 $t = 0$ 就能得到 $V_1(x_0, r_0, l_0)$，此外 $Y(t) = X(t) + F(t,T) - G(t,T)$，所以 $V_1(x_0, r_0, l_0)$ 的表达式如下：

$$\begin{aligned}V_1(x_0, r_0, l_0) &= y_0^2\exp\left[\Phi(r_0, l_0)\right] - \beta^2 \\ &= \left[x_0 + F(0,T) - G(0,T)\right]^2\exp\left[\Phi(r_0, l_0)\right] - \beta^2 \qquad (9\text{-}30)\\ &= \left[x_0 + F(0,T) - dB(0,T) + \beta B(0,T)\right]^2\exp\left[\Phi(r_0, l_0)\right] - \beta^2\end{aligned}$$

其中，$\Phi(r_0,l_0)$ 是关于 r_0、l_0 的二次函数，$\Phi(r_0,l_0)=A(0)+B(0)r_0+C(0)l_0+D(0)l_0^2$。

式（9-12）是式（9-9）的 Lagrange 对偶问题，式（9-12）和 β 有关。基于 Lagrange 对偶原理，式（9-9）可以通过关于式（9-12）的最优目标求极值进行求解。最优目标 $V_1(x_0,r_0,l_0)$ 是 β 的二次函数，当 $\beta=\beta^*$ 时函数 V_1 达到最大值：

$$\beta^*=\frac{dB(0,T)-F(0,T)-x_0}{B(0,T)-\exp\left[-\Phi(r_0,l_0)\right]B^{-1}(0,T)} \quad (9\text{-}31)$$

将式（9-31）代入到 $V_1(x_0,r_0,l_0)$，能够得到式（9-9）的最优目标，从而得到 $\mathrm{Var}\left[X^*(T)\right]$ 和 $E\left[X^*(T)\right]$ 之间的关系，即有效边界。另外 $G(t,T)$ 和 β 有关，可以同样让 $\beta=\beta^*$ 求得，则固定缴费型养老金的有效边界为

$$\sqrt{\mathrm{Var}\left[X^*(T)\right]}=\left\{E\left[X^*(T)\right]B(0,T)-x_0-F(0,T)\right\}\sqrt{\frac{\exp(\Phi(r_0,l_0))}{1-B((0,T)^2\exp(\Phi(r_0,l_0)))}} \quad (9\text{-}32)$$

当 $E\left[X^*(T)\right]=d$ 时的有效策略为

$$u_{B,\beta^*}^*(t)=\frac{Y^*(t)}{X_{\beta^*}^*(t)}u_B^{Y^*}(t)-\frac{F(t,T)}{X_{\beta^*}^*(t)}u_B^F(t)+\frac{G_{\beta^*}(t)}{X_{\beta^*}^*(t)}u_B^{G_{\beta^*}}(t)$$

$$u_{S,\beta^*}^*(t)=\frac{Y^*(t)}{X_{\beta^*}^*(t)}u_S^{Y^*}(t)-\frac{F(t,T)}{X_{\beta^*}^*(t)}u_S^F(t)$$

其中，$G_{\beta^*}(t)=\dfrac{F(0,T)+x_0-d\exp\left[-\Phi(r_0,l_0)\right]B^{-1}(0,T)}{B(0,T)-\exp\left[-\Phi(r_0,l_0)\right]B^{-1}(0,T)}B(t,T)$；$F(t,T)$ 由式（9-15）定义，$X_{\beta^*}^*(t)=Y^*(t)-F(t,T)+G_{\beta^*}(t)$。

从上面的表达式中可以看到，在标准差-期望平面上，有效边界是一条斜率为 $\sqrt{\dfrac{\exp(\Phi(r_0,l_0))}{B(0,T)^{-2}-\exp(\Phi(r_0,l_0))}}$ 的射线。有效边界与期望轴相交的点为 $\dfrac{x_0}{B(0,T)}+\dfrac{F(0,T)}{B(0,T)}$，即由初始的金额和所有的养老费组成，在该点时，养老金管理者期望得到风险为 0 的投资组合，将会将所有的资金投入零息债券中去。

9.4 数值分析

本节中分析参数对有效边界和有效投资策略的影响。有效边界如式（9-32）所示，为了方便，利用采用 CIR 的利率模型，同时养老费率是非随机的，下面是采用的参数：$X_0 = 1$，$T = 40$，$K = 20$，$r_0 = 0.05$，$l_0 = 0.4$，$C_0 = 0.15$，$a = 0.018\,712$，$b = 0.2339$，$k_1 = 0.007\,293\,16$，$k_2 = 0$，$\lambda_r = 1$，$\mu = 0.02$，$\sigma_{C_1} = \sigma_{C_2} = 0$，$\alpha = 0.03$，$\delta = 0.2$，$\sigma_L = 0.03$，$\sigma_{S_1} = 0.02$，$\sigma_{S_2} = 0.2$，$\rho_{SL} = 0.5$。

9.4.1 有效边界的数值结果

本节中分析参数对有效边界的影响，有效边界刻画了为得到预期收益需要承担的最小风险。如式（9-32）所示，有效边界在 $[E(X(T)), \mathrm{Var}(X(T))]$ 平面中是一条抛物线，方程同时说明为了得到更多的预期收益，需要承担更大的风险。

图 9-1 对比了参数初始值对有效边界的影响，市场的初始状态反映了市场的初始信息，对有效边界会有显著的影响。当 r_0 从 0.02 增加到 0.08 时，在缴费阶段，预期的利率水平上升，由于现金、债券和股票的回报率是与利率正相关的，在退休时刻养老金金额将会增加。所以如果需要在退休时刻达到相同的预期水平，只需承担更小的风险，如图 9-1 所示。从图 9-1 中也可以看到，有效边界和 $E(X^*(T))$ 轴的交点随着利率增加而变大，即一个无风险的养老金管理者在利率增加时将会得到更多的收益。

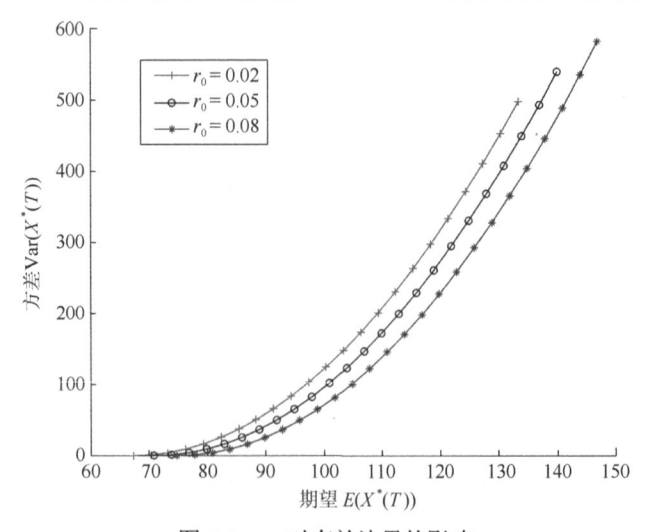

图 9-1 r_0 对有效边界的影响

图 9-2 描述了有效边界和初始值 l_0 的关系，在 l_0 增大的情况下，预期的 $L(t)$ 也增加。市场风险价格 $L(t)$ 表示购买股票时，承担一定风险的收益，如图 9-2 所示，在退休时刻财富的相同的风险水平下，l_0 越大，获得的预期收益也越高。另外，由于 $\sigma_{C_1} = \sigma_{C_2} = 0$ 采用的养老费率是非随机的，通过在现金和债券中进行投资可以获得无风险的投资策略，所以 l_0 对无风险策略没有影响，即不会影响有效边界和 $E(X^*(T))$ 轴的交点。

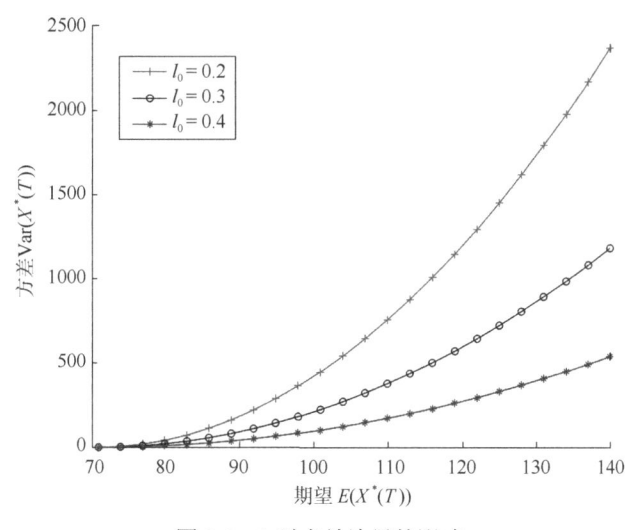

图 9-2 l_0 对有效边界的影响

图 9-3 中显示，养老费率在两个方面对有效边界有影响，C_0 越大，那么养老金管理者在 $[0,T]$ 内会获得更多的财富。一方面，养老费率越大，有效边界与 $E(X^*(T))$ 轴的交点越大，另一方面，当养老费率增加时，为了获得相同的收益，养老金管理者只需投入较少的比例在风险资产中，即承担更少的风险。λ_r 描述利率的市场风险价格，λ_r 对有效边界的影响类似于 l_0，当 λ_r 增加时，有效边界远离 $\mathrm{Var}(X^*(T))$ 轴，然而，无风险策略需要在债券中进行投资，而债券收益率和 λ_r 息息相关。所以不同于 l_0，λ_r 对有效边界与 $E(X^*(T))$ 轴的交点有显著的影响，见图 9-4。

同样地，我们关注波动率 k_1、σ_L 对有效边界的影响，波动率对有效边界的影响比较的复杂。k_1 代表了利率的波动率，当 k_1 增加时，利率波动更频繁，所以，利率的风险增加，债券的价格自然也增加。由于无风险策略将所有的养老费投入

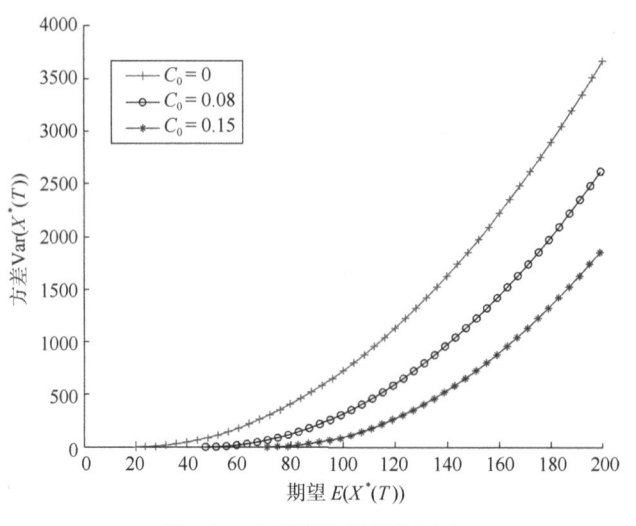

图 9-3　C_0 对有效边界的影响

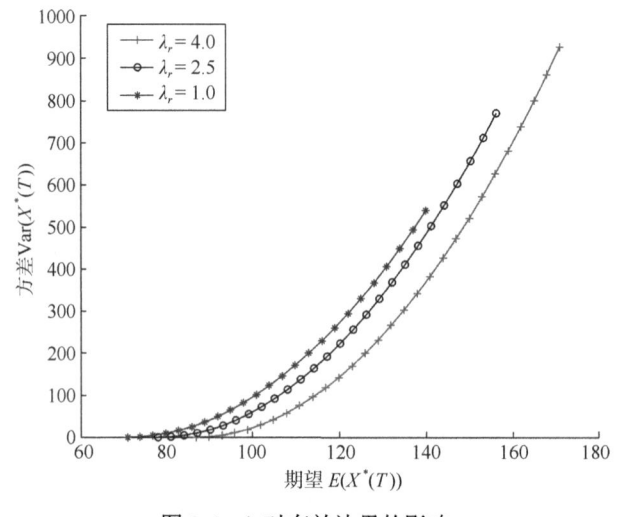

图 9-4　λ_r 对有效边界的影响

债券中，在退休时刻的收益将会减小，另外，$\lambda_r\sqrt{k_1 r(t)+k_2}$ 表示利率的市场风险价格，为了得到相同的预期收益，k_1 越大，需要承担的风险将越小，所以如图 9-5 所示，k_1 增加时，有效边界与 $E(X^*(T))$ 轴的交点减小，相比于 k_1 小的情形，当 k_1 增加时，有效边界开始时更偏离 $E(X^*(T))$ 轴，而在 $E(X^*(T))$ 比较大时，会更接近 $E(X^*(T))$ 轴，图 9-6 显示，$L(t)$ 的波动率和有效边界没有明显的关系，σ_L 对有效边界与 $E(X^*(T))$ 轴的交点没有影响，$\sigma_L=0.10$ 时的有效边界比 $\sigma_L=0.05$ 时低，但比 $\sigma_L=0.03$ 时高。

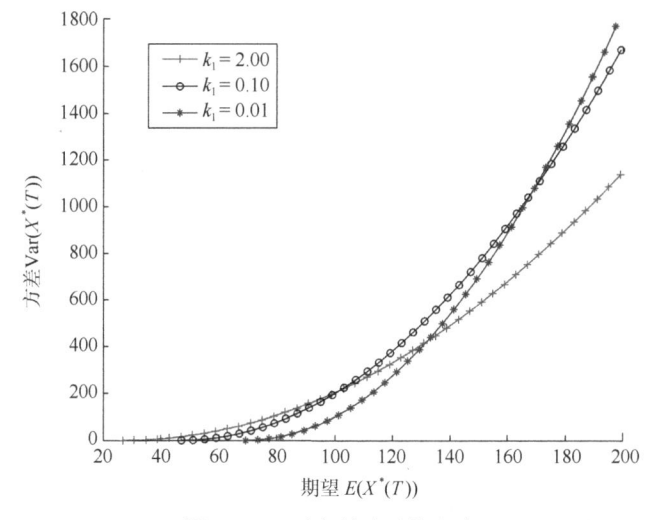

图 9-5 k_1 对有效边界的影响

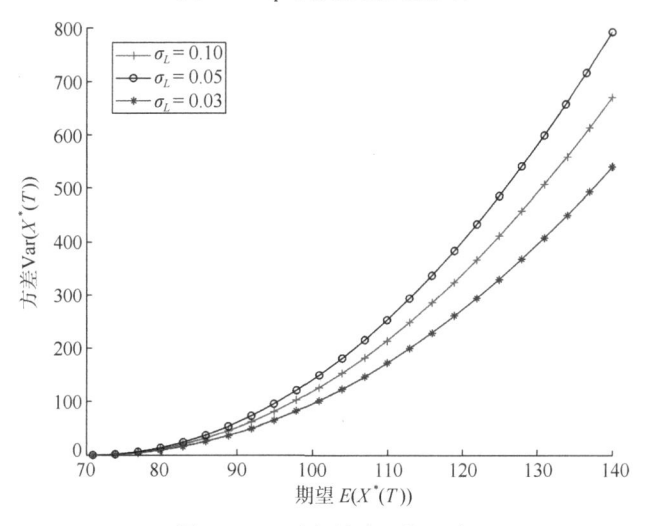

图 9-6 σ_L 对有效边界的影响

9.4.2 有效策略的数值结果

下面研究参数对有效策略的影响,固定预期的收益水平为 $d=1000$ 并利用蒙特卡洛模拟进行分析;由于在数值模拟时 0 时刻的策略有较大的误差,我们只给出时刻 7 之后的策略图像。图 9-7 中可以看到,初始时投资在股票中的比例是比较高的,然后平缓地从 100%减小到 0。然而在 7 时刻只需要购买 40%的债券,投资在债券的比例在 15 年前首先增加到 80%,在 30 年前保持平稳,之后到退休前迅速地减小到 0,不同于债券和股票,投资在现金中的比例是随时间增加的,从-40%逐渐增加到 100%。

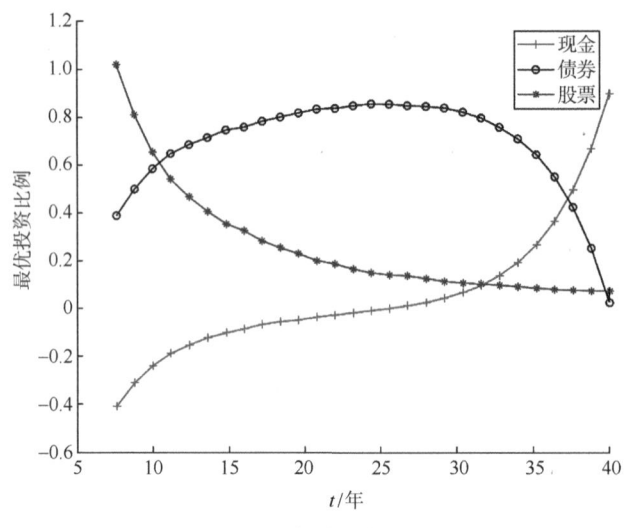

图 9-7 有效投资策略

图 9-8 描述了 $r_0=0.5$ 时的有效投资策略。投资在资产中的比例的变化特征类似于前一种情况，然而，投资比例的大小略有不同，由于 r_0 增加，养老金管理者将会从现金债券中获得更多的收益，所以为了在达到预期收益水平 d 的同时最小化风险，养老金管理者需要在债券和现金中投入更多的比例，图 9-8 中，相比于前一种情况，时刻 7 时投资在股票中的比例只有 70%而投资在现金和债券中的比例更多。如 9.3 节所介绍的，l_0 越大，为了从股票中获得相同的收益，所需承担的风险越小，那么在 $l_0=0.3$ 的情况下，投资在股票中将会更有利。

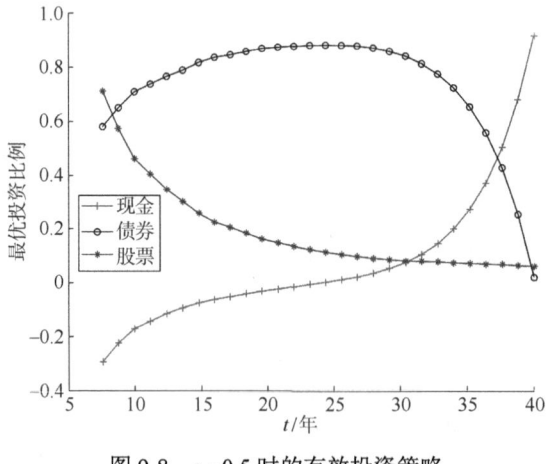

图 9-8 $r_0=0.5$ 时的有效投资策略

图 9-9 中可以看到，投资在股票中的比例是特别高的，在初始时有 140%，而

养老金管理者在[0,T]的中间状态则只投资70%的比例在债券中。$C_0 = 5$ 的情形见图 9-10，由于在这种情况下，养老费率增加，养老金管理者从将会得到更多的缴费，所以只需要投资少量的在股票中以达到预期的收益水平。图 9-10 显示养老金管理者在开始时卖空 150%的股票，然后在缴费阶段缓慢减小卖空的比例，另外，可以看到，投资在债券和现金中的比例是比较高的。

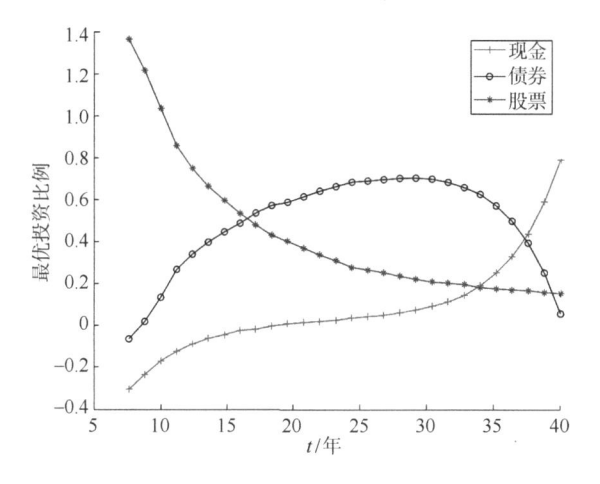

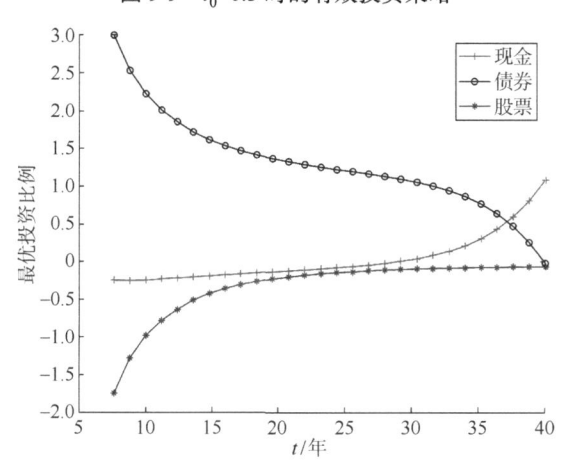

图 9-9 l_0=0.3 时的有效投资策略

图 9-10 C_0=5 时的有效投资策略

λ_r 对有效策略的影响和 l_0 是相反的，λ_r 越大，那么投资在债券中会更有利，所以养老金管理者会投资更多的比例在债券中，如图 9-11 所示。同时投资在股票中的比例相对来说要小一些。图 9-12 描述了 $\sigma_{S_2} = 0.3$ 时的有效策略，当 σ_{S_2} 增加时，股票波动越频繁，风险增加，那么为了降低退休时刻的风险，养老金管理者会在债券中投资更多而在股票中投资更少。

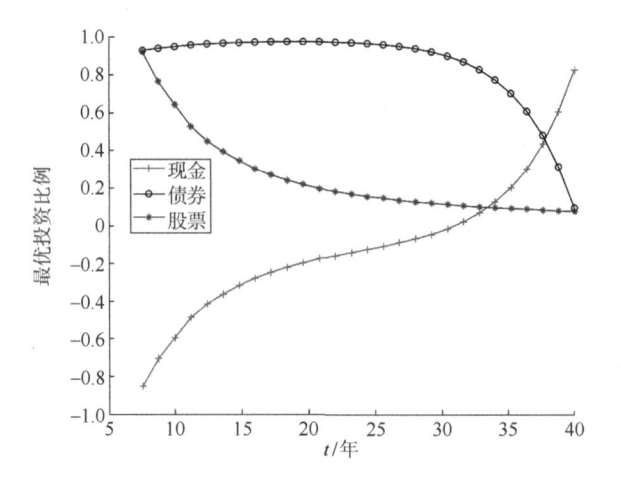

图 9-11　$\lambda_r = 4$ 时的有效投资策略

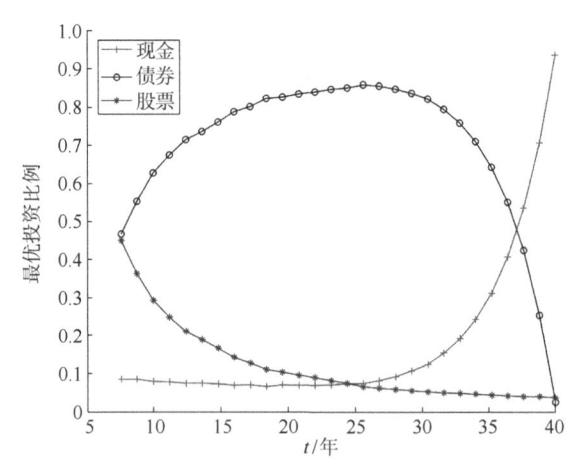

图 9-12　$\sigma_{S_2} = 0.3$ 时的有效投资策略

9.5　小　　结

本章中，我们考虑固定缴费型养老金在随机环境下的期望-方差问题，养老金管理者面临的风险来自利率及股票。模型中假设利率由一个仿射模型刻画，而股票的市场风险价格是一个具有均值回复特性的随机过程。在固定缴费型养老金中，参保人持续往里面注入资金，假设注入的资金是随机的，通过 Lagrange 方法将两目标问题转换成一个等价的单目标问题，利用和第 8 章一样的方法对其进行求解，即构造辅助过程将问题转换成一个自融资的投资组合问题，最后可以得出有效边界及有效投资策略，可以看到，在期望-方差平面上最后的有效边界是一段抛物线。

不同于第 8 章，我们考虑一个完全不同的市场环境，主要在于股票的市场风险价格是随机的，这有助于描述熊市或牛市的特征，在进行投资管理的时候这一模型假设具有重要的意义，此外，我们考虑了不同的效用函数，即期望-方差准则。通过计算和数值分析，我们考察了期望-方差准则下养老金的最优策略，从而给实际的养老金管理提供参考。

第 10 章 考虑随机利率和风险约束的固定缴费型养老金寿险模型

本章考虑固定缴费型养老金的风险管理问题,市场中仍然存在利率风险,我们假设利率和养老费率是随机的,基于随机利率模型可以得到现金和债券的过程,为了市场的完备性,本章不考虑股票的随机收益率或随机波动率,认为在股票价格中只存在利率风险和价格风险,通过对几何布朗运动模型进行拓展得到在利率风险和价格风险下的股票模型,养老金管理者需要在市场里的现金、债券及股票中进行投资管理,以对冲利率风险、价格风险和养老费率带来的收益不确定性。

在实践中为了提高养老金的吸引力,一般需要在养老金管理时添加最低生活保障,第 8 章在最低生活保障的约束下得到了养老金的最优资产配置方案,当最低生活保障比较低时,通过资产配置能够达到最低生活保障的约束,而当参保人预期的财富水平比较高时,如果缴费率不变,可能达不到预期的财富水平,此时只能退而求其次,即要求在退休时养老金的财富以一定的概率高于预期的财富水平,这一要求等价于附加的 VaR 约束,在 VaR 约束中的置信水平为 1 时,等价于要求退休时刻财富一直高于水平值。

不同于大部分关于固定缴费型养老金的研究中的期望效用函数的优化目标,本章参考 Guan 和 Liang(2016),考虑 VaR 约束下的资产管理问题,对于 VaR 约束下的管理者而言,需要保证在退休时刻养老金的财富以一定的概率高于某一水平,在 VaR 约束下的控制与优化问题都不再是标准的凹优化与控制问题,无法运用传统的随机动态规划方法进行求解,本章通过鞅方法对问题进行求解,首先将问题转换成关于终端财富的最优化问题,得到最优的终端财富后,基于市场的完备性可以得到财富过程和最优资产配置策略,由于最优资产配置策略依赖于当前的市场状态和利率水平是随机的,我们利用蒙特卡罗方法对比分析了不同的 VaR 约束对养老金最优投资策略的影响。

10.1 模型描述

10.1.1 随机利率下的市场环境

本节考虑随机利率下的市场环境,市场模型和 Boulier 等(2001)研究中的市场模型一致，包含现金、债券及股票，现金过程如下：

$$dS_0(t) = S_0(t)r(t)dt, \quad S_0(0) = S_0 \tag{10-1}$$

其中，$r(t)$ 是市场利率；S_0 是现金初始价值。假设利率是一个具有均值回复特性的 Orstein-Uhlenbeck 过程：

$$dr(t) = a(b - r(t))dt - \sigma_r dW_r(t), \quad r(0) = r_0 \tag{10-2}$$

其中，a、b 和 σ_r 是正数，分别刻画利率的均值回复速度、回复水平和波动率；$\{W_r(t)\}_{t\geq 0}$ 是标准的布朗运动；r_0 是初始利率水平；$r(t)$ 最终会在 b 附近波动。这一过程和第 2 章中的利率模型式（2-6）一致。

类似于第 2 章，市场中存在如下的零息债券 $B(t,T)$：

$$B(t,T) = e^{C(t,T) - A(t,T)r(t)}$$

其中，$A(t,T) = \dfrac{1-e^{-a(T-t)}}{a}$；$C(t,T) = -R(T-t) + A(t,T)\left(R - \dfrac{\sigma_r^2}{2a^2}\right) + \dfrac{\sigma_r^2}{4a^3}\left(1 - e^{-2a(T-t)}\right)$；

$R = b + \dfrac{\sigma_r \lambda_r}{a} - \dfrac{\sigma_r^2}{2a^2}$，$\lambda_r$ 是利率风险 $\{W_r(t)\}_{t\geq 0}$ 的市场风险价格，直接对 $B(t,T)$ 微分，可得其满足的随机微分方程：

$$\dfrac{dB(t,T)}{B(t,T)} = r(t)dt + \sigma_r A(t,T)\left(\lambda_r dt + dW_r(t)\right), \quad B(T,T) = 1$$

其中，$\sigma_r A(t,T)$ 是 $B(t,T)$ 的波动率。可以看到，剩余到期期限越长则零息债券的波动率越大。

我们考虑具有恒定剩余到期期限 K 的零息债券，即滚动式债券 $B_K(t)$，$B_K(t)$ 可以被用来对冲利率风险，$B_K(t)$ 满足下面的随机微分方程：

$$\dfrac{dB_K(t)}{B_K(t)} = r(t)dt + \sigma_r A(t, t+K)\left(\lambda_r dt + dW_r(t)\right) \tag{10-3}$$

此外，市场中还有股票可以进行投资，股票服从的过程类似于几何布朗运动，满足下面的微分方程：

$$\begin{cases} \dfrac{dS(t)}{S(t)} = r(t)dt + \sigma_1\left(\lambda_r dt + dW_r(t)\right) + \sigma_2\left(\lambda_S dt + dW_S(t)\right) \\ S(0) = S_1 \end{cases} \tag{10-4}$$

其中，$\{W_S(t)\}_{t\geq 0}$ 是一个标准布朗运动，它与 $\{W_r(t)\}_{t\geq 0}$ 是相互独立的，刻画股票风险；λ_S 是 $\{W_S(t)\}_{t\geq 0}$ 的市场风险价格；σ_1 和 σ_2 刻画股票的波动率；S_1 是股票的初始价值。模型中假设股票的价格和利率的风险是紧密相关的，由于市场中只存在利率和股票风险，金融市场是完备的。

10.1.2 固定缴费型养老金寿险模型

养老金参保人连续向养老金中注入资金，以增加养老金的金额。在养老金管理者管理资金时，需要考虑来自参保人的养老保费。由于参保人的收入往往和金融市场密切相关的，下面假设参保费率与金融市场中的风险有关，服从：

$$\frac{\mathrm{d}C(t)}{C(t)} = \mu \mathrm{d}t + \sigma_{C_1} \mathrm{d}W_r(t) + \sigma_{C_2} \mathrm{d}W_S(t), \quad C(0) = C_0 \tag{10-5}$$

其中，μ、σ_{C_1}、σ_{C_2} 和 C_0 是非负常数，分别是参保费率的增长率、利率风险相关的波动率、股票风险相关的波动率和初始值，当 $\sigma_{C_1} = \sigma_{C_2} = 0$ 时，参保费率是确定性的。

假设养老金的初始资金为 X_0，养老金管理者在金融市场中投资以规避风险。同时市场上不存在交易费用、税且卖空是允许的，记养老金管理者在时刻 t 投入现金、债券及股票中的金额分别为 $u_0(t)$、$u_B(t)$ 和 $u_B(t)$，那么养老金的财富过程满足下面形式：

$$\mathrm{d}X(t) = u_0(t)\frac{\mathrm{d}S_0(t)}{S_0(t)} + u_B(t)\frac{\mathrm{d}B_K(t)}{B_K(t)} + u_S(t)\frac{\mathrm{d}S(t)}{S(t)} + C(t)\mathrm{d}t \tag{10-6}$$

将式（10-1）、式（10-3）和式（10-4）代入上述方程，利用关系式 $X(t) = u_0(t) + u_B(t) + u_B(t)$，可以得到：

$$\begin{cases} \mathrm{d}X(t) = r(t)X(t)\mathrm{d}t + [u_B(t)\sigma_r A(t, t+K) + u_S(t)\sigma_1](\lambda_r \mathrm{d}t + \mathrm{d}W_r(t)) \\ \qquad\qquad + u_S(t)\sigma_2(\lambda_S \mathrm{d}t + \mathrm{d}W_S(t)) + C(t)\mathrm{d}t \\ X(0) = X_0 \geq 0 \end{cases} \tag{10-7}$$

养老金管理者需要寻找投资在债券和股票中的最优策略，以降低养老金的风险，剩余的钱自然投入现金中。

养老金管理者的目标是在一定的优化准则下，在 $[0, T]$ 中寻求最优的投资策略。Boulier 等（2001）和 Deelstra 等（2004）考虑了固定缴费型养老金计划中最大化退休时刻的凹效用函数下的最优策略，他们运用鞅方法进行求解，在他们得到的最优解中有相当比例的财富投入股票中，因而在退休时刻养老金可能具有比较大的风险，即有可能面临比较大的损失，在实际中为了规避退休时刻养老基金的风险，常常需要对优化准则进行修正，考虑更加符合实际需求的优化目标。

10.2 VaR 约束下风险管理

10.2.1 VaR 约束下优化问题

本节介绍在 VaR 约束下的固定缴费型养老金的风险管理。在金融市场中，VaR 的概念被广泛运用于风险管理中，VaR 描述了相对某个参考点的损失，往往被用于衡量某一个账户的风险。假设养老金的最终财富必须以较大的概率超过一个参考点，在 VaR 约束下的固定缴费型养老金优化目标如下：

$$P(X(T) \geqslant \tilde{X}) \geqslant 1-\alpha, \quad \alpha \in [0,1] \quad (10\text{-}8)$$

其中，$\tilde{X}$ 是风险水平；α 是置信水平。VaR 约束要求退休时刻的财富超过 $\tilde{X}$ 的概率大于 $1-\alpha$，特别地，当 $\alpha=1$ 时，VaR 约束是无效的；当 $\alpha=0$ 时，要求退休时刻的财富必须超过 $\tilde{X}$，很多文献中都对这种情况有所研究。

我们考虑下面带 VaR 约束的优化问题：

$$\max E[U(X(T))]$$
$$\text{s.t.} \begin{cases} (X(t), u(t)) \text{ 满足式 (10-7)} \\ u(\cdot) \in \Pi \\ P(X(T) \geqslant \tilde{X}) \geqslant 1-\alpha \end{cases} \quad (10\text{-}9)$$

为了简化问题，式（10-9）中的效用函数采用常见的光滑凹形式效用，如 CRRA 或 CARA 效用。

10.2.2 VaR 约束下最优策略

在 VaR 约束下式（10-9）不能用随机动态规划方法进行求解，可以利用鞅方法对原问题进行求解，式（10-9）对应的鞅问题如下：

$$\max E[U(X(T))]$$
$$\text{s.t.} \begin{cases} E\left[H(T)X(T) - \int_0^T H(s)C(s)\mathrm{d}s\right] \leqslant X(0) \\ P(X(T) \geqslant \tilde{X}) \geqslant 1-\alpha \\ X(T) \geqslant 0 \end{cases} \quad (10\text{-}10)$$

式（10-10）是一个关于退休时刻财富的优化问题，即一个带约束的优化问题。式（10-10）中的 VaR 约束可以通过 Lagrange 对偶的方法进行处理，得到 Lagrange 对偶问题，它实际上是一个无约束的优化问题，只是有效用函数的变化，所以 VaR

约束实际上可以看成针对 $X(T) \geqslant \tilde{X}$、$X(T) < \tilde{X}$ 两种不同情况下对原效用函数进行修正。从而可以看到 VaR 约束与损失规避效用的相似处：如果我们衡量 $X(T) \geqslant \tilde{X}$ 为获利，而 $X(T) < \tilde{X}$ 为损失，VaR 约束也提供了一种对于获利和损失不同的偏好。基于 Lagrange 对偶方法，T 时刻最优财富如下。

命题 10.1 VaR 约束下退休时刻最优财富过程如下：

$$X^{\text{VaR}}(T) = \begin{cases} I(yH(T)), H(T) \leqslant \underline{H} \\ \tilde{X}, \underline{H} < H(T) \leqslant \bar{H} \\ I(yH(T)), H(T) > \bar{H} \end{cases} \quad (10\text{-}11)$$

其中，$\underline{H} = U'(\tilde{X})/y$，严格递减函数 $I:[0, U'(0)] \to [0, +\infty]$ 是 $U':[0, +\infty] \to [0, U'(0)]$ 的反函数。$\bar{H}$ 由 $P(H(T) > \bar{H}) = \alpha$ 得到，$y > 0$ 满足 $E\left[H(T)X^{\text{VaR}}(T) - \int_0^T H(s)C(s)\,\mathrm{d}s\right] = X(0)$。在 $\underline{H} \geqslant \bar{H}$ 的情形下，VaR 约束是无效的。

证明 在 $\bar{H} \leqslant \underline{H}$ 的情形下，$P\left[I(yH(T)) \geqslant \tilde{X}\right] = P(H(T) \leqslant \underline{H}) \geqslant 1 - \alpha$，即无约束情况下的最优解满足 VaR 约束，那么在这种情况下，VaR 约束是无效的，最优解即 $I(yH(T))$。

在下面的篇幅中，假设 $\bar{H} > \underline{H}$。

式（10-10）是一个带约束的优化问题，可以利用 Lagrange 对偶的方法求解式（10-10），式（10-10）的 Lagrange 函数为

$$\begin{aligned} \mathcal{L}(X(T), y, y_2) = & E[U(X(T))] - yE[H(T)X(T)] + yX(0) \\ & + yE\left[\int_0^T H(s)C(s)\mathrm{d}s\right] + E\left[y_2 1_{\{X(T) > \tilde{X}\}} + y_2(\alpha - 1)\right] \end{aligned} \quad (10\text{-}12)$$

其中，y 和 y_2 分别是式（10-10）中两个约束对应的 Lagrange 乘子。式（10-12）将原始有预算约束和 VaR 约束的优化问题转换为无约束的优化问题，首先对于固定的 Lagrange 乘子 y、y_2 最大化式（10-12），得到最优过程 $X^{\text{VaR}, y, y_2}(T)$，即求解如下问题：

$$\begin{cases} \max_{X(T)} \mathcal{L}(X(T), y, y_2) \\ X(T) \geqslant 0 \end{cases} \quad (10\text{-}13)$$

式（10-13）是关于 $X(T)$ 的优化问题，y、y_2 是固定的。我们略去其中和 $X(T)$ 无关的项，得到下面优化问题：

$$\max_X E\left[U(X) - yH(T)X + y_2 1_{\{X \geqslant \tilde{X}\}}\right]$$

在求解上面的问题之后可以得到 X^{VaR, y, y_2}，然后类似于问题，利用互补松弛条

件得到最优的 Lagrange 乘子 (y^*, y_2^*)，那么 $X^{\text{VaR}, y^*, y_2^*}$ 就是原问题式（10-10）的解。

求解上面 Lagrange 对偶问题的过程比较烦琐，我们直接验证得到的式（10-11）是原始优化问题式（10-10）的解。

在 VaR 约束下，按照如下步骤进行求解，首先证明式（10-11）是如下问题的解：

$$\max_X \left\{ U(X) - y^* H(T)X + y_2^* 1_{\{X \geq \tilde{X}\}} \right\} \quad (10\text{-}14)$$

其中，$y_2^* = U(I(y^*\bar{H})) - y^*\bar{H}I(y^*\bar{H}) + y^*\tilde{X}\bar{H} - U(\tilde{X}) \geq 0$ 和 $y^* \geq 0$ 是分别对应于 VaR 约束和预算限制的 Lagrange 乘子。上面的问题等价于式（10-13），所以只需要验证 $X^{\text{VaR}, y^*, y_2^*}$ 最大化 $\mathcal{L}(X(T), y^*, y_2^*)$ 即可。在最优化的过程中，Lagrange 函数中与 $X(T)$ 无关的项可以被略去。

事实上，式（10-13）的全局最优解为 $I(yH(T))$ 或者 $\tilde{X}$，其中 $\bar{H}$ 和 $\underline{H}$ 参见命题 10.1 中定义，下面讨论在哪种情况下 $X^* = I(y^*H(T))$ 或者 $X^* = \tilde{X}$。

（1）$H(T) \leq \underline{H}$。在这种情况下由于 $I(\cdot)$ 是一个严格递减的函数，$I(yH(T)) \geq \tilde{X}$，有

$$U\left[I\left(y^*H(T)\right)\right] - y^*H(T)I\left(y^*H(T)\right) + y_2^* \geq U(\tilde{X}) - y^*H(T)\tilde{X} + y_2^*$$

由于函数 $U(x) - y^*H(T)I(x)$ 关于 x 递减，上面方程中的不等式成立，所以在这种情况下：$X^{\text{VaR}, y^*, y_2^*} = I(y^*H(T))$。

（2）$\bar{H} \geq H(T) > \underline{H}$，则 $I(y^*H(T)) < \tilde{X}$，那么：

$$U(\tilde{X}) - y^*H(T)\tilde{X} + y_2^* = U\left(I\left(y^*\bar{H}\right)\right) - y^*\bar{H}I\left(y^*\bar{H}\right) + y^*\tilde{X}\left(\bar{H} - H(T)\right)$$
$$\geq U\left[I\left(y^*H(T)\right)\right] - y^*H(T)I\left(y^*H(T)\right)$$

将 y_2^* 代入，第一个等式成立。观察到对于 $x > \underline{H}$，$\frac{\partial}{\partial x}\{U(I(y^*x)) - y^*xI(y^*x) + y^*\tilde{X}x\} = y^*[\tilde{X} - I(y^*x)] > 0$，由于 $\bar{H} \geq H(T)$，$\bar{H}$ 是 $\{U(I(y^*x)) - y^*xI(y^*x) + y^*\tilde{X}x\}$ 的极大值点，所以方程中的不等式成立，那么 $X^{\text{VaR}} = \tilde{X}$，此外 y_2^* 可以被写成：

$$y_2^* = \left[U\left(I\left(y^*\bar{H}\right)\right) - y\bar{H}I\left(y^*\bar{H}\right) + y^*\tilde{X}\bar{H}\right] - \left[U\left(I\left(y^*\underline{H}\right)\right) - y^*\underline{H}I\left(y^*\underline{H}\right) + y^*\tilde{X}\underline{H}\right]$$

由于 $\bar{H} > \underline{H}$，有 $y_2^* > 0$。

（3）$H(T) > \bar{H}$。

$$U(\tilde{X}) - y^*H(T)\tilde{X} + y_2^* = U(I(y^*\bar{H})) - y^*\bar{H}I(y^*\bar{H}) + y^*\tilde{X}(\bar{H} - H(T))$$
$$< U\left[I\left(y^*H(T)\right)\right] - y^*H(T)I\left(y^*H(T)\right)$$

证明过程类似于 $\bar{H} \geqslant H(T) > \underline{H}$ 的情形，只需要观察到当 $H(T) > \underline{H}$ 时相反的不等式成立即可，所以在这种情况下有 $X^{\mathrm{VaR},y^*,y_2^*} = I(y^*H(T))$。

下面证明 $X^{\mathrm{VaR},y^*,y_2^*}(T)$ 是式（10-10）的最优解。令 y^* 满足 $E[H(T)X^{\mathrm{VaR},y^*,y_2^*}(T) - \int_0^T H(s)C(s)\mathrm{d}s] = X(0)$，任取一个满足式（10-10）中预算约束的随机变量 $X(T)$，下面的推导成立：

$$E\left[U(X^{\mathrm{VaR},y^*,y_2^*}(T))\right] - E[U(X(T))]$$
$$= E\left[U(X^{\mathrm{VaR},y^*,y_2^*}(T))\right] - E[U(X(T))] - y^*X(0) - y^*E\left[\int_0^T H(t)C(t)\mathrm{d}t\right]$$
$$+ y_2^*(1-\alpha) + y^*X(0) + y^*E\left[\int_0^T H(t)C(t)\mathrm{d}t\right] - y_2^*(1-\alpha)$$
$$\geqslant E\left[U(X^{\mathrm{VaR},y^*,y_2^*}(T))\right] - E\left[y^*H(T)X^{\mathrm{VaR},y^*,y_2^*}(T)\right] + E\left[y_2^* 1_{\{X^{\mathrm{VaR},y^*,y_2^*}(T) \geqslant \tilde{X}\}}\right]$$
$$\geqslant 0$$

由于在预算约束中 $X^{\mathrm{VaR},y^*,y_2^*}(T)$ 代入取等号而 $X(T)$ 代入取不等号，第一个不等式成立，又因为 $X^{\mathrm{VaR},y^*,y_2^*}(T)$ 是式（10-14）的最优解，第二个不等式成立。从上面的方程可以看到 $X^{\mathrm{VaR},y^*,y_2^*}(T)$ 是式（10-10）的最优解，为了简化记号，在命题 10.1 中 $X^{\mathrm{VaR}}(T)$ 和 y 都不带角标。

证毕。

可以看到，在 VaR 约束下，退休时刻的最优财富被分成三个部分。当定价核 $H(t)$ 处于中间值 $[\underline{H},\bar{H}]$ 时，最优财富等于 VaR 约束中的参考点。然而当定价核 $H(t)$ 较大或者较小时，最优财富和无 VaR 约束下的最优解类似。VaR 约束下的最优财富和无 VaR 约束下的最优财富主要区别在于定价核取中间值时，在无约束的情况下，为了使最优财富满足 VaR 限制，需要对最优财富进行修正，而当定价核比较大或者比较小时，最优财富和无约束情形一样。上面的定理同时表明，当 $\underline{H} \geqslant \bar{H}$ 时，最优财富和无限制下的最优财富一样，这是由于在这种情况下，无约束下最优财富恰好满足 VaR 约束，所以不对最优财富进行修正。

此外，当 $\alpha = 1$ 时，VaR 约束是无效的，此时 $\bar{H} = 0$，所以养老金的最优财富和无约束下解一致。当 $\alpha = 0$ 时，退休时刻的最优财富被限制为恒大于等于 $\tilde{X}$，在这种情况下 $\bar{H} = +\infty$，最优财富被分为两个部分，在 $H(t)$ 较大时，最优财富被修正为 $\tilde{X}$。

以 CRRA 效用函数为例，下面求解 VaR 约束下的 CRRA 效用函数最大化问题：$U(x) = \dfrac{x^{1-\gamma}}{1-\gamma}$，其中 $\gamma > 0$ 表示效用函数 $U(x)$ 的风险厌恶系数。那么 $U(x)$ 的导函数 $U'(x)$ 的反函数为 $I(x) = x^{-\frac{1}{\gamma}}$，由于市场是完备的，可以得到 $X^{\mathrm{VaR}}(T)$ 在 t 时刻的价值。

引理 10.2 随机变量 $X^{\text{VaR}}(t)$ 在 t 时刻的价值为

$$\begin{cases}\dfrac{1}{H(t)}E\left[H(T)X^{\text{VaR}}(T)|\mathcal{F}_t\right]\\=\tilde{X}\exp\left[\dfrac{1}{2}\text{Var}\{N_t\}+E\{N_t\}\right]\left[\varPhi\left(d_1(\bar{H})\right)-\varPhi\left(d_1(\underline{H})\right)\right]\\+\left(\dfrac{1}{yH(t)}\right)^{\frac{1}{\gamma}}\exp\left(\dfrac{(1-\gamma)^2}{2\gamma^2}\text{Var}\{N_t\}+\dfrac{\gamma-1}{\gamma}E\{N_t\}\right)\\\times\left[1+\varPhi\left(d_2(\underline{H})\right)-\varPhi\left(d_2(\bar{H})\right)\right]\end{cases}\quad(10\text{-}15)$$

其中，$\varPhi(.)$ 是标准正态分布函数。$E\{N_t\}$ 和 $\text{Var}\{N_t\}$ 的定义如下：

$$N_t=-\int_t^T r(s)\mathrm{d}s-\frac{1}{2}\lambda_r^2(T-t)-\frac{1}{2}\lambda_S^2(T-t)$$
$$-\lambda_r\left[W_r(T)-W_r(t)\right]-\lambda_S\left[W_S(T)-W_S(t)\right]$$

$$E\{N_t\}=-\left[r(t)-b\right]\frac{1-\exp(-a(T-t))}{a}-b(T-t)-\frac{1}{2}\left(\lambda_r^2+\lambda_S^2\right)(T-t)$$

$$\text{Var}\{N_t\}=\frac{\sigma_r^2}{a^2}\left[(T-t)+\frac{2\exp(-a(T-t))}{a}-\frac{\exp(-2a(T-t))}{2a}-\frac{3}{2a}\right]$$
$$+\left(\lambda_r^2+\lambda_S^2\right)(T-t)-2\frac{\lambda_r}{a}\left[\sigma_r(T-t)-\sigma_r A(t,T)\right]$$

其中

$$d_1(x)=\frac{\ln\left(\dfrac{x}{H(t)}\right)-E\{N_t\}-\text{Var}\{N_t\}}{\sqrt{\text{Var}\{N_t\}}},\quad d_2(x)=\frac{\ln\left(\dfrac{x}{H(t)}\right)-E\{N_t\}-\dfrac{\gamma-1}{\gamma}\text{Var}\{N_t\}}{\sqrt{\text{Var}\{N_t\}}}$$

为了计算在 $[t,T]$ 内总的养老费在 t 时刻的价格，记 $D(t,s)=E\left[\dfrac{H(s)}{H(t)}C(s)|\mathcal{F}_t\right]$，$D(t,s)$ 表示一个在 s 时刻收益为 $C(s)$ 的资产在 t 时刻的价格。关于 s 对 $D(t,s)$ 从 t 到 T 求积分，我们可以得到 $[t,T]$ 内总的养老费在 t 时刻的价格，记为 $F(t,T)=\int_t^T D(t,s)\mathrm{d}s$，$D(t,s)$ 和 $F(t,T)$ 满足下面的引理。

引理 10.3 $D(t,s)$ 的显式表达式为

$$D(t,s)=C(t)\exp\left[\left(\mu-\frac{1}{2}\sigma_{C_1}^2-\frac{1}{2}\sigma_{C_2}^2-\frac{1}{2}\lambda_r^2-\frac{1}{2}\lambda_S^2\right)(s-t)\right]$$
$$\times\exp\left\{E[Q(t,s)]+\frac{1}{2}\text{Var}[Q(t,s)]\right\}\quad(10\text{-}16)$$

其中

$$E\{Q(t,s)\} = -(r(t)-b)\frac{1-\exp(-a(s-t))}{a} - b(s-t)$$

$$\text{Var}\{Q(t,s)\} = \int_t^s \sigma_r^2 A(u\,\mathrm{d}u + \sigma_{C_1}(s-t) + \sigma_{C_2}(s-t) + 2(\sigma_{C_1} - \lambda_r)\int_t^s \sigma_r A(u,s)\mathrm{d}u$$

此外，$D(t,s)$ 满足如下倒向随机微分方程：

$$\begin{cases} \dfrac{\mathrm{d}D(t,s)}{D(t,s)} = r(t)\mathrm{d}t + \left(\sigma_{C_1} + \sigma_r A(t,s)\right)\left[\lambda_r \mathrm{d}t + \mathrm{d}W_r(t)\right] \\ D(s,s) = C(s), \quad s \geqslant t \end{cases} \quad (10\text{-}17)$$

所以，很容易求得 $F(t,T) = \int_t^T D(t,s)\mathrm{d}s$，同时关于 $F(t,T)$ 求微分，我们可以得到下面的倒向随机微分方程：

$$\begin{cases} \mathrm{d}F(t,T) = -C(t)\mathrm{d}t + r(t)F(t,T)\mathrm{d}t \\ \qquad\qquad + F_1(t)\left[\lambda_r \mathrm{d}t + \mathrm{d}W_r(t)\right] + F_2(t)\left[\lambda_S \mathrm{d}t + \mathrm{d}W_S(t)\right] \\ F(T,T) = 0 \end{cases} \quad (10\text{-}18)$$

其中，$F_1(t) = \sigma_{C_1} F(t,T) + \int_t^T D(t,s)\sigma_r A(t,s)\mathrm{d}s$，$F_2(t) = \sigma_{C_2} F(t,T)$。

证明 首先计算 $D(t,s)$，由于 $C(s)$ 服从一个类似几何布朗运动的过程，可以有如下求解。

$$C(s) = C(t)\exp\left[\left(\mu - \frac{1}{2}\sigma_{C_1}^2 - \frac{1}{2}\sigma_{C_2}^2\right)(s-t) + \sigma_{C_1}(W_r(s) - W_r(t)) + \sigma_{C_2}(W_S(s) - W_S(t))\right], \quad \forall s \geqslant t$$

所以

$$E\left[\frac{H(s)}{H(t)}C(s)\big|\mathcal{F}_t\right]$$

$$= \left\{C(t)\exp\left[\left(\mu - \frac{1}{2}\sigma_{C_1}^2 - \frac{1}{2}\sigma_{C_2}^2 - \frac{1}{2}\lambda_r^2 - \frac{1}{2}\lambda_S^2\right)(s-t)\right]\exp(Q(t,s))\right\}$$

$$= C(t)\exp\left[\left(\mu - \frac{1}{2}\sigma_{C_1}^2 - \frac{1}{2}\sigma_{C_2}^2 - \frac{1}{2}\lambda_r^2 - \frac{1}{2}\lambda_S^2\right)(s-t)\right]\exp\left\{E[Q(t,s)] + \frac{1}{2}\text{Var}[Q(t,s)]\right\}$$

其中，$Q(t,s) = -\int_t^s r(u)\mathrm{d}u + (\sigma_{C_1} - \lambda_r)[W_r(s) - W_r(t)] + (\sigma_{C_2} - \lambda_S)[W_S(s) - W_S(t)]$。

$Q(t,s)$ 同样是一个正态分布随机变量，求解 $Q(t,s)$ 的期望和方差如下：

$$E\{Q(t,s)\} = -\left[r(t) - b\right]\frac{1-\exp(-a(s-t))}{a} - b(s-t)$$

$$\mathrm{Var}\{Q(s,t)\} = \int_t^s \sigma_r^2 A(u,s)^2 \mathrm{d}u + (\sigma_{C_1} - \lambda_r)^2 (s-t) + (\sigma_{C_2} - \lambda_S)^2 (s-t)$$
$$+ 2(\sigma_{C_1} - \lambda_r) \int_t^s \sigma_r A(u,s) \mathrm{d}u$$

记 $D(t,s) = E\left[\dfrac{H(s)}{H(t)} C(s) \mid \mathcal{F}_t\right]$，$D(t,s)$ 满足如下倒向随机微分方程：

$$\begin{cases} \dfrac{\mathrm{d}D(t,s)}{D(t,s)} = r(t)\mathrm{d}t + \left(\sigma_{C_1} + \sigma_r A(t,s)\right)\left[\lambda_r \mathrm{d}t + \mathrm{d}W_r(t)\right] + \sigma_{C_2}\left[\lambda_S \mathrm{d}t + \mathrm{d}W_S(t)\right] \\ D(s,s) = C(s), \quad s \geq t \end{cases}$$

$D(t,s)$ 已经得到显式解，那么对其积分即可得到 $F(t,T)$ 的表达式。

证毕。

得到 $\dfrac{1}{H(t)} E[H(T)X^{*,\lambda^*}(T) \mid \mathcal{F}_t]$ 和 $F(t,T)$ 的显式表达式之后，我们整理上面两个引理并求得在 t 时刻的财富如下。

命题 10.4 在 VaR 限制下，养老金在 $t (0 \leq t < T)$ 时刻的最优财富如下：

$$X^{\mathrm{VaR}}(t) = \frac{1}{H(t)} E\left[H(T)X^{\mathrm{VaR}}(T) \mid \mathcal{F}_t\right] - \int_t^T E\left[\frac{H(s)}{H(t)} C(s) \mid \mathcal{F}_t\right] \mathrm{d}s \quad (10\text{-}19)$$

其中，$\dfrac{1}{H(t)} E[H(T)X^{\mathrm{VaR}}(T) \mid \mathcal{F}_t]$ 和 $D(t,s) = E\left[\dfrac{H(s)}{H(t)} C(s) \mid \mathcal{F}_t\right]$ 分别见引理 10.2 和引理 10.3。

记 $G^{\mathrm{VaR}}(t, r(t), H(t)) = \dfrac{1}{H(t)} E\left[H(T)X^{\mathrm{VaR}}(T) \mid \mathcal{F}_t\right]$，通过求微分并比较扩散项系数，可以得到 VaR 约束下的最优投资策略，有如下命题。

命题 10.5 在 VaR 约束下养老金在 t 时刻投入债券及股票中的最优策略为

$$\begin{cases} u_B^{\mathrm{VaR}}(t) = -\dfrac{\partial G^{\mathrm{VaR}}(t, r(t), H(t))}{\partial r(t)} \dfrac{1}{A(t, t+K)} - \lambda_r \dfrac{\partial G^{\mathrm{VaR}}(t, r(t), H(t))}{\partial H(t)} \dfrac{H(t)}{\sigma_r A(t,T)} \\ \qquad\qquad - \dfrac{F_1(t)}{h(K)} + \lambda_S \dfrac{\partial G^{\mathrm{VaR}}(t, r(t), H(t))}{\partial H(t)} \dfrac{\sigma_1 H(t)}{\sigma_2 \sigma_r A(t,T)} + \dfrac{\sigma_1 F_2(t)}{\sigma_2 \sigma_r A(t,T)} \\ u_S^{\mathrm{VaR}}(t) = -\lambda_S \dfrac{\partial G^{\mathrm{VaR}}(t, r(t), H(t))}{\partial H(t)} \dfrac{H(t)}{\sigma_2} - \dfrac{F_2(t)}{\sigma_2} \end{cases}$$

其中，

$$\frac{\partial G^{\text{VaR}}(t,r(t),H(t))}{\partial H(t)}$$

$$= \frac{\tilde{X}}{H(t)\sqrt{\operatorname{Var}\{N_t\}}} \exp\left(\frac{1}{2}\operatorname{Var}\{N_t\} + E\{N_t\}\right)\left[\varphi(d_1(\underline{H})) - \varphi(d_1(\bar{H}))\right]$$

$$-\frac{1}{\gamma H(t)}\left(\frac{1}{yH(t)}\right)^{\frac{1}{\gamma}} \exp\left(\frac{(1-\gamma)^2}{2\gamma^2}\operatorname{Var}\{N_t\} + \frac{\gamma-1}{\gamma}E\{N_t\}\right)\left[1 + \Phi(d_2(\underline{H})) - \Phi(d_2(\bar{H}))\right]$$

$$-\frac{1}{H(t)\sqrt{\operatorname{Var}\{N_t\}}}\left(\frac{1}{yH(t)}\right)^{\frac{1}{\gamma}} \exp\left(\frac{(1-\gamma)^2}{2\gamma^2}\operatorname{Var}\{N_t\} + \frac{\gamma-1}{\gamma}E\{N_t\}\right)\left[\varphi(d_2(\underline{H})) - \varphi(d_2(\bar{H}))\right]$$

及

$$\frac{\partial G^{\text{VaR}}(t,r(t),H(t))}{\partial r(t)} = -\tilde{X}A(t,T)\exp\left(\frac{1}{2}\operatorname{Var}\{N_t\} + E\{N_t\}\right)\left[\Phi(d_1(\bar{H})) - \Phi(d_1(\underline{H}))\right]$$

$$+ \tilde{X}\frac{A(t,T)}{\sqrt{\operatorname{Var}\{N_t\}}} \exp\left(\frac{1}{2}\operatorname{Var}\{N_t\} + E\{N_t\}\right)\left[\varphi(d_1(\bar{H})) - \varphi(d_1(\underline{H}))\right]$$

$$-\frac{(\gamma-1)A(t,T)}{\gamma}\left(\frac{1}{yH(t)}\right)^{\frac{1}{\gamma}} \exp\left(\frac{(1-\gamma)^2}{2\gamma^2}\operatorname{Var}\{N_t\} + \frac{\gamma-1}{\gamma}E\{N_t\}\right)$$

$$\times\left[1 + \Phi(d_2(\underline{H})) - \Phi(d_2(\bar{H}))\right] + \frac{A(t,T)}{\sqrt{\operatorname{Var}\{N_t\}}}\left(\frac{1}{yH(t)}\right)^{\frac{1}{\gamma}}$$

$$\times \exp\left(\frac{(1-\gamma)^2}{2\gamma^2}\operatorname{Var}\{N_t\} + \frac{\gamma-1}{\gamma}E\{N_t\}\right)\left[\varphi(d_2(\underline{H})) - \varphi(d_2(\bar{H}))\right]$$

其中，$E\{N_t\}$ 和 $\operatorname{Var}\{N_t\}$ 分别是过程 N_t 的期望和方差，具体表达式在引理 10.2 中；$\varphi(.)$ 是标准正态分布的密度函数； $\Phi(.)$ 是标准正态分布的分布函数。

10.3 数值分析

本节运用数值分析来研究最优投资策略的性质。由于最优投资策略和比例都是随机的，我们使用蒙特卡罗模拟来分析现金、债券和股票中的最优投资比例。下面分别分析在不同 VaR 约束下的最优策略，通常养老费率在初始时刻是确定的，本节考虑一个非随机的养老费率。下面分析在 VaR 约束下固定缴费型养老金计划的最优投资策略，模型参数为 $a = 0.2$，$b = 0.1$，$\sigma_r = 0.02$，$r_0 = 0.04$，$A = 2.25$，

$B=1$, $\gamma_1=\gamma_2=0.7$, $\theta=40$, $K=20$, $T=40$, $\lambda_r=0.15$, $\lambda_S=0.2$, $\sigma_1=0.2$, $\sigma_2=0.4$, $C_0=0.15$, $\mu=0.02$, $\sigma_{C_1}=\sigma_{C_2}=0$, $X_0=1$, $\theta=200$。我们只分析 VaR 约束对最优策略的影响。

$\tilde{X}=100$, $\alpha=0.5$, $\gamma=0.8$ 的情形如图 10-1 所示，在退休时刻，要求财富大于 100 的概率为 0.5，简单地计算可以看到 $\underline{H}>\bar{H}$，所以 VaR 约束是无效的。那么最优投资策略和无约束的情形一致，养老金管理者在债券中投入大概 100%的比例，而投资在股票中的比例从 150%逐渐减小到 60%，剩余的钱则投入现金中。

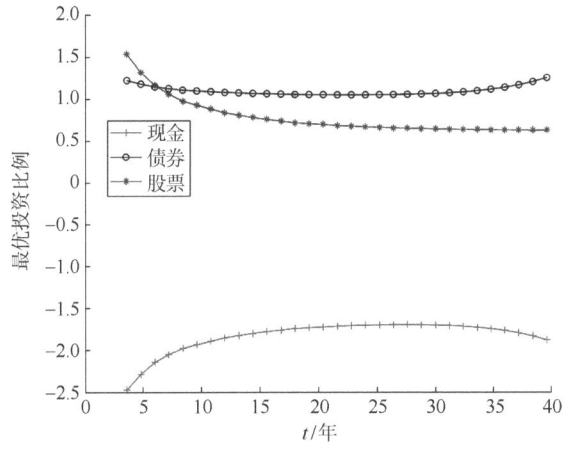

图 10-1 $\tilde{X}=100$, $\alpha=0.5$, $\gamma=0.8$ 时的最优投资比例

图 10-2 中显示了 $P(X(T)\geqslant 200)\geqslant 0.5$ 约束下的最优投资策略，虽然实际中 α 的设定比较的小，为了便于分析 VaR 约束对策略的影响，采用 $\alpha=0.5$。在这种情

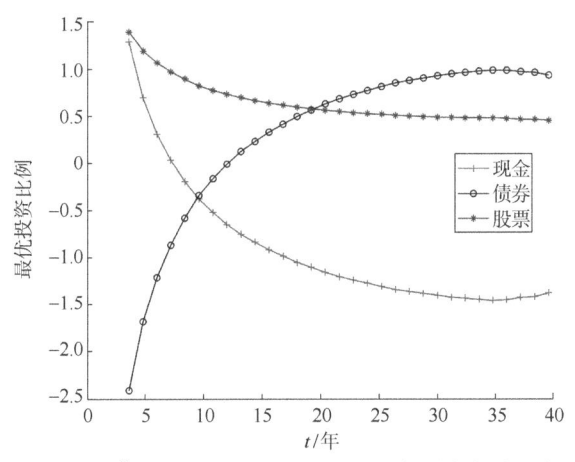

图 10-2 $\tilde{X}=200$, $\alpha=0.5$, $\gamma=0.8$ 时的最优投资比例

况下 VaR 约束是有效的，那么对退休时刻最优财富会进行修正以满足 VaR 约束，从图 10-2 中可以看到，在 VaR 约束下投资者更加偏好风险资产。管理者在现金中投入比较大的比例，在初始时刻有 130%，然后在退休前迅速减小到–150%。此外，管理者在 12 年前卖空债券，在缴费阶段投资在债券中的比例随时间增加。虽然投入股票的比例减小，但是投入现金的比例变大而投入债券的比例减小，由于现金实际上是有风险的，投资者购买更多的风险资产以满足 VaR 约束。

下面通过对比图 10-3 和图 10-2 来研究 α 对策略的影响，图 10-3 中，要求在退休时刻，财富以更小的概率超过 200 的概率只有 0.4。那么养老金管理者更容易达到 VaR 约束，所以养老金管理者会在风险资产中投入更小的比例，如图 10-2 所示，投资在债券中的比例从开始时的–80%逐渐增加到 100%，在这种情况下，同样需要卖空现金，而投资在现金中的比例和时间之间呈负相关性。

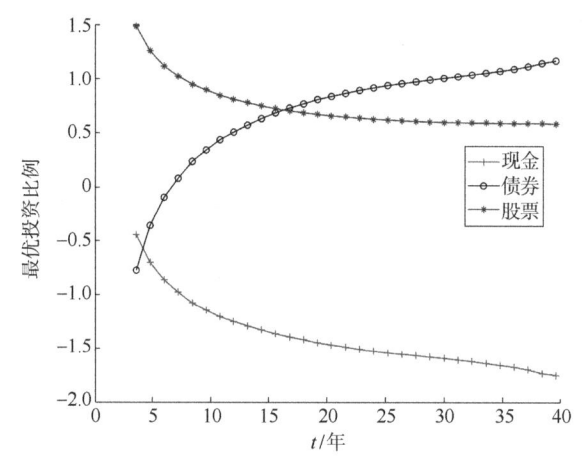

图 10-3 $\tilde{X}=200$，$\alpha=0.6$，$\gamma=0.8$ 时的最优投资比例

图 10-4 为 $\gamma=4$ 时的最优投资策略。高的风险厌恶水平导致了对无风险资产的偏好，但是投资在无风险资产中很难保证达到 VaR 约束，所以风险厌恶系数对最优策略的影响比较复杂。对比图 10-4 和图 10-2，养老金管理者在初始时刻购买更多的风险资产，而在退休时刻购买更少的风险资产。投资在股票中的比例一直比图 10-2 中的比例小。管理者在开始时卖空大约–300%的债券，然后缓慢增加投资在债券中的比例，直到达到 50%。此外，投资在现金中的比例开始时高达 200% 最后减小到–100%。可以看到，风险厌恶系数越大，在初始时为了保障在退休时刻达到 VaR 约束，投资在风险资产中的比例越大。而随着时间增加，投资在风险资产中的比例则会减小。

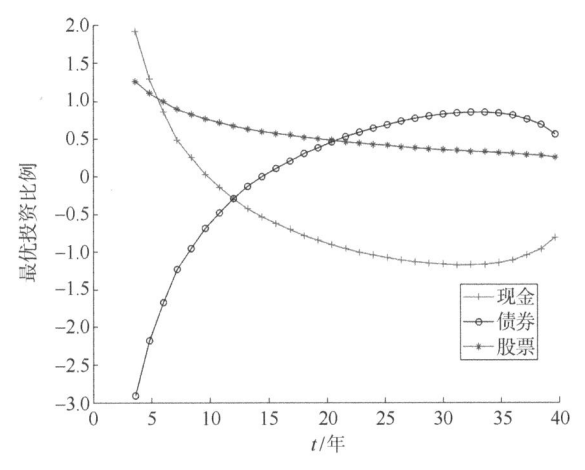

图 10-4 $\tilde{X}=200$，$\alpha=0.5$，$\gamma=4$ 时的最优投资比例

10.4 小　　结

本章研究了在 VaR 约束下养老金的风险管理问题，考虑了随机利率下的市场环境，养老金管理者可以在现金、债券和股票中进行投资以规避风险，同时假设养老费率是随机的，养老金管理者的主要目标是在金融市场中寻求最优的投资策略。针对一般的效用函数最大化问题，鞅方法和随机动态规划方法可以运用，但是在本章的优化问题中，由于最优化目标带有风险约束，只有鞅方法是适用的。

基于鞅方法，本章求得了在 VaR 约束下的最优投资策略，在退休时刻的最优财富过程是一个关于定价核 $H(t)$ 的分段连续函数，在 VaR 约束下，最优财富在 $H(t)$ 的一些状态进行修正以满足 VaR 约束，由于在 VaR 约束下，投资者期望最终财富以更大的概率超过某一参考点，投资者可能会在股票中投入更多的资金从而承担更大的风险。本章中带风险约束的优化准则更好地描述了投资者的需求和行为，从而对养老金的管理可以提供更加有效的参考。

第 11 章 总结和展望

11.1 总　　结

保险公司的资金管理问题一直是学术界和业界中的热点，随着保险业的发展，保费收入的增加，保险业积累了大量可投资的资金，而伴随着我国对于保险资金投资渠道也进一步放宽，保险资金的运作越来越复杂，关系到保险公司资金的收益和稳健性。保险公司在进行资金管理时，面临着很多不同来源的风险，这些风险都严重影响了资金的收益率，因而在保险公司进行资金管理时，需要合理的刻画和度量潜在的风险，选择合适的资产来管理相应的风险，并决定在不同品种的资产中的最优配比。然而，从目前来看，我国保险资金投资方式比较单一，大部分通过简单的资产配置方案进行配置，无法达到保险公司的预期目标，保费收入增长和保险资金运用方式的单一化之间的矛盾日益突出，本书对市场中多个风险因子建模，在非寿险公司和寿险公司框架下建立其资金过程，为了满足保险公司不同方面的需求或者达到监管要求，本书在不同的目标下对两类公司的最优资产配置方案进行求解，给保险公司动态资金管理提供了理论支撑和实际参考。

根据非寿险公司和寿险公司的特点，本书分别对非寿险公司和寿险公司进行了建模。非寿险公司卖出保险产品，面临着承保风险，承保风险无法通过市场投资组合进行分摊，而需要依靠再保险策略进行风险分摊，在选择再保险策略时，一方面需要选择合适的再保险品种，另一方面需要确定合理的再保险比例。为了简单化，本书中考虑的再保险品种都是比例再保险，即在发生赔偿时再保险公司和保险公司按照约定的比例进行赔偿，约定再保险比例高，则赔付时保险公司赔付量小，相对来说承保风险降低，但是需要给再保险公司支付更高的再保险保费。在保险公司承保风险的管理中，需要合理的平衡风险和收益之间的关系，确定合适的再保险比例。另外，虽然承保风险无法通过市场投资分摊，但是保险公司在市场中投资时对资金的需求会影响其保费需求，从而影响公司的再保险需求，由于经济市场环境风险的日益加剧，金融市场中风险会影响保险公司的再保险行为，第 4 章到第 6 章详细研究了在不同的市场环境下非寿险公司的最优再保险策略，通过随机动态规划或者鞅方法得到了最优再保险策略。本书从承保风险、市场风险、公司偏好三个层面对最优再保险策略的经济行为进行了探讨，为公司实际的决策行为提供了参考。从结果来看，承保风险对再保险策略的影响最大，预期赔付数量、额度比较大时，承保风险增加，保险公司需要扩大再保险比例以分摊风险，而当保险公司的风险厌恶水平较低时，对风险的承受能力变弱，也会扩大再保险比例，而当保费费率比较大或者再保险费率比较小时，保险公司通过承担保险业务能获得更多的收益，从而自身会留有更多的保险业务，同时当市场的风险比较大或者收益比较小时，保险公司收取保费后同时面临着更大的承保风险和市场风险，在保费管理过程中，会采取保守的策略，分摊更多的承保风险。

非寿险公司保费的投资主要在金融市场中，为了保障公司的资金稳定，按照《中华人民共和国保险法》的约定，对非寿险公司可投资的资产品种进行了规定，本书中考虑现金、债券和股票三类资产的投资，三类资产分别受到不同风险因素的影响，当经济环境变化较大时，在保险公司的资产配置过程中，市场风险也不能忽略。本书在不同的层面探讨了利率风险、通货膨胀风险、波动率风险对非寿险公司的最优资产配置的影响，当公司的风险厌恶系数较大时，为了规避市场风险，非寿险公司需要提高在无风险资产中配置比例，而提高在风险资产中的配置，当某类市场风险上升时，保险公司应该降低在该风险关联性大的资产中的配置比例，而提高在其他资产中的比例。在本书中，可以看到市场风险的水平和波动性变化时，为了实现财富效用的最大化，保险公司应该相应调整其资产配置方案。本书通过建立连续时间金融保险模型，刻画了不同风险下的保险公司财富模型，基于随机动态规划方法或者鞅方法得到了非寿险公司的最优再保险和投资决策，最终的最优资产配置一般是和时间相关的函数，当时间增加时，非寿险公司积累的财富越来越大，抵御风险能力增加，从而为了实现收益，会承担更多的承保风险和市场风险。这些结果都表明，为了在未来某一个时刻实现保险公司财富效用的最大化，保险公司需要根据市场环境采取动态的资产配置方案，在资产配置时，需要关注不同风险因子之间的关联、风险因子和风险资产之间的关联，寻求最优的资产配置策略。

此外，依据监管要求，对保险公司的偿付能力有一定的约束，即要求保险公司损失的可能性不能太大，要求其风险值不低于某一个数，本书通过鞅方法得到了在 VaR 和 ES 两种风险约束下非寿险公司的最优资产配置方案，当风险约束难以满足时，如果保险公司承担较少的保险风险或者市场风险，则无法满足风险约束，因此，为了满足风险约束，保险公司将自己承担更多的保险风险，并提高在现金和股票中的配置比例，降低在债券中的投资配比，可以验证，当带有风险约束时，为了满足风险约束，保险公司需要提高预期投资收益率，因而保险公司的投资行为会变得更加激进，这些相关的结论对非寿险公司的资金调整策略是有实践指导意义的。

得到最优资产配置方案后，保险公司需要将拟合的模型参数代入得到具体的资产配比，而模型参数的估计带有不确定性，将模型风险纳入非寿险公司资产问题中，得到的策略将更加具有稳健性，通过寻求在最差场景下的最优策略，在参数估计不准确时能够得到比较好的收益，主要结果表明，非寿险公司的模型厌恶程度对策略的影响和市场风险厌恶系数影响一致，当模型风险厌恶程度越大时，保险公司自留保险比例越小，模型中还针对不同资产的模型厌恶程度进行了刻画，当该类风险的模型厌恶程度增加时，非寿险公司需要降低关联资产中的配置比重，而波动率风险的模型厌恶系数对资产配置的影响和股票波动率相关系数有关，正相关时可以通过配置股票来抵御模型风险，而负相关时如果保持股票配置不变，风险在某种程度上会加大。在非寿险公司实际的资产管理中，往往会忽略模型风险，即片面地认为参数估计结果是完全准确的，当实际的市场参数变化较大时，其资产配置策略不再是最优的，从而会面临较大的效用损失，结果表明参数对其效用损失的影响很大，特别是当市场风险价格比较大时，按照传统的投资理论，保险公司投资于风险资产中的比重会比较高，这时候面临比较大的模型风险，即带来较大的效用损失。

前面针对非寿险公司的相关结果表明由于风险的多样性，在实际的投资决策中非寿险公司需要合理地评估各类风险，并选取合适的资产配置方案，通过不同的金融保险模型刻画，并基于随机分析的方法得到了非寿险公司最优资产配置方案，经济分析的结果说明风险因子的水平、风险模型的参数对非寿险公司的投资行为有很大的影响，在实际的投资过程中，非寿险公司需要动态调整其资产配置方案，而在风险监管的要求下，为了达到风险约束或者偿付能力要求，非寿险公司也需要根据相关约定调整其再保险策略、无风险资产和风险资产中的投资比例，最后模型风险的探讨给非寿险公司的资产配置提出了稳健性的要求，当参数变化剧烈时，其资产配置方案不再有效，将导致收益率下滑，严重的会出现破产。

非寿险公司的资金管理过程中面临着承保风险、市场风险和不同的监管要求，非寿险公司的运营主要目的是在保证偿付能力的要求下实现盈利，而寿险公司作为寿险产品的主要运营者，需要保证退休者或参保人利益情况下实现寿险资金的财富增长，本书的第7章到第10章主要针对寿险公司中的养老金资金进行资产配置方案的研究，养老资金的运营是一个较为长期的过程，在固定缴费型养老金中，在缴费阶段参保人需要每年或每月把约定的缴费注入养老金账户，参保人退休时的收益取决于退休时养老金的账户价值，因而参保人退休时刻的利益和缴费阶段的资金管理状况息息相关，为了获取比较高的养老收益，养老基金的管理者需要通过专业的投资运营，实现养老金账户的保值或增值。

在寿险资金的运用中，需要预防利差损的现象，由于市场中大部分资产的收益率都和利率存在正相关，利率风险是寿险公司运营面临的主要风险，银行存款的收益率直接和利率挂钩，债券类产品的价格也依赖于当前的利率水平，而利率水平反映了市场货币需求，和宏观经济发展水平关联，因而权益类产品的收益率和利率之间存在正相关性，权益类产品一般受其他风险影响，为了对风险进行补偿，权益类产品的收益率一般高于基准利率，大部分养老资金的运用都是在现金、债券和股票中，如何评估并平衡这些资产的风险和收益，满足控制风险和实现收益的目标，是管理者的主要职责和挑战。本书关于养老金管理的部分在利率风险的框架下，建立了不同资产模型和优化目标的资金管理问题，并通过随机动态规划方法或鞅方法进行了求解，得到了在较长投资周期内养老金管理者在不同的资产中的最优配置比例。

在实际资金管理中，波动率风险是权益类投资中比较重要的风险之一，权益类的波动率并不是一个常数，而是随时间变化的，从管理者的角度，当波动率风险较大时，需要降低权益类投资以减小风险，第 8 章中刻画了利率风险和波动率风险下的金融投资模型，并假定了缴费率和市场风险的关联性，为了提高产品的吸引力，管理者约定了一个退休时刻的最低生活保障，即最低资金水平，并寻求退休时刻养老基金账户财富效用的最大化，为了对冲波动率风险和利率风险，其最优投资比例由三个部分构成：缴费率的对冲、最低生活保障的对冲和市场风险的对冲。通过这三个部分，养老基金能够实现终端财富效用最大化，其中，市场风险的对冲又包含价格风险的对冲、利率风险的对冲和波动率风险的对冲，管理者通过调整股票配置对冲股票价格风险和波动率风险，并利用债券来对冲利率风险，由于股票收益率和利率的相关性，配置股票后会带来额外的利率风险，这部分需要通过调整债券购买比例进行协调。为了对冲利率风险，养老金初期管理者会在债券中配置很大的比例，而在股票中配置的比例比较小，接近退休时刻时，养老资金对利率风险的敏感性降低，债券的投资比例也逐渐降低。可以注意到，当管理者的风险厌恶程度增加时，管理者需要增加债券中的投资占比并减小股票中的投资占比，在管理者无须提供最低生活保障时，可以采用更加激进的投资方式，即增大股票中的投资金额，以追求收益的最大化，另外当波动率风险和股票价格风险相关性降低时，股票投资面临着严重的波动率风险和价格风险叠加，管理者需要将更多的资金投资于债券，以降低股票风险的影响。

部分养老金管理者关注期望-方差准则下资金的最大化，即寻求有效边界和有效投资策略来管理养老基金，对于有效性偏好不同的参保人，可以根据结论选取相对应的有效投资策略进行风险管理和对冲，管理者在现金和债券中投资的期望收益较低，但是方差较小，而股权投资中的期望收益高、方差大，管理者需要平衡期望-方差，选择合适的资产配置权重，由于资金管理周期较长，很可能面临牛市熊市的交迭，在牛市期间，股权的收益比较高，管理者应该提高股票投资比例，而在熊市期间，股权的收益率较低，风险较高，管理者需要提高在债券中的投资比例，而在缴费开始阶段，债券中的投资比例比较高，并随着时间增加而逐渐降低，当初始利率水平或者利率风险市场价格比较高时，预期的债券收益率变高，此时债券成为管理者优先选择和投资的资产品种，利率风险或者价格风险相应的波动率升高时，表明相关联产品债券或者股票风险上升，为了控制风险，管理者应该降低相应产品的投资。在养老基金中，缴费水平对管理者的策略有明显影响，当缴费水平比较高时，账户可运用资金总量增加，管理者的投资方式可以更加多元化，结果表明，为了达到相同的期望收益，缴费率高的管理者可以把主要资金投资于债券中，退休时基金账户面临的风险更小。

为了更好地对退休时资金进行管理，在构建最优策略时，约定退休时刻基金的风险水平是有实践意义的，能够控制退休时资金风险，给参保人提供更加可靠的退休金保障，最后我们采用 VaR 约束约定退休时的风险水平，即在 VaR 约束下寻求退休时财富效用的最大化，该问题通过鞅方法进行了等价转换。首先寻求满足 VaR 约束下效用最大的退休时刻财富，然后根据市场完备性得到了缴费阶段财富过程，并基于随机分析的方法得到了养老金的最优资产配置策略。结果表明，退休时的财富依赖于市场状态，VaR 约束下的最优财富是无约束问题下最优财富的修正，在市场状态处于中间水平时，最优财富等于 VaR 中的水平值，在 VaR 约束下，大的风险厌恶水平导致了对无风险资产的偏好，但是投资在无风险资产中很难保证达到 VaR 约束，所以此时风险厌恶系数对最优策略的影响比较复杂，在实际中管理者不能简单地增加现金比重或降低股票比重，应该根据理论结果和主观偏好随时调整。在加入风险约束后，管理者的资产配置策略会变得更加激进，尤其当水平值或者置信水平较高时，风险约束比较难满足，为了追求比较高的财富，管理者会加大风险资产中的投资。

由于非寿险公司和寿险公司发行产品的不同，面临的风险、财富过程都会有其独特性，在针对保险公司资金管理时，需要将两类公司分开探讨，针对非寿险公司主要采用再保险对冲承保风险、资产配置对冲市场风险，以极小化破产概率或极大化财富期望效用为目标，而寿险公司面临的主要挑战是在较长管理周期通过缴费的投资寻求收益最大化，养老金管理中同时需要满足不同参保人的偏好或者需求。在市场中进行投资时，由于可投资资产类型的相似性，两类公司面临的市场风险有其相似性，总而言之，两类公司需要精确刻画市场中各类风险以及自身资产体系，制定合理的风险管理策略，以满足各方面的需求，提高资金收益率和产品吸引力。

11.2 展　　望

11.2.1　投资产品的扩展

本书针对保险公司的资金运用形式主要考虑了现金、国债和股票，在实际中为了满足多元化投资的需求，保险公司会在其他产品中进行投资，如企业债或者衍生品。国债由国家发行和担保，其收益率完全由市场无风险利率决定，一般不存在违约的可能性，而企业为了满足融资需求会发行企业债，当债券到期时因企业运营不善、资不抵债，将出现违约的可能性，而为了补偿违约的风险，企业债的收益率会高于国债收益率，企业债会同时受信用风险和利率风险影响，企业债为保险公司提供了追求高收益的一个投资渠道，是权益类投资的补充。保险公司在实际的资产配置中，会在企业债中投资，而由于企业债模型的复杂性，保险公司往往不能有效地估计企业债中投资配比。我们可以在国债的模型基础上，引入刻画违约时刻的随机变量，对企业债的信用风险进行评估，得到在违约前后企业债的价值方程，并将企业债模型纳入前面的资产配置方案中，保险公司可以通过控制在违约前和违约后现金、国债、企业债和股票中的投资比例，实现其财富效用的最大化。

另外，在前面股票模型构建中，波动率风险作为股票风险的重要部分，无法通过股票的投资进行有效的对冲，衍生品如期权产品作为金融市场的重要组成部分，使得波动率风险的对冲具有可行性，在很多股票模型如 Heston 随机波动率模型、CEV 模型等下都有期权价格的理论形式，通过对股票和期权进行组合，可以有效地对冲股票中的波动率风险，随着我国期权市场的逐步建立，2015 年开始交易的上证 50ETF 期权合约为保险公司的多样化投资提供了更多的选择，将期权纳入资金管理中，能够帮助保险公司更好地应对市场的剧烈波动，实现资金的平稳健康增长。

11.2.2　新的产品结构

本书考虑通过比例再保险产品对非寿险公司的承保风险进行分摊，在实际中有很多不同的再保险产品可供选择，如成数再保险、溢额再保险、成数和溢额混合再保险，不同保险公司对于再保险的需求不一致，因此除了比例再保险其他类型的再保险产品也是有比较大的业务需求，如当保险公司能接受小的赔付额损失时，可以选择购买溢额再保险，同时保险公司也可以对不同的再保险产品进行组合，以满足自身的需求，针对其他类型的再保险产品，非寿险公司需要构造受再保险影响后的财富过程，并基于随机动态规划方法寻求最优再保险配置，通过和本书中的比例再保险行为进行对比，能够给保险公司提供更多的指导价值。

此外，书中对非寿险公司保单赔偿的刻画比较单一，实际中，非寿险公司的产品种类是多种多样的，会同时发行不同的保险产品，面临着不同的保险赔付，而且不同保险产品之间的赔偿具有一定的关联性，当出现自然灾害时，和自然灾害相关的保单都会出现赔付的可能性，因此，如何统筹度量不同品种保单的风险相依性，通过不同的再保险产品管理其中的承保风险，是保险公司面临的比较大的挑战，也是在非寿险公司资金运用中具有意义的问题。

在养老金计划中，管理者进行养老基金管理，需要收取一定的管理费，因而参保人在退休时刻的退休金会低于基金的账户价值，为了激励管理者进行资产配置，需要设定合适的管理费收取机制，过高的管理费会激励管理者优化资产配置结构，寻求基金财富的最大化，但是在某种程度上会损坏参保人的利益，因此在养老金计划中，需要设定合理的管理费收取机制，同时保证管理者和参保人的利益，以实现双方目标的一致，达到财富效用的最大化。在加入管理费机制后，参保人的财富会有别于基金账户价值，从而参保人的预期目标会和本书中的目标不一致，在对预期目标进行修正和拓展后，管理者的优化问题将变得更加复杂，需要创造性地利用和改进随机分析、控制论相关的方法进行求解，以得到更加符合现实需求的资产配置方案。

除了固定缴费型和固定收益型养老金计划，混合型养老金计划越来越受到发达国家的欢迎，混合型养老金兼具固定收益型和固定缴费型的优点，由雇主和雇员共同承担风险，具有更加灵活的风险分摊机制。但是其设计和监管更复杂，而由于同时考虑雇主和雇员的利益，其目标更加复杂，这需要针对混合型养老金计划建立合理的模型框架，并基于雇主和雇员的利益建立养老金计划的优化目标，通过随机控制论的思路求解在不同资产中的最优配置，给实际中比较新兴的养老模式提供投资参考。

另外，在非寿险和寿险公司的资产组合管理中，由于金融市场投资约束或者风险监管投资限制，为了让得到的最优资产配置方案能够直接运用于实际市场，需要将市场和监管约束纳入模型中，如我国股市的卖空限制、保险资金投资的比例约束等，在添加这些约束后，保险公司资金管理问题将变得更加复杂，需要在相关理论上有所创新或突破，相关问题的讨论和求解兼具理论和实践价值。

参 考 文 献

丁元昊. 2010. 我国保险业风险管理的认知演进——以《保险研究》为代表的文献综述. 保险研究, 8: 123-127.
付还宁, 吴述金. 2010. 基于股票价格随机脉冲模型的保险人再保险和投资的最优动态组合选择. 应用概率统计, 26(3): 309-322.
何士宏. 1999. 谈保险经营风险管理机制的建立. 保险研究, 12: 34-35.
胡良, 陈静. 2012. 通货膨胀对保险业发展的影响探析. 保险研究, 1: 30-35.
贾若凡. 2019. 低利率环境下寿险公司策略转变研究. 甘肃金融, 11: 11-13.
江生忠, 刘玉焕. 2012. 人民币升值对保险业资产和经营成果的影响——以上市保险公司为例. 中国保险, 8: 11-14.
李佳怡. 2013. 保险公司风险管理与内部控制评析. 现代商业, 24: 136-137.
李艳方, 林祥. 2009. Heston 随机方差模型下的最优投资和再保险策略. 经济数学, 4: 32-41.
李浈. 2020. 我国保险资金运用分析. 现代营销, 11: 126-127.
梁志彬. 2009. 跳扩散风险过程的最优投资和比例再保险:期望值保费原理. 南京师大学报(自然科学版), 32(1): 1-7.
梁志彬, 郭军义. 2010. 最优比例与超额损失组合再保险下的破产概率. 数学学报, 5: 857-870.
刘洁, 赵秀兰. 2013. 保险公司的最优投资和再保险策略. 模糊系统与数学, 27(3): 160-168.
刘彤. 2018. 保险公司风险管理与内部控制探究. 企业改革与管理, 14: 25-34.
刘新立. 2004. 我国保险资金运用渠道的拓宽及风险管理. 财经研究, 9: 66-73.
欧辉, 黄娅, 杨向群, 等. 2016. 通胀风险下的鲁棒最优投资组合与再保险问题研究. 应用概率统计, 32(1): 89-100.
荣喜民, 范立鑫. 2012. 常弹性方差模型下保险人的最优投资策略. 系统工程理论与实践, 32(12): 2619-2628.
孙键. 2002. 我国保险资金运用的风险管理. 保险研究, 7: 17-18.
王愫新, 荣喜民. 2017. 保险公司和再保险公司的最优投资策略. 系统工程学报, 32(2): 207-217.
王愫新, 荣喜民, 赵慧. 2016. Heston 模型下保险公司与再保险公司的博弈. 工程数学学报, 1: 1-16.
杨鹏. 2016a. Ornstein-Uhlenbeck 模型的最优再保险和投资. 系统科学与数学, 36(12): 2352-2359.
杨鹏. 2016b. 通货膨胀影响下基于随机微分博弈的最优再保险和投资. 应用概率统计, 32(2): 147-156.
杨瑞成, 刘坤会. 2004. 比例再保险模型的最优控制策略研究. 系统工程学报, 19(1): 45-51.
曾燕, 李仲飞. 2010. 线性约束下保险公司的最优投资策略. 运筹学学报, 14(2): 106-118.
曾燕, 李仲飞. 2011. 风险资本约束下保险公司的最优比例再保险——投资策略. 控制理论与应用, 4: 467-471.
展凯. 2008. 保险公司风险管理理论与实务. 金融经济, 8: 94-95.

赵武, 王定成, 曾勇. 2011. 基于 VaR 风险约束下保险公司的最优混合投资策略. 统计与决策, 12: 57-60.

郑箫箫, 孙中洋, 张鑫. 2016. 模型不确定性及违约风险下的最优投资问题. 数学物理学报, 36(2): 362-379.

Alexander G J, Baptista A M. 2002. Economic implications of using a mean-VaR model for portfolio selection: a comparison with mean-variance analysis. Journal of Economic Dynamics and Control, 26(7): 1159-1193.

Alexander G J, Baptista A M. 2004. A comparison of VaR and CVaR constraints on portfolio selection with the mean-variance model. Management Science, 50(9): 1261-1273.

Bai L H, Guo J Y. 2008. Optimal proportional reinsurance and investment with multiple risky assets and no-shorting constraint. Insurance Mathematics and Economics, 42(3): 968-975.

Bai L H, Zhang H Y. 2008. Dynamic mean-variance problem with constrained risk control for the insurers. Mathematical Methods of Operations Research, 68(1): 181-205.

Bajeux-Besnainou I, Jordan J V, Portait R. 2003. Dynamic asset allocation for stocks, bonds, and cash. The Journal of Business, 76(2): 263-287.

Bajeux-Besnainou I, Portait R. 1998. Dynamic asset allocation in a mean-variance framework. Management Science, 44(11-part-2): S79-S95.

Basak S, Chabakauri G. 2010. Dynamic mean-variance asset allocation. Review of Financial Studies, 23(8): 2970-3016.

Basak S, Shapiro A. 2001. Value-at-risk-based risk management: optimal policies and asset prices. Review of Financial Studies, 14(2): 371-405.

Battocchio P, Menoncin F. 2004. Optimal pension management in a stochastic framework. Insurance Mathematics and Economics, 34(1): 79-95.

Berkelaar A B, Kouwenberg R, Post T. 2004. Optimal portfolio choice under loss aversion. Review of Economics and Statistics, 86(4): 973-987.

Bernard C, Ghossoub M. 2010. Static portfolio choice under cumulative prospect theory. Mathematics and Financial Economics, 2(4): 277-306.

Bjork T, Murgoci A. 2010. A general theory of markovian time inconsistent stochastic control problems. SSRN Electronic Journal, 1694759.

Bjork T, Murgoci A, Zhou X Y. 2014. Mean-variance portfolio optimization with state-dependent risk aversion. Mathematical Finance, 24(1): 1-24.

Black F, Scholes M. 1973. The pricing of options and corporate liabilities. The Journal of Political Economy, 637-654.

Bodie Z, Marcus A J, Merton R C. 2000. Defined benefit versus defined contribution pension plans: what are the real tradeoffs?. National Bureau of Economic Research, 23(3): 49-56.

Boulier J F, Huang S, Taillard G. 2001. Optimal management under stochastic interest rates: the case of a protected defined contribution pension fund. Insurance Mathematics and Economics, 28(2): 173-189.

Brennan M J, Xia Y. 2002. Dynamic asset allocation under inflation. The Journal of Finance, 57(3): 1201-1238.

Browne S. 1995. Optimal investment policies for a firm with a random risk process: Exponential utility and minimizing the probability of ruin. Mathematics of Operations Research, 20(4): 937-958.

Cairns A J G, Blake D, Dowd K. 2006. Stochastic lifestyling: optimal dynamic asset allocation for defined contribution pension plans. Journal of Economic Dynamics and Control, 30(5): 843-877.

Chen P, Yang H, Yin G. 2008. Markowitz's mean-variance asset-liability management with regime switching: a continuous-time model. Insurance Mathematics and Economics, 43(3): 456-465.

Chen S, Li Z, Li K. 2010. Optimal investment-reinsurance policy for an insurance company with VaR constraint. Insurance Mathematics and Economics, 47(2): 144-153.

Chiu M C, Li D. 2006. Asset and liability management under a continuous-time mean-variance optimization framework. Insurance Mathematics and Economics, 39(3): 330-355.

Cox J C, Huang C F. 1989. Optimal consumption and portfolio policies when asset prices follow a diffusion process. Journal of Economic Theory, 49(1): 33-83.

Cox J C, Ingersoll J E, Ross S A. 1985. An intertemporal general equilibrium model of asset prices. Econometrica, 53(2): 363-384.

Deelstra G, Grasselli M, Koehl P F. 2004. Optimal design of the guarantee for defined contribution funds. Journal of Economic Dynamics and Control, 28(11): 2239-2260.

Deelstra G, Rayee G. 2013. Pricing variable annuity guarantees in a local volatility framework. Insurance Mathematics and Economics, 53(3): 650-663.

Derman E, Kani I, Chriss N. 1996. Implied trinomial tress of the volatility smile. The Journal of Derivatives, 3(4): 7-22.

Ferland R, Watier F. 2010. Mean-variance efficiency with extended CIR interest rates. Applied Stochastic Models in Business and Industry, 26(1): 71-84.

Fisher I. 1955. The theory of interest: as determined by impatience to spend income and opportunity to invest it. Canadian Journal of Economics and Political Science, 21(4): 548.

Fleming W H, Soner H M. 2006. Controlled Markov Processes and Viscosity Solutions. New York: Springer New York.

Gao J. 2009. Optimal investment strategy for annuity contracts under the constant elasticity of variance (CEV) model. Insurance Mathematics and Economics, 45(1): 9-18.

Gao J. 2010. An extended CEV model and the legendre transform-dual-asymptotic solutions for annuity contracts. Insurance Mathematics and Economics, 46(3): 511-530.

Gerrard R, Haberman S, Vigna E. 2004. Optimal investment choices post-retirement in a defined contribution pension scheme. Insurance Mathematics and Economics, 35(2): 321-342.

Giacinto M D, Federico S, Gozzi F. 2011. Pension funds with a minimum guarantee: a stochastic control approach. Finance and Stochastics, 15(2): 297-342.

Gomes F J. 2005. Portfolio choice and trading volume with loss-averse investors. The Journal of Business, 78(2): 675-706.

Grandell J. 1991. Aspects of Risk Theory. New York: Springer New York.

Grzelak L A, Oosterlee C W. 2011. On the heston model with stochastic interest rates. Siam Journal on Financial Mathematics, 2(1): 255-286.

Gu A, Guo X, Li Z, et al. 2012. Optimal control of excess-of-loss reinsurance and investment for insurers under a CEV model. Insurance Mathematics and Economics, 51(3): 674-684.

Gu A, Viens F G, Yao H. 2018. Optimal robust reinsurance-investment strategies for insurers with mean reversion and mispricing. Insurance Mathematics and Economics, 80: 93-109.

Guan G H, Liang Z X. 2014a. Optimal management of DC pension plan in a stochastic interest rate and stochastic volatility framework. Insurance Mathematics and Economics, 57: 58-66.

Guan G H, Liang Z X. 2014b. Optimal reinsurance and investment strategies for insurer under interest rate and inflation risks. Insurance Mathematics and Economics, 55: 105-115.

Guan G H, Liang Z X. 2015. Mean-variance efficiency of DC pension plan under stochastic interest rate and mean-reverting returns. Insurance Mathematics and Economics, 61: 99-109.

Guan G H, Liang Z X. 2016. Optimal management of DC pension plan under loss aversion and value-at-risk constraints. Insurance Mathematics and Economics, 69: 224-237.

Guan G H, Liang Z X. 2019. Robust optimal reinsurance and investment strategies for an aai with multiple risks. Insurance Mathematics and Economics, 89: 63-78.

Haberman S, Vigna E. 2002. Optimal investment strategies and risk measures in defined contribution pension schemes. Insurance Mathematics and Economics, 31(1): 35-69.

Han N W, Hung M W. 2012. Optimal asset allocation for DC pension plans under inflation. Insurance Mathematics and Economics, 51(1): 172-181.

He L, Liang Z X. 2009. Optimal financing and dividend control of the insurance company with fixed and proportional transaction costs. Insurance Mathematics and Economics, 44(1): 88-94.

He L, Liang Z X. 2013. Optimal investment strategy for the DC plan with the return of premiums clauses in a mean-variance framework. Insurance Mathematics and Economics, 53(3): 643-649.

He X D, Zhou X Y. 2011. Portfolio choice under cumulative prospect theory: an analytical treatment. Management Science, 57(2): 315-331.

Heston S L. 1993. A closed-form solution for options with stochastic volatility with applications to bond and currency options. Review of Financial Studies, 6(2): 327-343.

Holton G A. 2003. Value-at-Risk: Theory and Practice. Amsterdam: Academic Press.

Jarrow R, Yildirim Y. 2003. Pricing treasury inflation protected securities and related derivatives using an HJM model. Journal of Financial and Quantitative Analysis, 38(2): 337-358.

Jarrow R, Zhao F. 2006. Downside loss aversion and portfolio management. Management Science, 52(4): 558-566.

Jensen B A, Sorensen C. 2001. Paying for minimum interest rate guarantees: who should compensate who?. European Financial Management, 7(2): 183-211.

Jin H, Xun Y Z. 2008. Behavioral portfolio selection in continuous time. Mathematical Finance, 18(3): 385-426.

Kahneman D, Tversky A. 1979. Prospect theory: an analysis of decision under risk. Econometrica, 47(2): 263.

Karatzas I, Shreve S E. 1998. Methods of Mathematical Finance. New York: Springer New York.

Klibanoff P, Mukerji M S. 2005. A smooth model of decision making under ambiguity. Econometrica, 73(6): 1849-1892.

Kohler H P, Kohler I V. 2000. Frailty modelling for adult and old age mortality. Demographic Research, 3.

Kruse D L. 1995. Pension substitution in the 1980s: why the shift toward defined contribution?. Industrial Relations, 34(2): 218-241.

Li D, Rong X, Zhao H. 2014. Optimal reinsurance-investment problem for maximizing the product of the insurer's and the reinsurer's utilities under a CEV model. Journal of Computational and Applied Mathematics, 255: 671-683.

Li D P, Rong X M, Zhao H. 2015. Time-consistent reinsurance-investment strategy for a mean-variance insurer under stochastic interest rate model and inflation risk. Insurance Mathematics and Economics, 64: 28-44.

Li D P, Zeng Y, Yang H. 2018. Robust optimal excess-of-loss reinsurance and investment strategy for an insurer in a model with jumps. Scandinavian Actuarial Journal, 2018(2): 145-171.

Li Z, Zeng Y, Lai Y. 2012. Optimal time-consistent investment and reinsurance strategies for insurers under heston's SV model. Insurance Mathematics and Economics, 51(1): 191-203.

Liang Z, Huang J. 2011. Optimal dividend and investing control of an insurance company with higher solvency constraints. Insurance Mathematics and Economics, 49(3): 501-511.

Liang Z, Song M. 2015. Time-consistent reinsurance and investment strategies for mean-variance insurer under partial information. Insurance Mathematics and Economics, 65: 66-76.

Liang Z, Sun B. 2011. Optimal control of a big financial company with debt liability under bankrupt probability constraints. Frontiers of Mathematics in China, 6(6): 1095-1130.

Maenhout P J. 2004. Robust portfolio rules and asset pricing. Review of Financial Studies, 17(4): 951-983.

Markowitz H. 1952. Portfolio selection. The Journal of Finance, 7(1): 77-91.

Merton R C. 1971. Optimum consumption and portfolio rules in a continuous-time model. Journal of Economic Theory, 3(4): 373-413.

Pirvu T A, Zhang H. 2012. Optimal investment, consumption and life insurance under mean-reverting returns: The complete market solution. Insurance Mathematics and Economics, 51(2): 303-309.

Poterba J, Rauh J, Venti S, et al. 2007. Defined contribution plans, defined benefit plans, and the accumulation of retirement wealth. Journal of Public Economics, 91(10): 2062-2086.

Rockafellar R T, Uryasev S. 2000. Optimization of conditional value-at-risk. Journal of Risk, 2: 21-42.

Sepp A. 2008. Pricing options on realized variance in the Heston model with jumps in returns and volatility. Journal of Computational Finance, 11(4): 33-70.

Shen Y, Zeng Y. 2015. Optimal investment-reinsurance strategy for mean-variance insurers with square-root factor process. Insurance Mathematics and Economics, 62: 118-137.

Sun J, Li Z, Zeng Y. 2016. Precommitment and equilibrium investment strategies for defined contribution pension plans under a jump-diffusion model. Insurance Mathematics and Economics, 67: 158-172.

Vasicek O. 1977. An equilibrium characterization of the term structure. Journal of Financial Economics, 5(2): 177-188.

Vigna E. 2014. On efficiency of mean-variance based portfolio selection in defined contribution pension schemes. Quantitative finance, 14(2): 237-258.

Vigna E, Haberman S. 2001. Optimal investment strategy for defined contribution pension schemes. Insurance Mathematics and Economics, 28(2): 233-262.

Wang P, Li Z. 2018. Robust optimal investment strategy for an aam of DC pension plans with stochastic interest rate and stochastic volatility. Insurance Mathematics and Economics, 80: 67-83.

Wu H, Zeng Y. 2015. Equilibrium investment strategy for defined-contribution pension schemes with generalized mean-variance criterion and mortality risk. Insurance Mathematics and Economics, 64: 396-408.

Wu H, Zhang L, Chen H. 2015. Nash equilibrium strategies for a defined contribution pension management. Insurance Mathematics and Economics, 62: 202-214.

Xie S, Li Z, Wang S. 2008. Continuous-time portfolio selection with liability: Mean-variance model and stochastic LQ approach. Insurance Mathematics and Economics, 42(3): 943-953.

Yang H, Zhang L. 2005. Optimal investment for insurer with jump-diffusion risk process. Insurance Mathematics and Economics, 37(3): 615-634.

Yao H, Lai Y, Ma Q, et al. 2014. Asset allocation for a DC pension fund with stochastic income and mortality risk: a multi-period mean-variance framework. Insurance Mathematics and Economics, 54: 84-92.

Yao H, Yang Z, Chen P. 2013. Markowitz's mean-variance defined contribution pension fund management under inflation: A continuous-time model. Insurance Mathematics and Economics,

53(3): 851-863.

Yi B, Li Z, Viens F G, et al. 2013. Robust optimal control for an insurer with reinsurance and investment under heston's stochastic volatility model. Insurance Mathematics and Economics, 53(3): 601-614.

Yiu K. 2004. Optimal portfolios under a value-at-risk constraint. Journal of Economic Dynamics and Control, 28(7): 1317-1334.

Yong J M, Zhou X Y. 1999. Stochastic Controls: Hamiltonian Systems and HJB Equations. New York: Springer Science and Business Media.

Zeng Y, Li D, Gu A. 2016. Robust equilibrium reinsurance-investment strategy for a mean-variance insurer in a model with jumps. Insurance Mathematics and Economics, 66: 138-152.

Zeng Y, Li Z, Lai Y. 2013. Time-consistent investment and reinsurance strategies for mean-variance insurers with jumps. Insurance Mathematics and Economics, 52(3): 498-507.

Zhang A, Korn R, Ewald C O. 2007. Optimal management and inflation protection for defined contribution pension plans. Blatter der DGVFM, 28(2): 239-258.

Zhao H, Rong X, Zhao Y. 2013. Optimal excess-of-loss reinsurance and investment problem for an insurer with jump-diffusion risk process under the Heston model. Insurance Mathematics and Economics, 53(3): 504-514.

Zhou X Y, Li D. 2000. Continuous-time mean-variance portfolio selection: a stochastic LQ framework. Applied Mathematics and Optimization, 42(1): 19-33.